중국어권 학습자를 위한 속담 교육 연구

: 목록 선정과 등급 설정을 중심으로

학술

10

중국어권
학습자를 위한
속담 교육 연구

: 목록 선정과 등급 설정을 중심으로

왕청청 지음

경진출판

머리말

　이 책은 필자의 박사학위논문 일부 내용을 수정하여 펴낸 것이다. 필자는 대학교에 다녔을 때부터 한국어 속담에 대해 관심을 많이 가지게 되었다. 필자는 외국인으로서 한국어 속담을 학습하는 데에 어려움을 겪으면서 재미있다는 생각이 들었다. 한국에서 유학하는 동안에 한국 사람과 의사소통하면서 속담의 중요성과 학습 필요성을 새삼 느끼게 되었다. 속담은 한 민족의 생활습관, 사고방식, 가치관 등을 전형적으로 반영하는 자료이며 속담 교육을 통해서 학습자의 한국어 의사소통 능력과 문화 능력을 향상시킬 수 있다. 특정한 학습 기간 내에 모든 한국 속담을 공부하고 활용하는 것이 외국인 학습자에게는 거의 불가능한 일이다. 또한 한국어 학습자의 언어능력이 다르므로 학습자 수준에 맞게 속담을 가르쳐야 좋은 학습 효과를 얻을 수 있다. 따라서 한국어 힉습사 수준에 맞게 어떤 속담을 가르쳐야 하는지는 중요한 과제가 된다. 즉, 교육용 속담 목록을 선정하여 등급을 설정하는 작업이 속담 교육 연구를 하는 데에 중요한 과제이다.

필자는 한국에서 유학하는 동안에 같은 유교 문화권에 속하는 중국과 한국은 언어생활에 많은 공통점을 가지고 있으면서 차이점도 적지 않다는 것을 다시금 느끼게 되었다. 언어생활의 중요한 구성 부분인 속담도 그렇다. 한국어에는 중국어와 비슷한 속담이 있으면서도 독특한 속담이 많이 있다. 중국어권 한국어 학습자가 한국어 속담을 배울 때 중국어에 비슷한 속담이 있으면 어휘나 문법이 어렵더라도 쉽게 이해하고 사용할 수 있어 중국어권 학습자를 대상으로 하는 속담 교육 연구를 할 필요가 있다. 이 책은 속담 교육의 기초인 속담 목록 선정과 등급 설정을 중심으로 아래와 같이 4장으로 구성되었다.

1장에서는 한국어 교육과 속담 교육, 목록 선정과 등급 설정에 관한 속담 교육 연구, 중국어권 학습자를 대상으로 하는 속담 교육 연구의 세 가지 측면을 다루고 속담 선정에 관한 기본 설정을 명확히 했다. 2장에서는 한국어 속담과 중국어 속담의 개념을 사전적 정의와 학자에 의한 정의, 속담과 관련된 용어와 개념을 통해서 비교하여 논의하였다. 한국어 속담은 중국어의 '俗語(속어)', '諺語(언어)'에 해당되고 한중 속담은 비슷한 특성을 많이 가지고 있다. 한국어 속담은 중국어로 표현할 때 '俗語(속어)', '諺語(언어)' 외에 '成語(성어)', '歇後語(헐후어)' 등으로 표현하는 경우가 많아 이 책에서는 '俗語(속어)', '諺語(언어)', '成語(성어)', '歇後語(헐후어)'의 상위 개념인 '숙어(熟語)'를 속담과 대조 분석하는 대상으로 했다. 3장에서는 한국어 속담 교육 자료에 제시된 속담을 보다 전면적으로 분석하여 기초 자료를 구축하였다. 한국어 통합 교재(9개 한국어 교육 기관의 64종 교재), 한국어능력시험 기출문제지(1~21회), 한국어 속담 교재(3종)를 통해서 속담 교육 자료에 제시된 속담 목록과 내용을 분석하였다. 4장에서는 한국어 교육 목표와 결합해서 속담 교육 목표를 설정하고 속담 목록 선정 기준을 명확히 하여 빈도수 기준과 난이도 기준에 따라 중국어권 학습자를 대상으로 교육용 속담의 목록을 선정하고 등급을 설정한 후 단계별로 작성하였다.

속담은 시대에 따라 변화하고 있다. 전통 속담으로 보는 '백지장도 맞들면 낫다'는 현대에 와서 '백지장도 맞들면 찢어진다'로 변형된 속담이 있다. 이와 같은 속담은 이 책에서 다루고 있지 않으나 앞으로 이에 대한 연구와 교육도 필요하다.

여러모로 부족하지만 이 책은 한국어 교육에 종사하는 교사에게, 한국어 속담 교재 개발자나 한국어 교재 개발자에게, 또는 한국어를 공부하는 하는 중국학생에게 도움이 조금이나마 되었으면 하는 바람이다.

이 책을 내기까지는 많은 분들의 도움을 빚었다. 특히 中国教育部国际合作与交流司로부터 제47회 留学回国人员科研启动基金

경비 지원을 받았다. 여기서 이를 심사해 주신 심사위원분께 감사드리며, 지도교수이신 신현숙 교수님께도 감사드리고, 학위 논문을 심사해 주시고 주옥같은 의견을 주신 최호철·이정택·이지영·박재현 교수님께 감사를 드리는 바이다. 유학하는 동안에 아낌없이 도움을 주신 조항록 교수님, 이상규 선생님께, 한국어 학문 연구로 길을 인도해 주신 이용해 교수님, 이해영 교수님께도 감사의 뜻을 전한다. 정성껏 가르쳐 주신 중국해양대학교 한국어학과의 교수님들, 상명대학교 한국학과의 교수님들께도 감사를 드린다. 또한 학위논문을 꼼꼼히 봐주시고 수정 의견을 주신 기준성 선생님께, 상명대학교에 다니는 동안에 여러모로 도움을 주신 한국언어문화교육원 선생님들께, 한국학과 선후배들에게도 감사를 드린다.

그리고 출판을 맡아 주신 양정섭 대표님께, 원고를 꼼꼼하게 편집하느라 수고하신 편집부에도 특별히 감사의 말씀을 드리고 싶다.

끝으로 늘 믿고 뒷받침을 해 주시고 사랑하는 가족들에게도 감사를 드리며 이 책을 바친다.

2015년 10월

왕청청

차례

머리말____4

1장 한국어 속담 교육에 대한 이해____11

1. 한국어 교육과 속담 교육 ·· 12

2. 목록 선정과 등급 설정에 관한 속담 교육 연구 ················ 16

3. 중국어권 학습자를 대상으로 하는 속담 교육 연구 ·········· 22

4. 속담 선정에 관한 기본 설정 ·· 29

2장 속담의 개념____41

1. 한국어 속담 ·· 41

   1.1. 사전적 정의____42

   1.2. 학자에 의한 정의____45

   1.3. 속담·관용표현·관용어·관용구____48

2. 중국어 속담 ·· 52

   2.1. 사전적 성의____52　　　2.2. 학자에 의한 정의____54

   2.3. 관련 용어와 개념____56

3장 한국어 속담 교육 내용 분석____63

1. 한국어 통합 교재 ·· 65
   1.1. 속담 목록____65
   1.2. 속담 관련 내용의 교재 분석____82
2. 한국어능력시험 ·· 103
   2.1. 속담 목록____104   2.2. 평가 현황____116
3. 한국어 속담 교재 ·· 123
   3.1. 속담 목록____124   3.2. 내용 구성____131

4장 한국어 교육용 속담의 목록 선정과 등급 설정____143

1. 속담 교육 목표 ·· 144
2. 속담 목록 선정 기준 ·· 150
3. 교육용 속담의 목록 선정 ·· 153
   3.1. 국어교과서에 제시된 속담____168
   3.2. SJ-RIKS Corpus에 제시된 속담____179
4. 교육용 속담의 등급 설정 ·· 203
   4.1. 어휘·문법____204
   4.2. 형태·의미____208
   4.3. 문화 요소____273

참고문헌____313

1장 한국어 속담 교육에 대한 이해

　이 책의 주된 내용은 중국어권 학습자를 대상으로 단계별로 어떤 속담이 교육되어야 하는지의 의문에서 출발하여 현행 한국어 속담 교육 내용을 분석하여 중국어권 학습자를 위한 한국어 교육용 속담 목록을 선정하고 등급을 설정하는 것이다.

　이 장에서는 한국어 교육과 속담교육, 목록 선정과 등급 설정에 관한 속담 교육 연구, 중국어권 학습자를 대상으로 하는 속담 교육 연구를 다루고 이 책에서 교육용 속담을 선정하는 데의 기본 설정을 명확히 한다.

1. 한국어 교육과 속담 교육

속담은 한 민족의 생활습관, 사고방식, 가치관 등을 전형적으로 반영하는 자료이다. 속담 교육을 통해서 학습자의 한국어 의사소통 능력을 키울 수 있을 뿐만 아니라 문화 능력도 향상시킬 수 있으므로 속담은 한국어 교육하는 데에 필요한 교육 내용이다.

의사소통 능력이라는 용어는 Hymes가 언어의 의사소통적 관점과 Chomsky의 언어 능력 이론을 대조시키기 위해서 만든 것이다. Hymes의 의사소통 능력 이론은 한 발화 공동체에서 유능하게 의사소통하기 위해서 화자가 알아야 하는 것을 정의한 것이다.[1] 한국어 교육 분야에서 의사소통식 교수법에 대한 논의는 1990년대에 활발하게 전개되었다. 이때 의사소통식 접근법의 교육 내용을 반영한 교재도 많이 개발되면서 의사소통식 교수법은 한국어 교육 현장의 아주 중요한 교수법으로 자리를 잡았다. Canale과 Swain(1980)에서 의사소통 기능을 문법적 능력(grammatical competence), 사회언어학적 능력(sociolinguistic competence), 담화적

---

[1] "For Chomsky, the focus of linguistic theory was to characterize the abstract abilities speakers possess that enable them to produce grammatically correct sentences in a language. Hymes held that such a view of linguistic theory was sterile, that linguistic theory needed to be seen as part of a more general theory incorporating communication and culture. Hymes's theory of communicative competence was a definition of what a speaker needs to know in order to be communicatively competent in a speech community."(Jack C. Richards & Theodore S. Rodgers, 2001: 159).

능력(discourse competence), 전략적 능력(strategic competence)의 네 가지 차원을 통해서 논의하였다.

김현정(2002: 29)에서 주장한 바에 따르면 속담 문장에는 관형사와 부사가 혼란스럽게 섞여 있지 않기 때문에 한국어 문장을 이해하고 기억하는 데 도움을 얻을 수 있고 또한 속담 문장에서 보이는 대구적 나열, 즉 병렬과 대비의 수사적 구조는 한국어 문장 구조의 습득과 어휘 학습에 도움을 준다.[2] 속담의 통사적, 형태적 특징 때문에 속담 교육을 통해서 학습자의 문법적, 어휘적 능력을 신장시킬 수 있다.

언어 사용 행위로 볼 때 의사소통은 크게 이해와 표현으로 나눌 수 있다. 속담에 담겨 있는 비유적인 의미는 한국인들의 집단적인 정서와 한국식 사고방식이 바탕에 깔려 있기 때문에 대부분 한국인들에게는 당연하고 쉽게 받아들여질 수 있으나 외국인 학습자에게 그렇지는 못한다. 상대방이 속담을 사용할 때 정확하게 이해하는 것도 중요하고 상황에 맞게 속담을 적절하게 사용하는 것도 중요하다. 속담의 사용은 일반적이고 보편적인 상황에서 사용하기보다는 구체적이고 특정된 상황에서 사용되

---

2) 김현정(2002: 29)에서는 조재윤(1989)의 연구 결과를 다음과 같이 제시하였다. "李基文의『改訂版俗談辭典』을 바탕으로 속담의 어휘를 명사, 대명사, 수사, 동사, 형용사, 부사, 관형사 8개 품사로 분석한 결과는 명사는 전체의 75.8%, 동사·형용사는 21.44%, 대명사는 0.36%, 수사는 0.48%, 형용사는 3.88%, 부사는 2.35%, 관형사는 0.28%를 차지한다."

는 경우가 더 많다. 이효정(2007: 18)에서 주장한 바에 의하면 속
담은 정확한 의사소통보다는 효율적인 의사소통을 필요로 할
때 더 많이 쓰이고 친교적 목적으로 사용되기 어렵다. 학습자가
속담의 뜻만 알고 담화 상황을 고려하지 않으면 오히려 모국어
화자에게 어색한 느낌을 줄 수 있다. 한국어 속담 교육을 통해서
의사소통이 일어나는 사회적인 맥락을 이해하여 활용할 수 있
는 사회언어학적 능력, 상대방이 전달하는 요소 사이의 상호 연
관성을 통해서 개별 내용을 이해하는 담화적 능력을 키울 수 있
다. 또한 적절한 속담의 사용을 통해서 의사소통하는 과정 중에
대응하는 전략적 능력도 향상시킬 수 있다.

언어에는 그 언어가 속해 있는 사회의 문화적인 생각이나 관
습이 반영되어 있어서 원활한 의사소통을 하려면 언어에 담겨
있는 의미를 이해해야 되며 문화 충격을 겪게 될 때 해당 문화를
이해하는 문화적 능력이 있어야 한다.

이와 관련하여 Jean-Claude Beacco(2010: 69)에서 다음과 같이
말하고 있다.

(1) 학습자를 정의하는 일반 능력에서 언어적 의사소통 능력으로
넘어가게 되면, 사회언어적 능력에서 문화적 차원의 문제의식
을 다시 만나게 된다. 사회언어적 능력이란, 사회적 차원에서
언어를 활용하는 데 필요한 지식이나 기술을 의미하는 것이다.

이 능력은 능력기술문항에 의해 특징이 나열될 수 있는 유일한 능력으로서, 능력기술문항은 이 사회언어적 능력을 다음의 항목에 대한 숙달로 정의한다.

a. 사회적 관계의 언어 표지(인사하는 법, 작별하는 법, 말을 건네는 법, 감탄사 사용과 선택)

b. 예의 관습

c. 관용어, 격언, 인용문, 속담

d. 존댓말부터 반말에 이르기까지 형식과 격식에 맞는 언어사용역 차이

e. 사회계층, 지방, 출신 지역과 같은 소속 집단과 관련된 방언 및 억양의 언어의 변이형

　(1)에서 제시한 바와 같이 의사소통 능력을 다루면서 학습자의 사회언어적, 문화적 능력을 향상시켜야 된다. 한국어 속담은 민중들의 생활 속에서 형성되어 전해 내려온 것이기 때문에 한민족의 사고방식을 포함하는 여러 가지 문화 요소가 담겨 있어 학습자의 문화 능력을 향상시키는 데에 교육적인 의미가 크다.

　이와 같이 한국어 교육을 하는 데에 학습자의 한국어 의사소통 능력과 문화 능력 신장을 위해 속담 교육이 필요하다. 속담 교육의 기본으로 교육용 속담의 목록 선정과 등급 설정이 또한 중요하다.

현행 한국어 중급이나 고급 교재에서 거의 다 속담을 다루고 있으나 전체적으로 볼 때 교재마다 제시된 속담 항목과 속담의 수가 각각 다르며 통일되는 속담 교육 목록과 선정·평가 기준이 없다. 일상생활 하는 데에 자주 쓰이지 않는 속담이 제시되어 학습자에게 부담을 주는 경우가 있으며 흔히 쓰이는 속담이 제시되지 않아 학습자가 의사소통하는 과정 중에 어려움에 부딪치게 되는 경우도 있다. 또한 단계별 속담 교육 항목을 볼 때 교재마다 제시된 속담이 같지 않으며 속담을 구성하는 어휘·문법 난이도, 형태·의미 난이도, 문화 요소와의 관련성을 충분히 고려하지 않는 경우가 많다. 따라서 현행 한국어 속담 교육 내용 분석을 통해서 속담의 사용 빈도와 난이도를 충분히 반영할 수 있는 교육용 속담 목록을 단계별로 명확히 할 필요가 있다.

2. 목록 선정과 등급 설정에 관한 속담 교육 연구

한국에서 속담에 관한 학문적 접근은 속담의 수집 및 속담집의 간행으로 시작하여 오랜 전통을 가지고 있다. 속담의 학문적 연구는 1940년대부터 활발해 지기 시작하였다. 이기문에 의해 편찬된 『속담사전』(1962)이 나온 이후 속담에 대한 학문직 연구가 활발해지면서 국어학이나 국어 교육 분야에는 김문창(1974), 심재기(1982), 이성영(1991), 이종철(1995), 이미숙(2004), 강수경(2007) 등 많은 연구물이 나왔으며 외국어로서의 한국어 교육이 발전함에 따라 한국어 학습자를 대상으로 한 한국 속담 교육에 관한 연구물도 나오고 있다.3) 이 연구물 중에 한국어 교육용 속담 목록 선정과 등급 설정을 따로 다룬 연구물이 많지 않으며 속담 교재 개발, 속담 지도 방안, 속담을 활용한 문화 교육 등 연구물에 속담의 목록 선정과 등급 설정을 연구의 한 부분으로 다룬 경우가 많다.4)

속담 교재 개발과 관련되어 속담의 목록 선정과 등급 설정을 다룬 연구에는 김선정 외(2006), 최권진(2008)이 있다. 김선정 외(2006)는 선행 결과물5)을 참조하여 사용 빈도가 높은 속담, 사용

---

3) 이 절에 제시된 연구 주제와 관련된 연구 결과물 외에도 속담 교육과 관련된 연구물이 많이 있다. 속담을 활용한 한국 문화 교육 연구는 안경화(2001), 김현정(2002), 박진경(2004), 왕수기(2008), 유효단(2011) 등이 있으며 속담·관용어 교육을 중심으로 중·고급 학습자를 위한 한국어 문화 어휘 교육을 연구하는 이동규(2005)가 있고 속담의 문화적 배경을 활용한 한국어 교육 방안을 연구하는 박해숙(2009)이 있다. 또한 언어 관련 속담을 통해 한국어 교육을 연구하는 오지혜(2006)가 있고 한국어 교재를 중심으로 관용 표현 연구를 하는 김지혜(2006)가 있으며 교사와 학습자의 속담 교육 인식을 중심으로 속담 교육 연구를 하는 고영원(2007)이 있고 학습자 속담 사용 오류 분석을 연구하는 임은하(2009)가 있다. 중국어권 외의 다른 언어권 학습자를 대상으로 하는 속담 교육 연구는 원수은(2003), 양지선(2006), 김나영(2008), Hema(2010)가 있다.

4) 이외에 관용어나 관용표현을 다룬 논문 중에 속담을 그 하위분류로 보아 연구한 결과물도 있다. 임혜진(2007)에서는 외국인 학습자에게는 어려운 관용표현을 설문조사를 통하여 학습자 수준을 고려하여 관용표현 교수항목을 선정하였다. 속담을 직접적으로 다루지 않았으나 관용어 범주 안에서 속담을 언급하였다.

5) 국제교육진흥원(2002), 한국어 세계화 재단(2002) 참조.

범위가 넓은 속담, 기본 의미가 본래대로 잘 유지되는 속담, 학습자의 수준에 맞는 속담, 한국 문화를 적절하게 드러내는 속담인지를 판단하여 1차적으로 80개의 속담을 선정하여 설문조사를 통해서 속담의 사용 빈도와 난이도를 나누었으며 의미 투명성의 정도에 따라 속담을 단계별로 나누었다. 최권진(2008)에서는 속담을 선정할 때 빈도를 최우선적으로 보는 것을 주장하며 『속담 100가지』와 『어린이 첫그림 속담사전』을 기본 자료로 하여 1차적으로 속담을 추출하고 다섯 명 한국 성인의 선택과 필자의 교학 경험을 바탕으로 최종 103개의 속담을 선정하였다.

속담 교육이나 지도 방안과 관련되어 속담 목록 선정과 등급 설정을 다룬 연구에는 김정아(2002), 조현용(2007), 양정(2009), 주수정(2010), Shao Juan(2010) 등이 있다. 김정아(2002)는 TV드라마 대본과 영화 대본 등 구어 자료와 중·고등학교 교과서, 신문, 선행연구 자료를 포함하는 문어 자료를 기초 자료로 하고 사용 빈도가 높은 속담, 학습 단계를 고려한 속담, 한국 문화의 배경 지식을 적절하게 드러내는 속담을 기준으로 하여 중급과 고급의 속담을 선정하였다. 조현용(2007)에서는 한국어 교재와 한국어능력시험에 제시된 251개의 속담을 추출하고 한국어 교육 전문가 7인에게 설문을 의뢰하여 가르칠 필요가 없는 속담, 학습자들이 이해만 하면 되는 속담, 학습자들이 표현까지 하도록 가르쳐야 하는 속담을 구분하도록 하여 표현용 속담 99개, 이해용 속담

111개를 선정하였다. 양정(2009)에서는 『속담 100 관용어 100』과 『살아있는 한국어(속담편)』을 토대로 한국과 중국 한국어 교육기관 교재에 나타난 속담의 빈도와 중국어 상용(常用) 속담을 참조하여 속담을 선정하고 동의동형, 동형이의, 동의이형, 이의이형의 4단계로 나누어 중국인 학습자를 대상으로 하는 속담 목록을 수준별로 (초급, 중급, 고급) 작성하였다. 주수정(2010)에서는 한국어 교재와 속담 교재를 통합하여 1차적으로 125개의 속담을 선정하고 빈도를 조사하여 77개의 속담을 선정하고 속담을 이루고 있는 어휘와 문법의 난이도, 속담의 의미 투명도, 상황을 쉽게 접할 수 있는 속담의 빈도수를 기준으로 하여 단계별로 속담 목록을 작성하였다. Shao Juan(2010)에서는 주요 한국어 교육 기관의 교재, 속담 전문 교재, 한국어능력시험을 바탕으로 속담 목록을 추출하여 현대 한국어 말뭉치 활용 시스템인 한마루에 입력하여 출현 횟수가 6회 이상의 속담을 선정하고 중국어 직역을 통해 의미를 파악할 수 있는 부류와 파악할 수 없는 부류로 나누어 난이도와 빈도를 종합해서 초급, 중급, 고급으로 나누었다.

속담을 활용한 문화 교육 연구와 관련되어 속담 목록 선정과 등급 설정을 다룬 연구에는 이유선(2007), 이효정(2007)이 있다. 이유선(2007)에서는 한국어 교재에 제시된 속담을 '사용 빈도가 높은 속담, 학습자의 학습 수준에 맞는 속담, 기본 의미가 변하지 않은 속담' 등을 기준으로 정렬하여 중국인 학습자를 위한 한국 문화 교육으로서의 속담 지도 방안을 제시하였다. 이효정 (2007)은 사용 빈도가 높은 속담, 사용 상황을 쉽게 접할 수 있는 속담, 학습자의 발달 단계에 따른 적절한 속담을 기준으로 초급, 중급, 고급 단계로 나누어 속담 목록을 제시하였다.

이와 같이 속담을 선정할 때 이용한 기초 자료를 보면 다음과 같은 몇 가지 유형이 있다.

[1] 두 가지나 두 가지 이상의 선행 결과물
[2] 한국어 교재
[3] 한국어 교재와 한국어능력시험
[4] 한국어 교재와 속담 교재
[5] 한국어 교재, 속담 교재, 한국어능력시험, 현대 한국어 말뭉치
[6] 드라마와 영화 대본, 국어교과서, 신문과 선행연구 자료.

이 중에 한국어 교재, 속담 교재, 한국어능력시험을 종합해서 기초 자료로 한 연구는 Shao Juan(2010)밖에 없으며 국어 교과서를 기초 자료로 한 연구는 김정아(2002)만 있다. 또한 속담의 실제 사용 양상은 김정아(2002)의 매체 자료와 Shao Juan(2010)의 말뭉치 자료를 통해서 엿볼 수 있으나 대부분 연구는 한국어 교육 자료를 기초 자료로 하고 속담의 실제 사용 양상을 고려하지 않았다. 속담 교육 목록을 선정할 때 한국어 교재, 한국어 속담

교재, 한국어능력시험에 제시된 속담을 기초 자료로 써야 할 뿐만 아니라 실제 한국어 모국어 화자의 사용 양상을 파악할 필요도 있어 국어교과서와 말뭉치 자료도 기초 자료로 한다.

속담을 선정하는 기준을 종합해서 보면 다음과 같은 몇 가지 기준이 있다.

[1] 사용 빈도가 높은 속담

[2] 사용 범위가 넓은 속담

[3] 사용 상황을 쉽게 접할 수 있는 속담

[4] 표현용 속담과 이해용 속담

[5] 어휘와 문법의 난이도

[6] 기본 의미가 변하지 않은 속담

[7] 속담의 의미 투명도

[8] 학습자 수준이나 학습 단계에 맞는 속담

[9] 한국 문화를 적절하게 드러내는 속담

이 중에 [2]~[4]번은 [1]번과 일치한다. 사용 범위가 넓고 사용 상황을 쉽게 접할 수 있는 속담이면 사용 빈도가 높기 마련이며, 또한 사용 빈도가 높은 속담은 학습자가 표현까지 할 수 있어야 하고 사용 빈도가 낮은 속담은 이해만 해도 학습자가 의사소통하는 데에 큰 문제가 없다. 이 중에 [5]~[8]번은 전체적으로 볼 때 속담의 난이도와 관련된다. [9]번은 속담에 내포된 문화 요소를 기준으로 하고 있으며 이것을 각 학습 단계에 제시되는 문화 요소와 결합시킬 수 있다.

선행연구 결과물에 속담의 사용 빈도에 대한 통계가 있으나 난이도 판정할 때 기준과 결과만 제시하고 구체적인 판정 과정을 제시하지 않은 경우가 많으며 연구자에 따라 같은 기준을 적용해도 다른 결과가 나온 경우가 있다. 예를 들면, 속담의 의미 투명도를 판정할 때 연구자에 따라, 학습자에 따라 결과가 다를 수 있다. 이 책에서는 속담의 목록 선정과 등급 설정을 할 때 빈도수와 난이도 두 가지 기준으로 나눠서 한다. 교육용 속담의 목록을 선정할 때 빈도수 기준으로 한국어 교육 자료에 제시된 속담의 빈도를 한국어 모국어 화자의 속담 사용 빈도와 결합시켜 분석하고 교육용 속담의 등급을 설정할 때 난이도 기준에 따라 어휘·문법 측면, 형태·의미 측면, 문화 요소 측면을 통해서 속담의 난이도 수치(數値)를 계산하고 빈도수 분석 결과와 결합시켜 학습 단계에 맞는 속담을 선정한다.

3. 중국어권 학습자를 대상으로 하는 속담 교육 연구

한국과 중국은 이웃 나라이며 한중 수교 이래에 경제, 정치,

문화 등 여러 영역에서 빈번한 교류가 이루어지고 있다.6) 한국과 중국은 같은 유교 문화권에 속하며 언어생활에 공통점이 많으면서도 차이점도 적지 않다. 한중 언어문화의 유사성이 중국어권 학습자에게 좋은 영향을 줄 수 있는 반면에 모국어 간섭 때문에 언어 사용하는 데에 오류를 유발할 수 있다. 속담도 마찬가지다. 예를 들면 한국어 속담 중에 한자 속담 '백문이 불여일견'이 있는데 중국어 속담 '百聞不如一見'이 있다. 한자 문화권 학습자가 아닌 경우에 이 속담을 어려운 속담으로 볼 수 있으나 중국어 학습자에게는 양자의 형태와 의미가 같기 때문에 쉽게 받아들일 수 있다. 한편은 한국어에 '소 잃고 외양간 고친다'는 속담이 있는데 [소를 도둑맞은 다음에서야 빈 외양간의 허물어진 데를 고치느라 수선을 떤다]는 뜻으로, [일이 이미 잘못된 뒤에 손을 써도 소용이 없음]을 비꼬는 말이다. 중국어에 고사성어 '망양보뢰(亡羊補牢)'가 있는데 [양 잃고 울타리 고친다]는 말이고 [양을 잃은 후에라도 서둘러 울타리를 수리하면 그래도 늦은 편은 아니다]는 뜻이다. '소 잃고 외양간 고친다'가 '망양보뢰'와

---

6) 교육과학기술부의 2013년도 국내 외국인 유학생 통계에 따르면 중국 유학생 수가 2013년도는 50,343명이고(총 유학생 수 85,923명의 58.6%), 2012년도는 55,427명(총 유학생 수 86,878명의 63.8%)이고 2011년도는 59,317명(총 유학생 수 89,537명의 66.2%)이었다. 2010년도 중국 유학생은 57,783명으로 총 외국인 유학생 수(83,842명)의 68.9%나 차지하였다. 이 통계를 통해서도 중국어권 학습자를 대상으로 하는 한국어 교육의 필요성을 엿볼 수 있다. 한국어 교육의 일부로서 중국어권 학습자를 대상으로 하는 한국어 속담 교육도 필요하다.

형태적인 유사성 때문에 학습자가 속담의 뜻을 정확히 알지 못하면 정반대의 뜻으로 해석할 수가 있다.[7)]

올바른 속담 교육을 통해서 모국어 간섭으로 인해 생기는 오류를 최소화하여 중국어권 학습자가 속담을 정확하게 이해하여 사용하게 할 수 있을 뿐만 아니라 한국 문화를 이해하는 데에도 도움을 줄 수 있다. 속담에 담겨 있는 한중 문화의 차이점, 한국 사람과 중국 사람의 사고방식, 민족 특성을 비교함으로써 한국 문화를 한층 더 잘 이해할 수 있다. 또한 중국어권 학습자를 대상으로 하는 교육용 속담을 활용하여 새로운 문화 교재 개발도 가능하다.

한국과 중국의 언어문화 특성을 충분히 감안하여 한중 속담 대조 분석을 통해서 중국어권 학습자에게 맞는 교육용 속담 목록을 단계별로 선정할 필요가 있으나 이에 관한 연구물이 그리 많지 않다.

2절에서 다룬 목록 선정과 등급 설정에 관한 속담 교육 연구 중에 중국어권 학습자를 대상으로 하는 연구가 양정(2009)과 Shao Juan(2010)밖에 없다. 이 두 연구물은 한중 속담을 비교하여 네 가지 유형으로 분류하였으며 단계별로 속담 목록을 초급, 중급, 고급으로 선정하였으나 명확한 난이도 기준을 제시하지 않

---

7) 중국인 학습자뿐만 아니라 일부 한중사전이나 학자의 연구에서도 이렇게 해석하는 경우가 있다.

았다. 또한 한중 속담의 형태와 의미를 비교할 때 속담의 의미 범주를 고려하지 않았다. 예를 들면, '우물 안 개구리'는 [넓은 세상의 형편을 알지 못하는 사람을 비유적으로 이르는 말]과 [견식이 좁아 저만 잘난 줄로 아는 사람을 비꼬는 말]이라는 두 가지 의미가 있음에도 불구하고 중국어 숙어 '井底之蛙'와 대조되는 [견식이 좁은 사람]을 가리키는 의미만 본 경우가 있다.

앞에서 언급하였듯이 한중 속담은 많은 유사점을 가지고 있으므로 중국어권 학습자를 대상으로 교육할 때 한중 속담 비교를 통해 속담의 난이도를 어느 정도 파악할 수 있다. 이에 관련하여 한중 속담 비교에 관한 연구물을 정리할 필요가 있다. 한중 속담 비교에 관한 연구는 주로 동물 속담, 여성 속담, 기타 특정한 부류의 속담, 한중 속담의 표현방식과 의미내용 등으로 나눌수 있다.

한중 동물 속담에 관한 비교 연구는 한국어 교육자나 한국학자가 발표한 연구물로 장춘매(2005), 이극(2008), 류설비(2008), 류빙천(2009), 蘇姸(2003), 馬佳(2006), 權娥麟(2010) 등이 있으며 중국어 학과나 중국어 교육학과 전공자가 논의한 연구물로 김미애(2009)가 있다.

한중 여성 속담에 관한 연구는 한국어 교육자나 한국학자가 발표한 연구물로 주옥파(2004), 풍효(2005), 蘇向麗(2008) 등이 있으며 중국어 학과나 중국어 교육학과 전공자의 연구물로 김화정(2007), 왕국영(2010)이 있다.

동물 속담과 여성 속담 외에 특정한 부류의 속담을 중심으로 한중 속담비교 연구를 한 정달영(2007), 주뢰(2008), 동우비(2003) 도 있다. 정달영(2007)에서는 한국어와 중국어의 말(언어)에 관한 속담을 비교분석을 하였고 주뢰(2008)에서는 욕심인색류 속담을 중심으로 한중 속담을 비교하였다. 동우비(2003)에서는 한국어의 주거 속담과 이에 대응하는 중국어의 '이안위(諺語)'를 연구 대상으로 비교분석을 하였다.

한중 속담의 표현형식, 의미내용에 관하여 한국어 교육자나 한국학자가 발표한 연구물로 김영자(2002), 왕몽각(2007), 조영량(2010), 전홍화(2010) 등이 있으며 중국어 교육학과 전공자의 연구물로 육흔(1997, 2008), 배재홍(2001), 이진선(2006) 등이 있다.

이외에 姜德昊(2005)에서는 종합적인 내용, 주제별로 분류된 내용, 특수한 속담, 수사법의 측면에서 한중 속담을 비교 연구하였으며 진경지(2002)에서는 한국과 중국 속담의 생성 및 집록, 변용과 와전을 중심으로 해서 속담의 의미를 규명하고 그 원형을 복원시키고 근원을 찾아보았다.8)

이러한 연구는 한중 속담 연구하는 데에 아주 큰 의미가 있다. 그러나 이런 연구 결과물을 중국어권 학습자를 대상으로 한국어

---

8) 이외에 속담을 이용한 중국어 교수법 연구에 목적을 두고 있는 김미선(2005)에서 한중 속담 비교도 다루었다.

속담 교육하는 데에 쓰면 다음과 같은 몇 가지 한계점이 있다.

첫째, 연구 대상을 볼 때 많은 연구가 특정한 부류의 속담(여성, 동물 등)을 중심으로 하고 있으므로 한국어 속담을 교육하는 데에 한계가 있다. 한국어 교육 자료는 어느 특정한 부류의 속담만 다루지 않고 여러 가지 주제와 소재로 구성된 속담을 다루고 있으며 실제 속담을 사용하는 데에도 다양한 속담이 필요하다. 동물 속담이나 여성 속담과 같이 어느 특정한 부류의 속담만을 속담 교육 대상으로 볼 수 없다.

둘째, 특정한 부류의 속담을 분석하는 과정에 사전 자료를 많이 의존하고 있기 때문에 이를 바탕으로 선정된 교육용 속담의 교육적인 가치가 떨어질 수 있다. 특정한 부류의 한중 속담을 비교 연구하는 데에 기초 자료를 사전에서 추출한 경우가 많다. 이런 연구는 물론 학습자에게는 한국어 속담 공부하는 데에 도움이 되겠지만 실용성(實用性)이 조금 떨어진다. 사전을 근거로 해서 추출한 속담은 평소에 한국 사람조차도 잘 안 쓰는 속담이 포함되어 있기 때문에 어디까지 학습자에게 가르쳐야 할지를 파악하기가 어렵다.

셋째, 한중 속담 비교 분석 결과를 속담의 목록 선정과 등급 설정과 결합시킨 연구가 많지 않다. 속담 선정과 관련된 연구물로 김영자(2002)와 전홍화(2010)가 있다. 김영자(2002)에서 '사용 빈도가 높은 속담, 사용 상황을 쉽게 접할 수 있는 속담, 중국 사람들이 자주 사용하는 표현과 대응될 수 있는 속담, 학습자의 발달 단계에 따른 적절한 속담, 활용용 속담과 이해용 속담의 구분'의 다섯 가지 교육용 속담 선정 기준과 '초급에서도 하는 것이 좋다. 한국 속담과 중국 속담의 의미 차이 정도에 따라 순차적으로 교육하는 것이 좋다. 단계 배정할 때 수업 내용과 관련된 것을 먼저 배정한다. 속담의 수가 적당해야 한다'의 네 가지 단계별 배정 기준을 제시하였다. 전홍화(2010)에서는 한국어 교재와 참고 자료를 바탕으로 한국어 교육용 속담을 선정하여 중국어와 비교하고 선정된 속담을 다시 어휘 교육용, 문화 교육용 속담으로 분류하고 단계별로 표현용 속담과 이해용 속담으로 분류하였다. 김영자(2002)와 전홍화(2010)는 한중 속담의 비교 분석 결과를 참조하여 교육용 속담 선정의 결과를 제시하였으나 구체적인 선정과정을 밝히지 않았다.

이 책은 이런 한계점과 관련 선행연구 중에 나타난 문제점을 고려하여 특정한 부류의 속담을 분석 대상으로 하지 않고 한국어 교육 자료와 모국어 화자의 실제 사용 자료를 바탕으로 하여 한중 속담 대조 분석 결과를 속담 난이도를 측정하는 한 가지 기준으로 중국어권 학습자를 대상으로 교육용 속담 목록을 선정하여 등급을 설정한다.

4. 속담 선정에 관한 기본 설정

이 책의 주된 내용은 한국어 교육 현장의 속담 교육 내용과 제시 양상을 바탕으로 하고 있어 이 절에서 먼저 한국어 교육 자료 중의 속담을 분석 대상으로 할 것인지에 관하여 기준을 설정하고 교육용 속담 목록 선정과 등급 설정을 하는 데의 분석 방법과 절차를 밝힌다.

한국어 교육 자료 중의 속담을 분석 대상으로 할 것인지 아닌지를 다음과 같은 기준에 의해서 결정한다.[9]

[1] 국립국어원 표준국어대사전에 수록되어 있으면 분석 대상으로 본다.[10]

분석 자료에서 추출한 속담을 1차적으로 국립국어원 표준국어대사전 속담 목록에 입력하여 확인한다. 해당 속담이 목록에 수록되어 있으면 분석 대상으로 한다.

---

9) 분석 대상을 선정하는 기준이 다름으로 인해서 다른 학자들의 연구 결과와 차이가 있을 수 있다.

10) 국립국어원은 한국 어문 전반에 관련된 연구를 주관하는 기구이며 어문 정책의 기반을 조성하고, 교양 있고 표준적인 언어생활의 기초를 다지며, 국어생활의 향상을 꾀하고, 국어 정책의 개발에 필요한 토대를 마련하고 있으며 국어 교육뿐만이 아니라 한국어 교육에도 중요한 자리를 잡고 있다. 속담에 관하여 학자마다 보는 관점과 연구 결과가 다르다. 외국인 학습자에게 한국어 교육할 때 언어 표준이 있어야 하고 어느 학자의 의견을 따르기보다는 국립국어원에 제시된 어문규정이나 표준국어대사전이 더 적합해 이 책에서 국립국어원 표준국어대사전과 속담 목록을 기본으로 한다.

(2) 예: a. 가는 말이 고와야 오는 말이 곱다

b. 갈수록 태산

자료에 의해 추출한 (2a)와 (2b)가 국립국어원 표준국어대사전에 수록되어 있기 때문에 분석 대상으로 본다.

[2] 교재에 제시되거나 말뭉치에 제시되어 있고 속담 원형이 국립국어원 속담 목록에 수록되어 있지 않으나 의미가 비슷한 속담 표현이 속담 목록에 수록되어 있는 경우에 속담을 분석 대상으로 하고 유사 표현이 있으나 의미 차이가 큰 경우에 분석 대상으로 하지 않는다.

(3) 예: a. ㄱ. 식은 죽 먹기

ㄴ. 식은 죽 먹듯, 남의 말 하기는 식은 죽 먹기

b. ㄱ. 낙타가 바늘구멍에 들어가다

말을 잘 하면 자다가도 떡이 생긴다

ㄴ. 바늘구멍으로 코끼리를 몰라 한다

부모 말을 들으면 자다가도 떡이 생긴다

(3a ㄱ)과 (3b ㄱ)은 국립국어원 속담 목록에 수록되어 있지 않으나 이와 유사한 속담 (3a ㄴ)과 (3b ㄴ)이 수록되어 있다.

(3a ㄱ)은 (3a ㄴ)의 의미와 비슷하고 널리 사용되어 있어 분석 대상으로 하는 반면에 (3b ㄱ)은 (3b ㄴ)과 의미 차이가 크므로 분석 대상으로 보지 않는다.

[3] 속담을 구성하는 요소가 국립국어원 속담 목록에 제시한 원형과 차이가 좀 있으나 의미가 같은 경우에 원형과 변이형을 다 인정한다.11)

  (4) 예: a. ㄱ. 달걀로 바위 치기

        ㄴ. 계란으로 바위 치기

        ㄷ. 달걀로/계란으로 바위 치기

      b. ㄱ. 아 해 다르고 어 해 다르다

        ㄴ. 아 다르고 어 다르다

        ㄷ. 아 (해) 다르고 어 (해) 다르다

(4a~b ㄱ)은 국립국어원에 제시된 속담 원형이며 (4a~b ㄴ)은 한국어 교재, 속담교재, 국어교재나 실제 말뭉치 자료에 많이 제시된 변이형이다. 형태 차이가 좀 있으나 의미가 같으므로 원형과 변이형을 다 인정하여 분석 대상으로 본다. (4a) 중의 '달

---

11) 이 책에서 표시할 때 원형/변이형 요소(생략해도 되는 요소)로 표시한다. 변이형의 추가 여부는 실제 분석 자료를 바탕으로 한다.

걀'과 '계란'은 의미가 같아 (4a ㄷ)으로 표기하고 (4b)는 '해'가 생략되어 사용된 경우이므로 (4b ㄷ)으로 표기한다.

[4] 분석한 속담 중에 국립국어원 홈페이지에 의해 북한 속담에 해당되는 경우에 ㉵을 표시하여 속담으로 인정한다.12)

(5) 예: a. 샛방살이꾼이 주인집 마누라 속곳 걱정한다

   b. ㉵ 세방살이군이 주인집 마누라 속곳 걱정한다

(5a)는 분석 자료에 제시된 속담이며 국립국어원에서 북한 속담으로 보고 있다. 이 책에서 (5b)처럼 국립국어원에서 제시한 원형으로 표시한다.

[5] 속담의 활용형을 원형으로 바꿔서 분석 대상으로 한다.

(6) 예: a. ㄱ. 소 잃고 외양간 고쳐 왔던 우리

   ㄴ. 소 잃고 외양간 고친다

---

12) 북한 속담은 일부 한국어 교재에 제시되어 있으며 국어교과서에 명시적으로 제시되어 있지 않으나 나타난 경우가 있다. 북한 속담은 국립국어원 속남 목록에 수록되어 있고 속담 교육 현황을 파악하는 데에 필요하여 이 책에서 분석 대상에 포함시킨다. 분석 결과에 따르면 이런 속담은 극히 낮은 빈도수로 나타나기 때문에 실제 한국어 속담 교육 목록에 포함되지 않는다.

b. ㄱ. 두 마리 토끼를 다 잡는다

ㄴ. 가는 토끼를 잡으려다 잡은 토끼 놓친다

(6a ㄱ)은 속담이 '우리'를 수식하는 문장 성분으로 사용되어 있으며 (6b ㄱ)은 속담의 원래의 뜻을 변경해서 새로 만든 문장이다. 이와 같은 경우는 (6a~b ㄴ)으로 바꿔서 분석 대상으로 한다.

[6] 부분 고사성어, 격언, 외국 속담, 농경사회에서 흔히 쓰이는 절기나 기후와 관련되는 속담이 학자에 따라 속담으로 연구된 경우가 있으나 국립국어원 속담 목록에 원형이나 유사한 표현이 수록되어 있지 않은 경우에 분석 대상에서 제외시킨다.

(7) 예: a. 이웃사촌, 어부지리, 일석이조, 약육강식

　　　b. 시간은 금이다, 실패는 성공의 어머니

　　　c. 로마에서는 로마법을 따라야 한다

　　　d. 개구리가 울면 비, 새가 낮게 날면 비가 온다

　　　e. 남녀칠세부동석, 웃으면 복이 온다

(7a)와 같은 고사성어, (7b)와 같은 격언, (7c)와 같은 외국 속담, (7d)와 같은 절기나 기후와 관련되는 속담을 이 책에서 다루지

않는다. 이외에 (7e)와 같은 관용표현도 속담으로 보지 않는다.

[7] 많은 학자들에 의하면 속담으로 분류되나 국립국어원에서 관용구로 분류한 경우에 분석 대상에서 제외시킨다. 또한 국립국어원에서 유사한 표현을 관용구 목록과 속담 목록에 동시에 제시한 경우에 관용구로 보아 분석 대상으로 하지 않는다.

(8) 예: a. ㄱ. 그림의 떡

ㄴ. 해가 서쪽에서 뜨다

b. ㄱ. 물에 빠진 생쥐

ㄴ. 물독에 빠진 생쥐 같다

(8a ㄱ)과 같은 구(句)형태나 (8a ㄴ)과 같은 문장형태의 관용표현을 속담으로 보는 학자가 많으나 국립국어원 관용구 목록에 제시되어 있으므로 이 책에서는 분석 대상에서 제외시킨다. (8b ㄱ)은 국립국어원 관용구 목록에, (8b ㄴ)은 속담 목록에 제시되어 있으나 형태와 의미가 거의 같기 때문에 다 관용구로 보아 분석 대상에서 제외시킨다.

이와 같이 분석 대상인 속담을 선정하여 통계분석법과 대조분석법을 이용하여 분석한다. 백순근(2004: 150)에 의하면 통계

학은 불확실한 상황에서 현명한 의사결정을 하기 위한 이론과 방법의 체계이며, 자료나 정보를 수집·분류·분석·해석하는 과정을 포함한다. 한국어 교육용 속담 목록을 선정하기 위해 현행 한국어 교육 자료에 제시된 속담 교육 내용을 살펴볼 필요가 있다. 통계분석을 통해서 현행 속담 교육 자료에서 다루는 속담 목록과 교육 내용을 전체적으로 파악하고 통계 결과에 따라 제시된 속담 목록과 내용이 적합한지를 판단하고 문제점을 알아내어 더 효과적이고 학습자에게 맞는 교육용 속담 목록을 선정할 수 있다.

홍사만(2009: 5)에서 대조연구에 관해서 효율적인 외국어 학습을 위한 방편으로 시작된 응용언어학적 성격을 강조하며 다음과 같이 주장하였다.

(9) "대조의 연구 결과가 언어 교육에 충실히 반영되어야 하고, 그 실제적인 학습 자료로 활용되어야 한다. 언어 교재의 개발과 교과 과정의 편성, 그리고 평가 및 조사 연구 등에도 직접적으로 적용되어야 한다. 외국어 교육에서 발생하는 목표 언어와 근원 언어 사이의 전이와 간섭에 따른 오류를 분석하고, 이를 예방하는 장치를 모색할 수 있어야 한다."

이와 같이 대조분석 방법은 외국어 교육 연구 중의 중요한 방법이다. 대조분석은 학습자에게 어떤 것이 어려울 것이라는 것을 미리 식별하게 하여 교육 내용과 등급 매기는 근거도 제공해 준다. 중국어권 학습자를 대상으로 속담 교육을 할 때 모국어인 중국어의 영향을 감안해서 한중 속담 대조분석은 속담의 난이도를 측정하는 한 가지 근거가 될 수 있으며, 중국어권 학습자를 위한 단계별 한국어 교육 목록을 선정하는 데에도 도움이 된다.

이 책에서 필자는 교육용 속담 목록 선정과 등급 설정을 하는 데에 통계분석법과 대조분석법을 활용하여 다음과 같은 분석 절차를 설정하여 진행한다.

[1] 한중 속담의 개념을 비교하여 이 책에서 쓰는 개념을 밝힌다.

한중 속담의 개념이 다르며 범위도 다르므로 먼저 한국어 속담과 중국어 속담의 사전적 정의, 학자에 의한 정의, 관련되는 개념을 밝힌다. 한국어 속담을 중국어로 번역하면 속담뿐만 아니라, 성어(成語), 헐후어(歇後語) 등에 해당되는 부분이 많으므로 이 책에서는 한국어 속담과 대조분석을 할 때 중국어 속담(俗語나 諺語), 성어(成語), 헐후어(歇後語) 등의 상위 개념인 숙어(熟語)를 쓴다.

[2] 분석 자료와 대상을 선정하여 분석한다.

한국어 교육 현장에서 사용되는 한국어 통합 교재, 학습자의 한국어 능력을 평가하는 한국어능력시험, 한국어 속담 교재 등을 기본 분석 자료로 하여 교육 자료에 제시된 속담을 분석 대상으로 추출하고 통계를 낸 후 현행 한국어 교육 자료의 속담 교육 내용과 문제점을 분석한다. 한국어 통합 교재에 제시된 속담 분석은 현재 고급 단계까지 개발되어 출판된 한국어 교육 기관(9개)의 통합 교재 64종을 분석 자료로 하고, 한국어능력시험에 제시된 속담 분석은 1~21회 일반한국어능력시험 기출 문제지를 분석 자료로 하고, 한국어 속담 교재에 제시된 속담 분석은 『속담으로 배우는 한국어』 1, 2와 『살아있는 한국어 속담』, 『속담 100 관용어 100』 세 가지 속담 교재를 분석 자료로 한다.

[3] 빈도수 기준에 따라 교육용 속담 목록을 1차적으로 선정한다.

빈도수 기준은 [2]의 자료를 통계를 내서 얻은 한국어 교육 자료의 속담 사용 빈도와 모국어 화자의 사용 빈도를 근거로 한다. 한국어 모국어 화자의 사용 빈도를 파악하기 위하여 국어교과서와 코퍼스 자료를 활용한다. 한국 초등학교, 중학교, 고등학교 국어교과서에 제시된 속담을 추출하고 한국어 교육 자료에 제시된 속담과 같이 고려대학교 민족문화연구원 SJ-RIKS Corpus에 입력하여 통계분석법으로 속담의 전체적인 사용 빈도를 파악한다. 이 분석 결과를 바탕으로 현행 한국어 교육 자료에 제시된 속담 교육 목록을 점검하고 교육용 속담 목록을 1차적으로 선정한다.

　[4] 교육 자료로 사용하기가 적절한지를 판단하여 교육용 속
담 목록을 2차적으로 선정한다.
　빈도수 기준에 따라 선정된 1차적인 속담 교육 목록에 비속(卑
俗)한 내용이나 부정적인 요소가 들어가 있어 교육용 속담으로
쓰기 적절하지 않은 속담이 있다. 이런 속담을 제외시켜 속담
목록을 2차적으로 선정하고 빈도수 기준을 참고하여 표현용, 표
현·이해용, 이해용 속담으로 분류한다.

　[5] 속담의 난이도를 파악하고 빈도수를 감안하여 중국어권
학습자에게 맞게 [4]에 선정된 교육용 속담의 등급을 설정한다.
　2차적으로 선정된 속담의 난이도를 어휘·문법 측면, 형태·의
미 측면, 문화 요소 측면을 통해서 측정한다. 어휘·문법 측면은
속담을 구성하는 어휘와 문법을 분리시켜 각 3단계로 나누어 난
이도를 측정한다. 형태·의미 측면의 난이도를 다룰 때 대조분석
방법을 활용하여 한국어 속담을 이와 대조되는 중국어 숙어와
같이 분석하고 분석 결과에 따라 속담의 형태·의미 측면의 난이
도를 8단계로 나누어 측정한다. 문화 요소 측면은 속담과 관련
지을 수 있는 문화 교육 내용을 3단계로 나누어 난이도 수치(數
値)를 부여한다. 이와 같이 세 가지 측면에서 속담의 난이도를

측정하고 빈도수 분석 결과와 결합시켜 중국어권 학습자에게 맞는 교육용 속담 목록을 단계별로 작성한다.

2장 속담의 개념

이 장에서는 속담이란 무엇인가의 의문에서 출발하여 한국어 사전과 중국어사전에 속담이 어떻게 정의되는지, 학자들이 어떻게 정의하고 있는지, 속담과 관련되는 개념을 정리하고 한국어와 중국어 속담 개념을 비교하여 이 책에서 사용할 속담의 개념을 밝힌다.

1. 한국어 속담

이 절에서는 한국어 속담에 대해서 사전에 어떻게 정의되고

있는지, 학자들이 어떻게 정의하고 있는지를 알아보고 속담과
관련되는 관용표현·관용어·관용구도 같이 살펴본다.

1.1. 사전적 정의

사전마다 속담에 대한 정의가 다르다. 시중에 나온 14권의 한
국어사전에서 속담에 대한 정의는 다음 〈표 1〉과 같다.

〈표 1〉한국어 속담의 사전적 정의

엮은이	사전명	정의
국립국어원	표준 국어대사전	1) 예로부터 민간에 전하여 오는 쉬운 격언이나 잠언. 언속(言俗). 2) 속된 이야기. 세언(世諺). 속설(俗說).
신기철 외 (1975: 1937)	새 우리말 큰사전	1) 어느 때, 어디서 누가 말했는지는 모르나 그것이 그 주위 사람들의 마음속에 깊은 동감(同感)을 얻고, 널리 퍼져서 온 민족에게 공통된 격언. 비언(鄙諺). '개구리가 올챙이 적 생각을 못 한다', '기는 놈 위에 나는 놈 있다' 따위. 속설(俗說). 2) 속된 이야기. 속언(俗諺). 상말.
숭문사 (1990: 471)	최신 국어대사전	1) 세상에 흔히 돌아다니는 알기 쉬운 격언(proverb). 2) 속된 이야기. 속설(俗說)(common saying).
운평어문연구소 (1992: 1477)	그랜드 국어사전	1) 옛적부터 민간에 전하여 오는 알기 쉬운 격언 또는 잠언(箴言). 2) 속된 이야기. 세언(世諺). 속설(俗說). 속어(俗語).
김민수 외 (1992: 1690)	금성판 국어대사전	
두산출판BG (1998: 1093)	연세 한국어사전	사람들이 인용하곤 하는, 좋은 뜻이 있는 짧은 말.
국어대사전 편찬협회 (1999: 948)	국어대사전	예로부터 전하여 내려와 사람들의 마음속에 깊은 동감(同感)을 얻고, 널리 퍼진 격언. '부뚜막의 소금 도 집어넣어야 짜다', '바늘 도둑이 소 도둑 된다' 따위. 비언(鄙諺).

엮은이	사전명	정의
한국도서출판 중앙회 (1999: 691)	새 국어대사전	1) 예부터 내려오는 민간의 격언(格言). proverb. 2) 속된 이야기. 속설(俗說). 속어(俗語). common saying.
국어국문학회 (2001: 1461)	새로 만든 국어대사전	1) 예로부터 전하여 내려와 사람들의 마음속에 깊은 동감(同感)을 얻고, 널리 퍼진 격언, '부뚜막의 소금도 집어넣어야 짜다', '바늘 도둑이 소 도둑 된다' 따위. 비언(鄙諺). 2) 속설(俗說). 속된 이야기. 속언(俗諺). 상말.
민중서림 편집국 (2001: 1349)	엣센스 국어사전	1) 옛날부터 민간에 전하여 오는 쉬운 격언이나 잠언. 2) 속된 이야기. 속설(俗說).
교학사 한국어 사전 편찬실 (2004: 1199)	교학 한국어사전	1) 예로부터 전해 내려온, 교훈이나 삶의 지혜, 풍자 등을 담은 간결한 말. '굳은 땅에 물이 고인다' 따위. 속언(俗諺). 이언(俚諺). 2) 속된 이야기. 속설(俗說).
남영신 (2004: 1278)	국어사전 (개정 2판)	1) 속된 이야기. 속설(俗說). 2) 민중 속에서 자연히 이루어져 널리 구전(口傳)되는 격언. 민중의 삶의 지혜, 사고방식, 가치관 따위가 반영되어 있다. 속언(俗諺).
이희승 (2004: 2113)	국어대사전	1) 옛적부터 내려오는 민간(民間)의 격언(格言)으로 교훈·풍자·경험·유희(遊戱) 등의 뜻이 담긴 짧은 말. '등잔 밑이 어둡다', '오는 말이 고와야 가는 말이 곱다', '집안에 연기 차면 비 올 징조' 같은 것. 세언(世言). 이언(俚言). 속언(俗諺). 2) 속된 이야기. 속설(俗說). 속어(俗語).
두산동아 사서편집국 (2004: 1361)	동아 새국어사전	1) 속된 이야기. 속설(俗說). 속언(俗諺). 2) 민중의 지혜가 응축되어 널리 구전되는 민간 격언. 세언(世諺). 속어. 이언(俚諺).

〈표 1〉에서 제시한 사전적 정의 중에 '속된 이야기'는 이 책에서 다루는 부분이 아니며 이를 제외시킨다. 속담의 사전적 정의에 관해서 대부분 사전은 다음과 같은 속담의 특성을 공통적으로 다루고 있다.

(10) a. 역사성: 속담은 옛적부터 전하여 내려왔다.

　　 b. 광범위성: 널리 퍼져 있으며 온 민족이 사용되어 사람들의
　　　　 마음속에 깊은 공감을 얻을 수 있다.

　　 c. 문화성: 민중 삶의 지혜, 경험, 사고방식, 가치관 등이 반영
　　　　 되어 있다.

　　 d. 간결성: 형태가 간결하고 쉬우면서 풍부한 의미가 담겨 있다.

신기철(1975), 숭문사(1990), 두산출판BG(1998), 남영신(2004), 두산동아 사서편집국(2004) 외의 10가지 사전에 '예로부터, 옛적부터, 옛날부터' 등 표현으로 속담의 역사성을 나타내고 있다. 신기철(1975)에서는 속담의 역사성을 직접 제시하고 있지 않으나 '어느 때, 어디서 누가 말했는지는 모르나'의 표현을 통해서도 속담의 역사성을 엿볼 수 있다. 속담은 사회의 산물로서 민간에 전하여 민중에게 공감을 줄 수 있으므로 널리 퍼져 사용되며 생명력이 강하다. 〈표 1〉에 제시한 사전적 개념은 '민간, 민중, 동감, 흔히 돌아다닌다, 널리 퍼진다' 등 표현을 통해서 속담의 광범위성을 나타내고 있다. 속담은 언중에 의해 만든 표현이며 민중의 생활철학을 반영한다. 남영신(2004)과 두산동아 사서편집국(2004)에서 제시한 것과 같이 속담에 '민중의 삶의 지혜, 사고방식, 가치관' 등이 반영되어 있다. 언어형식에 관하여 국립국어원, 숭문사(1990), 은평어문 연구소(1992), 김민수 외(1992), 민중

서림 편집국(2001) 등 사전에서는 속담의 '쉽다'는 특성을 제시하고 있으며 교학사 한국어사전 편찬실(2004), 이희승(2004)에서는 속담의 '간결하다, 짧다'의 특성을 제시하고 있다. 또한 두산출판BG(1998), 이희승(2004)에서 정의한 바에 의하면 속담에 '좋은 듯', '교훈·풍자·경험·유희 등 뜻'이 담겨 있어 속담 의미가 풍부하다.

이외에 두산출판BG(1998)에서는 속담이 흔히 인용된다는 특성, 남영신(2004), 두산동아 사서편집국(2004)에서는 속담이 구전된다는 특성도 제시하고 있다.

1.2. 학자에 의한 정의

속담에 대하여 학자들이 강조하는 부분이 다르며 속담에 대한 정의도 역시 차이가 있다. 속담의 관용적인 특징을 강조하는 학자들이 있다. 최운식(1998: 308)에서는 "속담은 민중의 생활 경험에서 나온 간결하고 비유적인 표현으로 된 관용구"로 보고 있으며 김의숙·이창식(2003: 251)에서 정의한 바에 의하면 "속담이란 민중의 일상생활 공간에서 체득된 삶의 지혜나 예지가 비유적으로 서술된 비교적 짤막한 길이의 이야기로서 교훈적 의미를 전달하기 위한 혹은 풍자의 효과를 나타내기 위한 관용적 표현물을 말한다". 장덕순 외(2006: 259)에서의 정의를 보면 속담은

"민중 속에서 생성된 관용적 표현으로서, 보편적 의미를 강조하기 위하여 쓰여 지는 일정한 기능을 갖는 세련된 말이다". 또한 최창렬(1999: 13)에서는 속담을 넓은 의미에서의 속담과 좁은 의미에서의 속담으로 구별하여 정의하였다. "넓은 의미에서의 속담은 서민들의 생활에서 만들어진 구비전승의 언어와 성현들이나 작가, 지식인들의 명언이나 고서 등에서 인용한 것은 물론, 오늘날 일정한 형태 속에 항간에 떠돌아다니는 모든 형태의 말들을 포괄하는 개념이다", "좁은 의미에서의 속담은 교훈·기지·상상·경계·비유·풍자 등을 바탕으로 통속적이고 진술함이 깃든 구비전승의 언어를 지칭하는 것으로, 언중의 경험과 지혜와 교훈에서 우러난 진리를 지닌 간결하고 평범하며 은유적인 표현의 관용어라고 정의할 수 있다". 이와 같이 좁은 의미에서의 속담을 관용어로 보고 관용적인 특징을 강조하였다.

속담의 관용적인 특징을 강조하는 학자의 정의를 보면 '민중의 경험이나 지혜'도 강조하고 있다. 위에서 제시한 정의 외에 민중의 지혜를 강조하는 연구에는 이기문(1962)과 김선풍·김금자(1992)도 있다. 이기문(1962: iii)에서의 정의를 보면 "속담은 문자 그대로 속된 말이다. 그것은 본질적으로 민중의 것이다. 그 구슬 같은 한마디 한마디는 민족 사회의 오랜 경험과 지혜를 단적으로 반영하는 것이다". 김선풍·김금자(1992: 277)에서 성의한 바로는 "속담은 민중의 지혜, 그 것도 중지(衆智)에서 뽑아낸 세상의 지식을 뜻한다".

속담의 간결한 특성과 비유의 특성을 강조하면서 정의를 내린 학자도 있다. 강재철(1980: 20)에서 내린 정의를 보면 "속담은 한 집단의 의식구조 위에서 집단의 생활 경험과 감정과 지혜를 비유의 형식으로 집약하여 표현한 단구(短句)로, 무의식 언중(無意識 言衆)에 의하여 구비전승 과정에서 운율화된 것이다". 이두현 외(2004: 440)에서의 정의에 의하면 "속담은 간결한 형식 속에 은유적 표현을 빌려 민중의 생활 철학을 담은 사회적 소산으로, 향토성과 시대상을 반영한 것이다".

종합해서 보면 속담에 관한 학자의 정의에서도 사전적인 정의와 같이 속담에 민중의 경험과 지혜가 담겨 있다는 점과 속담의 간결한 특성을 강조하고 있다. 사전적인 정의에서 속담 사용의 광범위성을 강조하는 점과 달리 속담을 '관용구나 관용적인 표현물'로 정의하는 학자가 있다. 또한 사전적인 정의는 '옛적부터 전하여 내려왔다'는 속담의 역사성을 강조하고 있으나 학자에 의한 정의에서는 이에 대한 언급이 적으며 속담이 시대성을 반영한다는 관점을 가지는 학자가 있다. 속담의 관용적인 특성은 속담 사용의 광범위성과 관련되며 속담은 언어의 구성 부분으로서 역사적인 특성을 띠고 있고 시대에 따라 변화될 수 있다. 이 책에서 사전적인 정의와 학자의 정의를 바탕으로 하여 속담을 다음과 같이 정의한다.

(11) 옛적부터 전해 내려온 널리 퍼져 있으며 사람들의 마음속에 깊은 공감을 줄 수 있는 관용적인 말이다. 형식이 간결하여 삶의 방식, 지혜, 사고방식, 가치관 등이 반영되어 있고 교훈, 풍자, 유희 등 뜻이 담겨있으며 시대에 따라 변화될 수 있다.

1.3. 속담·관용표현·관용어·관용구

속담을 연구대상으로 논의할 때 관용표현이나 관용어의 하위분류로 보고 다루는 학자들이 있으며 이것을 구분하여 연구하는 학자들도 있다.

관용어를 상위 개념으로 보는 김문창(1974)이 있다. 김문창(1974: 74~75)에서 관용어를 상위 개념으로 제시하고 속담, 고사성어, 격언, 길조어, 은어, 숙어를 관용어의 하위분류로 제시하였다. 여기서 숙어는 주로 관용구의 형태를 가리키었다. 또한 관용표현을 관용어와 속담의 상위 개념으로 보는 문금현(1996)이 있다. 문금현(1996: 18~19)에서 정의한 바대로 국어의 관용표현을 광의와 협의로 나누어 협의의 관용표현은 순수 관용표현(관용어·관용구·관용절)과 속담문을, 광의의 관용표현은 격언이나 고사성어, 금기담 등을 포함한다.

속담을 관용어와 구분하여 공통점과 차이점을 다룬 연구에는 박영순(1985)과 황정아(2008) 등이 있다. 박영순(1985: 109)에서는 다음과 같이 속담과 관용어의 공통점과 차이점을 다루었다.

(12) "속담은 일반구나 문장처럼 액면 그대로의 의미로 일단 해석하되 그 내용에 어떤 교훈적인 비유가 있는 경우인데 관용어처럼 형태나 구조가 고정되어 있는 특징이다. 이런 점에서 속담은 관용어와 공통점이 있다고 할 수 있다. 그러나 근본적인 차이점은 역시 형태와 의미의 관계이다. 즉, 관용어는 형태와는 상관없는 제3의 의미를 가지기 때문에 非論理的이고 脫文法的인 성격도 있는 반면 속담은 1차적 의미＋α를 가지는 것으로 文法的이고 論理的인 경향이 짙다. 속담과 관용어와의 관계를 다시 정리해 본다면

　　　　관용어 → 화석화됨 → 제3차적 의미(일반적)

　　　　속담 → 화석화됨 → 제1차적 의미＋α(교훈적)

그러므로 두 가지가 모두 化石化되어 있는 점, 1차적 의미 이상의 의미를 가진다는 공통점이 있다."

　황정아(2008: 25~68)에서는 다의어, 복합어, 속담, 비유어, 성어 등을 관용표현으로 보아 관용어와의 차이점을 살펴보았다. 속담과 관용어의 차이점을 '구조면', '사용면', '의미면'과 '기능면'의 네 가지 측면으로 나누어서 밝히었다.[1]

　국립국어원 홈페이지에서는 관용구와 속담을 따로 분리하고

있다. 국립국어원 표준국어대사전에서 '관용구'를 [두 개 이상의 단어로 이루어져 있으면서 그 단어들의 의미만으로 전체의 의미를 알 수 없는, 특수한 의미를 나타내는 어구. '발이 넓다'는 '사교적이어서 아는 사람이 많다'를 뜻하는 것 따위이다]로 정의하고 '관용어'를 [(1) 습관적으로 쓰는 말. (2) 관용구]로 정의하고 있다. 앞에서 속담의 사전적 정의 부분에서 언급하였듯이 '속담'에 대한 정의는 [(1) 예로부터 민간에 전하여 오는 쉬운 격언. (2) 속된 이야기]이다. 국립국어원에서는 좁은 의미의 '관용어'를 '관용구'로 보고 있으며 넓은 의미의 '관용어'를 [습관적으로 쓰는 말]로 보고 있다. 즉, 넓은 의미의 '관용어'를 '속담, 관용구'를 포함하는 상위 개념으로 보고 있다.

이와 같이 국립국어원과 김문창(1974)은 관용어를, 문금현(1996)은 관용표현을 상위 개념으로 보고 있으며 박영순(1985)과 황정아(2008)의 주장에 의하면 관용어와 속담이 독립적이고 다른 개념이다. 국립국어원과 김문창(1974)에서 상위 개념으로 보는 관용어의 범주가 문금현(1996)에서 정의한 광의의 관용표현과 비

---

1) "'구조면'에서 관용어는 속담보다 짧으며 결합 형태도 더욱 다양하다. '사용면'에서는 관용어가 대부분 문장 구성 요소의 일부인 반면에 속담은 대부분 독립된 복합 문장이며 늘 '인용문'의 형식으로 사용된다. '의미면'에서는 관용어가 축자적 의미가 아닌 제3의 의미를 반드시 가져야 하지만 속담은 보통 축자적(문자적) 의미와 실제적 의미가 일정한 관련성이 있으며 합리적인 해석이 있다. 또한 '기능면'에서 관용어는 문장을 더욱 완곡하고 재미있고 생동감 있게 하는 기능이 있다. 속담은 경세, 풍자, 인생의 경험이나 철학을 내포하는 기능이 있다."(황정아, 2008: 53~54)

숫하며 박영순(1985)과 황정아(2008)에서 다룬 관용어는 문금현 (1996)에서 정의한 협의의 관용표현 중의 순수 관용표현(관용어· 관용구·관용절)에 해당된다. 이 책에서는 관용어를 관용적인 의미를 가지는 관용어휘, 관용구와 관용절을 포함하는 개념으로 보고 속담, 고사성어, 금기담, 격언 등과 같이 관용표현의 하위 분류로 본다. 다음 〈그림 1〉과 같이 표시할 수 있다.

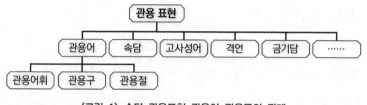

〈그림 1〉 속담·관용표현·관용어·관용구의 관계

국립국어원에서 관용구로 보는 부분은 이 책에서 관용어에 해당되며 자료 분석할 때 주로 국립국어원 표준국어대사전 속담 목록에 의존한다. 다만 앞에서도 언급하였듯이 유사한 표현이 국립국어원 관용구 목록과 속담 목록에 동시에 수록된 경우에 의미 차이가 별로 없기 때문에 다 관용어(구)로 분류시켜 이책에서 제외시킨다.

2. 중국어 속담

이 절에서는 중국어사전에서 속담을 어떻게 정의하고 있는지, 중국학자들이 어떻게 정의하고 있는지를 정리하고 이와 관련되는 개념을 알아보고 한중 속담과 관련되는 개념을 비교하여 이 책에서 사용하게 될 개념을 밝힌다.

2.1. 사전적 정의

한중사전이나 중한사전 중의 '속담'에 관한 중국어 해석은 대개 '언어(諺語)'나 '속화(俗话)', '속어(俗語)'임을 알 수 있다. 중국 상무인서관 사서연구중심(商務印書館辭書硏究中心)에서 편찬한『신화사전(新華詞典)』과 중국사회과학원 언어연구소 사전편찬실(中國社會科學院語言硏究所詞典編輯室)에서 편찬한『현대한어사전(現代漢語詞典)』의 속담에 대한 정의는 다음 〈표 2〉와 같다.[2]

〈표 2〉에 따르면 사전에서 속어(俗語)와 언어(諺語)를 분리시켜 따로 정의하고 있으나 내용에 큰 차이가 없다. 즉, '군중 중에 널리 유전된다', '간단하고 통속적이며 고정적이다', '인민군중의 생산과 생활 경험이 반영 되어 있다' 등 특성은 속어(俗語)나

---

2) 이 책은 한국어 속담 교육 연구를 중심으로 하고 있으므로 중국어 속담의 사전적 정의를 현행하는 대표적인 두 가지 사전만을 참고한다.

〈표 2〉 중국어 속담의 사전적 정의

정의 용어	新華詞典(2001)	現代漢語詞典(2002)
속어 (俗語)	熟語的一種。群眾中廣泛流行的通俗而定型的語句。多數是勞動人民從生活經驗中創造出來的, 簡練而形象。如"雞蛋里挑骨頭", "打腫臉充胖子"等。	通俗幷廣泛流行的定型的語句, 簡練而形象化, 大多數是勞動人民創造出來的, 反映人民的生活經驗和願望。如: 天下無難事, 只怕有心人。也叫俗話。
	숙어의 일종이다. 군중 중에 널리 유행되는 통속적이고 고정적인 문구이다. 대부분은 노동인민의 생활 경험에 의해서 창조되고 간결하고 생동하다. 예를 들면, '雞蛋里挑骨頭', '打腫臉充胖子' 등이 있다.	통속적이고 널리 유행되는 고정적인 문구이다. 간결하고 세련되어 생동감이 있다. 대부분은 노동인민에 의해 창조되어 인민의 생활 경험이나 소원을 반영한다. 예: 天下無難事, 只怕有心人. 속화(俗話)라고 하기도 한다.
언어 (諺語)	熟語的一種。群眾中廣泛流傳的現成語句。多數是人民群眾長期生產和生活經驗的總結, 用簡單通俗的話表達出深刻的道理。如"眾人拾柴火焰高", "春雨貴如油"。	在群眾中間流傳的固定語句, 用簡單通俗的話反映出深刻的道理。如"三個臭皮匠, 賽過諸葛亮", "三百六十行, 行行出狀元", "天下無難事, 只怕有心人"。
	숙어의 일종이다. 군중 중에 널리 유전되는 기성의 어구이다. 대부분은 인민군중이 장기간의 생산과 생활 경험의 총화이며 간단하고 통속적인 말로 뜻이 깊은 도리를 나타낸다. 예: "眾人拾柴火焰高", "春雨貴如油".	군중 중에 유전되는 고정적인 어구이다. 간단하고 통속적인 말로 뜻이 깊은 도리를 반영한다. 예: "三個臭皮匠, 賽過諸葛亮", "三百六十行, 行行出狀元", "天下無難事, 只怕有心人".

언어(諺語)의 정의에 다 반영되어 있다.

중국어사전의 속담에 대한 정의 〈표 2〉는 한국어사전의 정의 〈표 1〉과 같이 '민중에 의해서 창조된다', '널리 사용된다', '생활 경험이 담겨 있다', '간결하다', '풍부한 의미를 가지고 있다'는 공통적인 특징을 제시하고 있다. 이외에 한국어사전에서는 '옛 적부터 내려왔다'는 속담의 역사성도 강조하고 있으며 중국어

사전에서는 속어(俗語) 표현의 '생동감'을 강조하고 있다.

2.2. 학자에 의한 정의

속어(俗語)에 대하여 정의를 한 학자에는 王樹山等(1989), 溫端政等(2004), 徐宗才·應俊玲(2004) 등이 있다. 王樹山等(1989: 說明 1쪽)에서 내린 정의에 의하면 "속어(俗語)는 군중 구두에 널리 유전되어 구조가 상대적으로 고정되는 통속적인 어구(語句)이며 대부분은 노동인민에 의해 창조되어 인민군중의 생활 경험, 희망과 각 지방의 다른 풍속습관을 반영한다. 형식이 간결하여 생동감이 있으며 대중들이 즐겨 쓴다".3) 溫端政等(2004: 前言 5쪽)에서는 속어(俗語)를 "중국어 어휘(語彙) 중에 군중에 의해 창조되어 군중 구어에 유전되며 구어성(口語性)과 통속성(通俗性)을 가지는 언어 단위"로 정의하였다.4) 徐宗才·應俊玲(2004: 3)에서 내린 정의에 따르면 "속어(俗語)는 속화(俗話)라고 하기도 하여 통속적이고 생동감이 있고 인민군중 중에 널리 유행되는 고정적

---

3) 원문은 다음과 같다.
 "俗語是一種廣泛流傳在群眾口頭上、結構相對固定的通俗語句, 大多是勞動人民創造出來的, 反映人民群眾的生活經驗、願望以及各地不同的風俗習慣。它形式上簡練、形象、生動活潑, 為廣大群眾所喜聞樂見。"

4) 원문은 다음과 같다.
 "(我們把俗語定義為)漢語語彙裏為群眾所創造, 並在群眾口語中流傳, 具有口語性和通俗性的語言單位。"

54

인 문구이며 인민군중이 일상생활, 생산노동, 사회실천에서 창
조된 것이고 성공의 경험, 실패의 교훈, 과학지식과 생활느낌의
총화이다".5) 이외에 孫洪德(2005: 前言)에서 설명한 바로는 "속어
(俗語)는 속화(俗話), 상언(常言)이라고 하기도 하며 중국어 어휘
(語彙) 중에 대중에 널리 유전되는 고정적인 문구이며 강한 통속
성(通俗性)과 구어성(口語性)을 띠고 있으며 사용 범위가 아주 넓
고 중국어 어휘(語彙) 중에 중요한 자리를 잡고 있다".6)

　언어(諺語)에 대하여 정의를 내린 학자에는 黃伯榮(1991), 史錫
堯·楊慶蕙(1991) 등이 있다. 黃伯榮(1991: 410)에서 내린 정의를 보
면 "언어(諺語)는 인민군중 구두에 유전되는 통속적이고 뜻이 깊
은 고정적인 문구이다"7). 史錫堯·楊慶蕙(1991: 237)에서의 정의
를 보면 "언어(諺語)는 인민군중 중에 널리 유전되는 고정적인
문구이며 아주 통속적이고 간결한 말로 뜻이 깊은 도리 (道理)를
반영한다"8). 이외에 周祖謨가 孟守介等(1990)의 서문에서 설명한

---

5) 원문은 다음과 같다.
　"俗語也叫俗話, 是一種通俗、形象、廣泛流行在人民群眾中的定型語句, 是人民群眾
　在日常生活、生産勞動、社會實踐中創造出來的, 它是成功經驗、失敗教訓、科學知
　識、生活感受的總結。"
6) 원문은 다음과 같다.
　"俗語也叫俗話, 常言等, 是漢語語匯中廣泛流傳於大眾中的一種定型語句, 它具有很
　强的通俗性和口語性, 而且使用範圍非常廣泛, 在漢語語彙中佔有重要的地位。"
7) 원문은 다음과 같다.
　"諺語是人民群眾口頭流傳的通俗而含義深刻的固定語句。"
8) 원문은 다음과 같다.
　"諺語是人民群眾中間廣為流傳的固定語句, 它用極為通俗精練的話反映出深刻的道理。"

바에 의하면 "언어(諺語)는 인민이 구두로 흔히 말하는 통속적인 기성의 말이다. 인민은 일상생활에 접촉하게 된 사물을 통해서 많은 지식과 경험을 부단히 축적해 왔으며 이를 가장 간결하고 통속적인 언어로 총괄하여 표현한다. 이것은 사람에 의해 구전되어 널리 사용된다. 사람들이 자주 쓰다 보니 서면(书面)에도 많이 인용된다. 이것은 바로 언어(諺語)이다".9)

학자의 정의는 사전적 정의와 같이 인민군중을 창조의 주체로 보고 간결하고 통속적이고 고정적인 특성을 강조하며 생활의 경험, 습관, 교훈의 의미 등이 반영되어 있음을 밝히고 있다. 사전적 정의와 달리 대부분 학자가 속어(俗語)나 언어(諺語)가 구전된다는 구어성(口語性) 특징도 강조하고 있다.

2.3. 관련 용어와 개념

한국어 속담 개념과 범주를 다룰 때 학자들이 흔히 관용표현, 관용어, 격언 등을 언급하듯이 중국어에도 언어(諺語)나 속어(俗語)·속화(俗话)에 관련되는 유사하고 변별하기 쉽지 않은 숙어(熟語), 성어(成語), 관용어(慣用語), 헐후어(歇後語), 격언(格言) 등이 있다.

---

9) 원문은 다음과 같다.
"諺語是人民口頭經常說的通俗的現成話。人民在平日生活當中從所接觸的事物中不斷積累了許多知識和經驗，由此而用最簡短的通俗的語言概括地表達出來，十口相傳，為人所共喻，久而大家常常這樣說，在書面上也經常被人引用，這就是所謂的諺語。"

王樹山等(1989), 溫端政等(2004)에서는 俗語가 諺語, 歇後語와 慣用語를 포함하고 있다.10) 黃伯榮(1991: 401)에서는 俗語를 熟語의 하위 범주로 보고 熟語가 成語, 慣用語, 歇後語를 포함하는 구형태와 格言, 俗語를 포함하는 문장형태로 분류하고 있다.11) 史錫堯·楊慶蕙(1991: 228)에서도 熟語가 成語, 諺語, 歇後語, 慣用語 등을 포함하고 있다.

『新華詞典』과 『現代漢語詞典』에서 속담과 관련되는 개념인 熟語, 成語, 慣用語, 歇後語, 格言을 다음 〈표 3〉과 같이 정의하고 있다.12)

---

10) 원문은 다음과 같다.
　　王樹山等(1989: 說明 1쪽): "俗語包括諺語、歇後語、習(慣)用語和口頭上常用的成語等。" 溫端政等(2004: 前言 5쪽): "俗語首先應包括諺語。除了諺語之外, 俗語還應該包括歇後語和慣用語。他們同樣具有俗語的性質。"

11) 원문은 다음과 같다.
　　"熟語是語言中常用而定型的短語或句子。這個定義指出了熟語的結構和意義是較為固定的, 它包括兩種不同的結構成分: "短語" 指成語、慣用語和歇後語; "句子" 指諺語和格言。"

12) 방언이어(方言俚語)는 주로 어느 특정한 지역에 쓰이고 명언(名言)이나 경구(警句)는 뜻이 깊은 문장으로 주로 유명한 인사가 하는 말이나 시나 글에서 나온 것이고 전구(典故)는 주로 글에서 인용된 옛날 서적에 실린 이야기나 문구를 가리키기 때문에 여기서 다루는 속담과 거리가 있어 따로 분석하지 않는다.

〈표 3〉 중국어 속담과 관련되는 개념

정의 용어	新華詞典(2001)	現代漢語詞典(2002)
숙어 (熟語)	語言中結構定型, 以整體來表達其語義的固定短語或句子。包括成語、慣用語、歇後語、諺語等。	固定的詞組, 只能整體用, 不能隨意 變動其中成分, 並且也不能按照一般的構詞法來分析, 如"慢條斯理、無精打采、不尷不尬、亂七八糟、八九不離十"等。
	언어 중에 구조가 일정하여, 통째로 의미를 표현하는 고정적인 단어조합이나 문장. 성어, 관용어, 헐후어, 언어(諺語) 등을 포함한다.	고정적인 단어조합(詞組)이고 통째로 써야 되며 그의 구성요소를 함부로 바꿀 수 없고 일반적인 구사법(構詞法)으로 분석할 수 없다. 예: "慢條斯理、無精打采、不尷不尬、亂七八糟、八九不離十" 등.
성어 (成語)	熟語的一種。即意義完整、結構定型、表達凝練、含義豐富的固定短語。多為四字者, 言簡意賅, 富有表現力。其句法功能相當於一個詞。如杯弓蛇影、千金一笑、萬紫千紅、七嘴八舌等。	人們長期以來學習用的、簡潔精闢的定型詞組或短句。漢語的成語大多由四個字組成, 一般都有出處。有些成語從字面上不難理解, 如"小題大做"、"後來居上"等。有些成語必須知道來源或典故才能懂得意思, 如"朝三暮四","杯弓蛇影"等。
	숙어의 일종이다. 즉, 의미가 완전하여 구조가 고정적이고 표현이 간결하고 의미가 풍부한 고정적인 단어(短語)이다. 대부분은 네 글자이며 간결한 표현에 뜻이 모두 들어 있어 표현력이 강하다. 문법 기능은 단어 하나에 해당된다. 예: 杯弓蛇影、千金一笑、萬紫千紅、七嘴八舌 등.	사람들이 오랫동안 학습하여 사용하는 간결하고 통렬하고 고정적인 형태를 가진 단어조합(詞組)이나 단문이다. 중국어의 성어는 대부분은 네 글자로 구성되어 보통 출처가 있다. 어떤 성어는 축자 의미를 통해서 이해하기가 힘들지 않다. 예: "小題大做","後來居上" 등. 어떤 성어는 그의 기원이나 전고(典故)를 알아야 의미를 이해할 수 있다. 예: "朝三暮四","杯弓蛇影" 등.

정의\용어	新華詞典(2001)	現代漢語詞典(2002)
관용어 (慣用語)	熟語的一種。口語中習用的一種固定短語。多爲三音節, 常用比喻義或引申義, 簡明生動, 活潑有趣。如"拍馬屁", "走後門", "撈油水"等。 숙어의 일종이다. 구어 중에 자주 쓰이는 일종의 고정적인 단어(短語)이다. 대부분은 3음절이며 비유적인 의미나 파생적인 의미가 활용된다. 간단명료하고 생동감이 강하며 재미있다. 예: "拍馬屁", "走後門", "撈油水".	慣於使用: 經常運用: ~語, ~伎倆。 습관적으로 사용된다: 자주 활용한다. ~어, ~수법(이 사전에는 '관용어'가 수록되어 있지 않고 '관용'라는 단어만 수록되어 있다).
헐후어 (歇後語)	熟語的一種。由兩部份組成, 前多類似謎語的謎面, 後是謎底, 卽本意。是一種口語性的引注語。 如"擀麵杖吹火——竅不通", "矮梯子上高房-搭不上檐(言)"。有時省去后一部分不說, 故名。 숙어의 일종이다. 두 부분으로 구성되어 앞부분은 수수께끼 문제처럼 되어 있고 뒷부분은 수수께끼 답안처럼, 즉 본래의 뜻이 담겨 있다. 구어적인 인용어이다. 예: "擀麵杖吹火——竅不通", "矮梯子上高房-搭不上檐(言)". 때로는 뒷부분을 생략하는 경우도 있으므로 헐후어(歇後語)라고 한다.	由兩個部份組成的一句話, 前一部分像謎面, 後一部分像謎底, 通常只說前一部分, 而本意在後一部分。如"泥菩薩過江-自身難保", "外甥點燈籠-照舊(舅)"。 두 부분으로 구성된 한 문장이며 앞부분은 수수께끼 문제처럼, 뒷부분은 수수께끼 답안처럼 되어 있다. 보통 앞부분만 말하나 뜻이 뒷부분에 담겨 있다. 예: "泥菩薩過江-自身難保", "外甥點燈籠-照舊(舅)".
격언 (格言)	熟語的一種。含有敎育意義的精煉的定型語句。在書面語中可以找到其出處。如"學而不思則罔, 思而不學則殆", "虛心使人進步, 驕傲使人落後"。 숙어의 일종이다. 교육적인 의의가 담겨 있는 간결하고 고정적인 문구이다. 문어 중에서 그의 출처를 찾아낼 수 있다. 예: "學而不思則罔, 思而不學則殆", "虛心使人進步, 驕傲使人落後".	含有勸誡和敎育意義的話, 一般較爲精練, 如"滿招損, 謙受益", "虛心使人進步, 驕傲使人落後"。 교훈적이고 교육적인 의미가 담겨 있는 말. 일반적으로 간결하다. 예: "滿招損, 謙受益", "虛心使人進步, 驕傲使人落後".

〈표 3〉에서 제시한 정의를 비교해 보면『新華詞典』에서는『現代漢語詞典』과 달리 '숙어'를 상위 개념으로 하여 성어, 관용어, 헐후어, 언어(諺語) 등을 포함하고 있다.

앞에서 제시한 속어(俗語), 속화(俗話)와 언어(諺語)의 정의가 보여 주듯이 속어(俗語), 속화(俗話)와 언어(諺語)는 공통점이 많고 경계가 불분명하고 실생활 중에 명확하게 분리하기가 힘들다. 이 책에서는 사전적 정의와 학자들의 정의를 참고하여 속어(俗語)나 속화(俗話)를 좁은 의미로 이해하여 언어(諺語)와 구별하지 않고 '숙어'를 속어(俗語)나 속화(俗話), 언어(諺語), 격언(格言), 성어(成語), 관용어(慣用語), 헐후어(歇後語)를 포함하는 상위 개념으로 한다. 〈그림 2〉와 같이 표시할 수 있다.

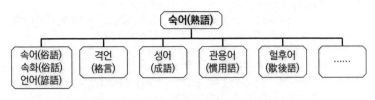

〈그림 2〉 중국어 속담과 관련되는 용어의 관계

속담과 관련되는 용어와 개념은 한국어에도 이와 같거나 비슷한 것이 있다. 한중 속담에 관련되는 용어를 비교하면 다음 〈표 4〉와 같다.

〈표 4〉 한중 속담 관련 용어 비교

한국	중국	
속담	속어(俗語)·속화(俗話)	숙어(熟語)13)
	언어(諺語)	
격언	격언(格言)	
고사성어	성어(成語)	
관용구(어)	관용어(慣用語)	
×	헐후어(歇後語)	

〈표 4〉에 따르면 헐후어는 중국어에만 있는 언어형식이며 한국어에 이와 대조되는 언어형식이 없다. 한국어 속담은 중국어로 할 때는 諺語와 俗語로 표현되는 경우가 있으면서도 일부는 성어나 관용어, 헐후어 등으로 표현된다. 따라서 이 책에서는 한중 속담 비교 연구할 때 중국어의 諺語와 俗語에 국한하지 않고 속담, 성어, 관용어, 헐후어, 격언 등을 포함하는 상위 개념인 熟語를 분석 대상으로 한다.

---

13) 한국어에도 '숙어'가 있으나 국립국어원 표준국어대사전에서는 "(1) 익숙해진 말 (2) 관용구"로 해석하고 있어 〈표 4〉에 따로 제시하지 않는다.

3장 한국어 속담 교육 내용 분석

한국어 교육용 속담의 목록 선정과 등급 설정을 하려면 현행의 한국어 속담 교육 내용을 알아볼 필요가 있다. 이 장에서는 한국어 통합 교재, 한국어능력시험 기출문제지, 한국어 속담 교재에 어떤 속담이 어떻게 제시되어 있는지를 파악한다.

분석하는 과정 중에 교육 자료에 제시된 속담은 해당 단원이나 과의 교육 목표인 경우에 수량 통계를 낼 때 중복하여 제시된 속담의 수를 1로 본다. 또한 같은 관용 의미를 표현하는 속담이 독립적인 표제어로 다르게 제시된 경우에 서로 다른 속담 항목으로 간주하나 형태상 큰 차이가 없는 경우에 한 항목으로 분석한다.

(13) 예: a. ㄱ. 산 넘어 산-갈수록 태산

ㄴ. 가시나무에 가시 난다-콩 심은 데 콩 나고 팥 심은

데 팥 난다

b. ㄱ. 제 코가 석 자-내 코가 석 자

ㄴ. 따 놓은 당상-떼어 놓은 당상

ㄷ. 다람쥐 쳇바퀴 돌듯-개미 쳇바퀴 돌듯

ㄹ. 구더기 무서워 장 못 담그랴-가시 무서워 장 못 담

그랴

ㅁ. 달걀도 굴러가다가 서는 모가 있다-메밀도 굴러가

다가 서는 모가 있다

ㅂ. 고기는 씹어야 맛이요, 말은 해야 맛이라-말은 해야

맛이고 고기는 씹어야 맛이다

(13a ㄱ)과 (13a ㄴ) 중의 두 속담은 같은 관용 의미를 표현하고 있으나 독립적인 표제어로 제시되어 있으므로 두 개의 속담 항목으로 보고 (13b) 중의 두 속담은 관용 의미가 같고 형태상 큰 차이가 없기 때문에 한 항목으로 보아 '제/내 코가 석 자', '따/떼어 놓은 당상', '다람쥐/개미 쳇바퀴 돌듯', '구더기/가시 무서워 장 못 담그랴', '달걀/메밀도 굴러가다가 서는 모가 있다', '고기는 씹어야 맛이요/맛이고, 말은 해야 맛이라/맛이다' 등과 같이 표시한다.

1. 한국어 통합 교재

한국어 통합 교재는 한국어 교육하는 데에 아주 중요한 자리를 잡고 있다. 이 절에서는 고급 단계까지 개발되어 대학교 한국어 교육기관에서 사용하는 한국어 통합 교재 64종을 분석 대상으로 하여 속담 교육 내용을 파악한다.[1] 먼저 교재에서 제시된 속담 목록을 살펴보고 교재마다 속담을 어떻게 제시하고 있는지를 분석한다.

1.1. 속담 목록

한국어 통합 교재에 제시된 속담 항목과 중복수, 제시된 단계에 대한 통계 결과는 다음 〈표 5〉와 같다.

---

[1] 이 책에서 다루는 기본 자료를 수집했을 때 서울대학교 언어교육원인 경우에 공식적인 출판은 『한국어』 4까지만 했기 때문에 여기에서는 분석 대상으로 하지 않는다. 이외에 동국대학교 한국어교육센터에서 개발한 『함께 배워요』 1-4, 부산대학교 국제교류교육원에서 개발한 『친절한 한국어』 1-4, 한국외국어대학교 한국어문화교육원에서 개발한 『외국인을 위한 한국어』 1-4, 한양대학교 국제어학원에서 개발한 『한양한국어』 1-3은 다 중급까지만 편찬된 상황이었다. 현행 한국어 교육기관의 속담 교육은 주로 중급과 고급 과정에서 진행되고 있다는 점을 감안해서 고급까지 개발되어 공식적으로 출판된 교재만을 분석 대상으로 한다.

〈표 5〉 한국어 통합 교재에 제시된 속담 목록

순번	속담	건국대	경희대	고려대	서강대	선문대	성균관대	신라대	연세대	이화여대	중복수	초급	중급	고급
1	발 없는 말이 천 리 간다	0	2	2	1	0	2	2	1	0	10	0	9	1
2	가는 말이 고와야 오는 말이 곱다	0	1	1	0	1	1	1	3	1	9	0	8	1
3	말 한마디에 천 냥 빚도 갚는다	0	2	1	0	0	1	1	1	2	8	0	7	1
4	백문이 불여일견	1	0	1	0	4	0	1	1	0	8	0	2	6
5	하늘의 별 따기	1	0	2	2	1	1	0	0	1	8	0	5	3
6	돌다리도 두들겨/ 두드려 보고 건너라	1	2	0	0	2	1	1	0	0	7	0	2	5
7	까마귀 날자 배 떨어진다	0	2	0	0	1	2	1	0	0	6	0	2	4
8	소 잃고 외양간 고친다/고치기	1	0	2	0	0	2	0	1	0	6	0	3	3
9	아 (해) 다르고 어 (해) 다르다	0	1	1	0	0	0	0	2	2	6	0	5	1
10	호랑이도 제 말하면 온다	0	0	1	1	0	4	0	0	0	6	0	4	2
11	가는 날이 장날	0	1	1	1	0	1	0	1	0	5	0	4	1
12	낮말은 새가 듣고 밤말은 쥐가 듣는다	0	1	0	0	0	1	1	1	1	5	0	5	0
13	백지장도 맞들면 낫다	1	0	1	0	0	2	0	0	0	5	0	3	2
14	서당 개 삼 년에 풍월(을) 읊는다	1	1	1	0	1	1	0	0	0	5	0	2	3
15	세 살 (적) 버릇(이) 여든까지 간다	1	1	1	0	0	0	2	0	0	5	0	4	1
16	윗물이 맑아야 아랫물이 맑다	0	0	0	0	1	1	0	3	0	5	0	2	3
17	같은 값이면 다홍치마	1	1	0	0	0	0	1	1	0	4	0	3	1
18	개같이 벌어서 정승같이 산다	0	1	0	0	1	1	1	0	0	4	0	1	3

순번	속담	건국대	경희대	고려대	서강대	선문대	성균관대	신라대	연세대	이화여대	중복수	초급	중급	고급
19	고생 끝에 낙이 온다	1	0	0	1	0	0	0	2	0	4	0	3	1
20	귀에 걸면 귀걸이 코에 걸면 코걸이	0	0	0	0	0	1	3	0	0	4	0	2	2
21	금강산도 식후경	0	1	0	1	0	0	0	1	1	4	0	4	0
22	등잔 밑이 어둡다	1	0	1	0	0	2	0	0	0	4	0	2	2
23	떡 줄 사람은 꿈도 안 꾸는데/생각도 않는데 김칫국부터 마신다	0	1	0	0	1	0	0	0	2	4	0	4	0
24	벼 이삭은/벼는 익을수록 고개를 숙인다	0	2	0	0	1	0	1	0	0	4	0	2	2
25	쇠/소귀에 경 읽기	2	0	0	1	0	0	0	1	0	4	0	1	3
26	시작이 반이다	1	0	0	1	1	1	0	0	0	4	0	3	1
27	식은 죽 먹기	0	2	1	1	0	0	0	0	0	4	0	2	2
28	싼 것이/게 비지떡	0	1	1	1	0	0	0	1	0	4	0	3	1
29	열 번 찍어 아니/안 넘어가는 나무 없다	1	0	0	1	0	2	0	0	0	4	0	3	1
30	우물 안 개구리	2	0	2	0	0	0	0	0	0	4	0	3	1
31	콩 심은 데 콩 나고 팥 심은 데 팥 난다	0	2	0	0	2	0	0	0	0	4	0	0	4
32	티끌 모아 태산	1	0	1	0	0	2	0	0	0	4	0	1	3
33	구슬이 서 말이라도 꿰어야 보배	0	1	0	0	0	1	1	0	0	3	0	1	2
34	꿀 먹은 벙어리	1	1	0	0	0	0	0	0	1	3	0	2	1
35	꿩 먹고 알 먹는다/먹기	0	1	0	0	0	1	1	0	0	3	0	2	1
36	누워서 떡 먹기	1	1	1	0	0	0	0	0	0	3	0	3	0
37	더도 말고 덜도 말고 늘 가윗날/한가위만 같아라	0	1	0	0	1	1	0	0	0	3	0	0	3
38	되로 주고 말로 받는다	0	0	1	0	0	1	1	0	0	3	0	1	2

순번	속담	건국대	경희대	고려대	서강대	선문대	성균관대	신라대	연세대	이화여대	중복수	초급	중급	고급
39	말이 씨가 된다	0	0	0	0	0	0	0	1	2	3	0	3	0
40	사공이 많으면 배가 산으로 간다/ 올라간다	0	0	0	0	1	2	0	0	0	3	0	1	2
41	사돈 남 나무란다/ 말한다	1	0	0	0	0	2	0	0	0	3	0	1	2
42	산 넘어 산이다	0	0	1	2	0	0	0	0	0	3	0	2	1
43	세월/시간이 약	0	0	0	1	0	0	1	0	1	3	0	3	0
44	암탉이 울면 집안이 망한다	1	0	0	0	1	0	0	1	0	3	0	2	1
45	원숭이도 나무에서 떨어진다	1	1	0	0	0	1	0	0	0	3	0	1	2
46	첫술에 배부르랴	1	0	0	0	0	1	0	1	0	3	0	0	3
47	핑계 없는 무덤(이) 없다	0	1	0	0	0	1	0	0	1	3	0	1	2
48	하늘이 무너져도 솟아날 구멍이 있다	0	1	0	0	1	0	0	0	1	3	0	1	2
49	가랑비에 옷 젖는 줄 모른다	0	1	0	0	0	0	0	0	1	2	0	1	1
50	가재는 게 편	1	0	0	0	0	1	0	0	0	2	0	0	2
51	가지 많은 나무에 바람 잘 날이 없다	1	0	0	0	0	0	1	0	0	2	0	1	1
52	갈수록 태산	1	0	1	0	0	0	0	0	0	2	0	1	1
53	개똥도 약에 쓰려면 없다	0	0	0	0	1	0	0	1	0	2	0	1	1
54	검은 머리 파뿌리 되도록	0	0	0	0	1	0	1	0	0	2	0	1	1
55	고슴도치도 제 새끼가 제일 곱다고 한다	0	0	0	0	0	0	1	0	1	2	0	2	0
56	고양이 목에 방울 달기	0	1	0	0	1	0	0	0	0	2	0	1	1
57	고양이 쥐 생각	1	0	0	0	1	0	0	0	0	2	0	0	2

순번	속담	건국대	경희대	고려대	서강대	선문대	성균관대	신라대	연세대	이화여대	중복수	초급	중급	고급
58	구더기 무서워 장 못 담그랴	0	0	0	0	2	0	0	0	0	2	0	0	2
59	굿이나 보고 떡이나 먹지	0	1	0	0	0	0	0	0	1	2	0	2	0
60	귀신이 곡할 노릇	0	0	0	0	1	0	1	0	0	2	0	0	2
61	남의 (손의) 떡은 (더) 커 보인다	0	0	0	1	0	0	0	0	1	2	0	2	0
62	누워서 침 뱉기	0	1	0	0	0	1	0	0	0	2	0	1	1
63	누이 좋고 매부 좋다	1	1	0	0	0	0	0	0	0	2	0	0	2
64	늦게 배운 도둑이 날 새는 줄 모른다	0	0	0	0	2	0	0	0	0	2	0	0	2
65	(닭 소 보듯,) 소 닭 보듯	0	0	0	1	0	1	0	0	0	2	0	2	0
66	도토리 키 재기	0	1	0	0	1	0	0	0	0	2	0	0	2
67	돼지에 진주(목걸이)	0	0	1	0	1	0	0	0	0	2	0	0	2
68	될성부른 나무는 떡잎부터 알아본다	0	0	0	0	0	1	1	0	0	2	0	1	1
69	둘이 먹다 하나 죽어도 모르겠다	1	0	0	1	0	0	0	0	0	2	0	1	1
70	땅 짚고 헤엄치기	0	1	1	0	0	0	0	0	0	2	0	2	0
71	떡 본 김에 제사 지낸다	0	1	0	0	0	1	0	0	0	2	0	2	0
72	마른하늘에 날벼락	1	0	0	0	0	0	1	0	0	2	0	0	2
73	마파람에 게 눈 감추듯	0	0	0	0	0	1	1	0	0	2	0	1	1
74	모르면 약이요 아는 게 병/모르는 게 약	1	0	0	1	0	0	0	0	0	2	0	1	1
75	무소식이 희소식(이다)	0	1	0	1	0	0	0	0	0	2	0	1	1
76	미운 아이/놈 떡 하나 더 준다	0	1	0	0	0	0	0	0	1	2	0	2	0
77	밑 빠진 독에 물 붓기	0	0	1	0	0	0	0	1	0	2	0	2	0

순번	속담	건국대	경희대	고려대	서강대	선문대	성균관대	신라대	연세대	이화여대	중복수	초급	중급	고급
78	바늘 가는 데 실 간다	0	0	0	0	0	1	0	0	1	2	0	2	0
79	배가 남산만 하다	0	0	1	0	0	0	0	0	1	2	0	2	0
80	배보다 배꼽이 더 크다	1	0	0	1	0	0	0	0	0	2	0	1	1
81	범(의) 굴에 들어가야 범을 잡는다	0	2	0	0	0	0	0	0	0	2	0	1	1
82	병 주고 약 준다	1	0	0	1	0	0	0	0	0	2	0	1	1
83	보기 좋은 떡이 먹기도 좋다	0	1	0	0	0	0	1	0	0	2	0	2	0
84	비 온 뒤에 땅이 굳어진다	0	1	0	0	0	0	0	0	0	2	0	2	0
85	빈대 잡으려고 초가삼간 태운다	0	0	0	0	1	0	1	0	0	2	0	1	1
86	쌀은 쏟고 주워도 말은 하고 못 줍는다	1	0	0	0	0	0	1	0	0	2	0	2	0
87	아니 땐 굴뚝에 연기 날까	0	0	1	0	0	0	1	0	0	2	0	2	0
88	열 길 물속은 알아도 한 길 사람(의) 속은 모른다	0	0	0	0	0	2	0	0	0	2	0	1	1
89	우물에 가/우물에서 숭늉 찾는다	0	0	0	0	0	1	1	0	0	2	0	1	1
90	울며 겨자 먹기	1	0	0	0	0	0	0	1	0	2	0	0	2
91	자라 보고 놀란 가슴 솥뚜껑보고 놀란다	0	1	0	0	0	0	1	0	0	2	0	0	2
92	(젊어) 고생을 사서 (라도) 한다	0	0	0	0	1	0	1	0	0	2	0	1	1
93	제/내 코가 석 자	0	0	0	0	1	1	0	0	0	2	0	0	2
94	종로에서 뺨 맞고 한강에서 눈 흘긴다/종로에 가서 뺨 맞고 한강에 가서 화풀이 한다	0	0	1	1	0	0	0	0	0	2	0	2	0

순번	속담	건국대	경희대	고려대	서강대	선문대	성균관대	신라대	연세대	이화여대	중복수	초급	중급	고급
95	쥐구멍에도 볕 들 날 (이) 있다	0	0	0	0	0	1	1	0	0	2	0	1	1
96	찬물도 위아래가 있다	1	1	0	0	0	0	0	0	0	2	0	1	1
97	천 리 길도 한 걸음부터	0	0	0	0	0	2	0	0	0	2	0	0	2
98	팔이 들이굽지 내굽나/팔이 안으로 굽지 밖으로 굽나	0	1	0	0	0	1	0	0	0	2	0	0	2
99	피는 물보다 진하다	1	0	0	0	1	0	0	0	0	2	0	0	2
100	하나를 보고 열을 안다	1	0	0	1	0	0	0	0	0	2	0	2	0
101	호랑이에게 물려가도 정신만 차리면 산다	0	0	0	0	0	1	1	0	0	2	0	0	2
102	가는 떡이 커야 오는 떡이 크다	0	0	0	0	0	0	0	0	1	1	0	1	0
103	가는 토끼 잡으려다 잡은 토끼 놓친다	0	0	0	1	0	0	0	0	0	1	0	0	1
104	가시나무에 가시가 난다	0	0	0	0	1	0	0	0	0	1	0	0	1
105	감기는 밥상머리에 내려앉는다	0	0	0	0	1	0	0	0	0	1	0	0	1
106	갓 사러 갔다가 망건 산다	0	0	0	0	0	0	0	1	0	1	0	1	0
107	개 눈에는 똥만 보인다	0	0	0	0	1	0	0	0	0	1	0	0	1
108	개 못된 것은 들에 가서 짖는다	0	0	0	0	1	0	0	0	0	1	0	0	1
109	개 보름 쇠듯 (한다)	0	0	0	0	1	0	0	0	0	1	0	0	1
110	개 팔자가 상팔자	0	0	0	0	1	0	0	0	0	1	0	0	1
111	개가 똥을 마다한다	0	0	0	0	1	0	0	0	0	1	0	0	1
112	개가 웃을 일이다	0	0	0	0	1	0	0	0	0	1	0	0	1

순번	속담	건국대	경희대	고려대	서강대	선문대	성균관대	신라대	연세대	이화여대	중복수	초급	중급	고급
113	개구리 올챙이 적 생각 못한다	0	1	0	0	0	0	0	0	0	1	0	1	0
114	개도 나갈 구멍을 보고 쫓아라	0	0	0	0	1	0	0	0	0	1	0	0	1
115	개도 닷새가 되면 주인을 안다	0	0	0	0	1	0	0	0	0	1	0	0	1
116	개밥에 도토리	0	0	0	0	1	0	0	0	0	1	0	0	1
117	개천에서 용 난다	0	0	1	0	0	0	0	0	0	1	0	1	0
118	개하고 똥 다투랴	0	0	0	0	1	0	0	0	0	1	0	0	1
119	거미도 줄을 쳐야 벌레를 잡는다	0	0	1	0	0	0	0	0	0	1	0	1	0
120	걱정도 팔자다	0	0	0	0	0	0	1	0	0	1	0	1	0
121	고기는 씹어야 맛이요, 말은 해야 맛이라/맛이다	0	1	0	0	0	0	0	0	0	1	0	0	1
122	고래 싸움에 새우 등 터진다	0	1	0	0	0	0	0	0	0	1	0	1	0
123	고양이 보고 반찬 가게 지키라는 격(이다)	0	0	0	0	1	0	0	0	0	1	0	0	1
124	고양이 앞에 고기반찬	0	0	0	0	0	0	0	0	0	1	0	0	1
125	고양이 앞에 쥐걸음/쥐	0	0	0	0	1	0	0	0	0	1	0	0	1
126	고양이한테 생선을 맡기다	1	0	0	0	0	0	0	0	0	1	0	0	1
127	고운 사람 미운 데 없고 미운 사람 고운 데 없다	0	1	0	0	0	0	0	0	0	1	0	0	1
128	고인 물이 썩는다	1	0	0	0	0	0	0	0	0	1	0	0	1
129	공든 탑이 무너지랴	0	0	0	0	0	1	0	0	0	1	0	0	1
130	구관이 명관이다	0	1	0	0	0	0	0	0	0	1	0	0	1
131	구운 게도 다리를 떼고 먹는다	0	0	0	0	1	0	0	0	0	1	0	0	1

순번	속담	건국대	경희대	고려대	서강대	선문대	성균관대	신라대	연세대	이화여대	중복수	초급	중급	고급
132	굴러 온 돌이 박힌 돌 뺀다	1	0	0	0	0	0	0	0	0	1	0	0	1
133	곪어 보아야 세상을 안다	0	0	0	0	1	0	0	0	0	1	0	0	1
134	궁지에 빠진 쥐가 고양이를 문다	0	0	0	0	1	0	0	0	0	1	0	0	1
135	귀가 보배라	0	0	0	0	0	1	0	0	0	1	0	0	1
136	귀머거리 삼 년이요 벙어리 삼 년(이라)	0	0	0	0	0	0	1	0	0	1	0	0	1
137	귀신 듣는 데 떡 소리 한다	0	0	0	0	0	0	0	0	1	1	0	1	0
138	그 아버지에 그 아들	0	0	0	1	0	0	0	0	0	1	0	1	0
139	긁어 부스럼	1	0	0	0	0	0	0	0	0	1	0	0	1
140	긴병에 효자 없다	0	1	0	0	0	0	0	0	0	1	0	1	0
141	길고 짧은 것은 대어 보아야 안다	0	0	0	1	0	0	0	0	0	1	0	1	0
142	까마귀 고기를 먹었나	0	0	0	0	0	0	1	0	0	1	0	1	0
143	까마귀가 검어도 살은 희다	0	0	0	0	0	0	1	0	0	1	0	1	0
144	꼬리가 길면 밟힌다	0	0	0	0	0	0	0	1	0	1	0	1	0
145	꿈보다 해몽이 좋다	0	0	0	0	1	0	0	0	0	1	0	0	1
146	꿩 구워 먹은 소식	0	0	0	0	0	0	0	0	1	1	0	1	0
147	꿩 대신 닭	0	0	1	0	0	0	0	0	0	1	0	1	0
148	남의 떡으로 조상 제 지낸다	0	0	0	0	0	0	0	0	1	1	0	1	0
149	남의 말 하기는 식은 죽 먹기	0	0	0	0	0	1	0	0	0	1	0	1	0
150	낫 놓고 기역 자도 모른다	0	1	0	0	0	0	0	0	0	1	0	0	1
151	내리사랑은 있어도 치사랑은 없다	0	1	0	0	0	0	0	0	0	1	0	1	0
152	냉수 먹고 속 차려라	0	0	0	0	1	0	0	0	0	1	0	0	1

순번	속담	건국대	경희대	고려대	서강대	선문대	성균관대	신라대	연세대	이화여대	중복수	초급	중급	고급
153	냉수 먹고 이 쑤시기	0	0	0	0	1	0	0	0	0	1	0	0	1
154	넘어진 김에 쉬어 간다	0	0	0	0	0	0	1	0	0	1	0	1	0
155	눈에 콩깍지가 씌었다	0	0	1	0	0	0	0	0	0	1	0	1	0
156	눈에는 눈 이에는 이	1	0	0	0	0	0	0	0	0	1	0	0	1
157	눈이 보배다	0	0	0	0	0	1	0	0	0	1	0	0	1
158	느릿느릿 걸어도 황소걸음	0	0	0	0	0	1	0	0	0	1	0	0	1
159	달걀로/계란으로 바위 치기	0	0	0	0	0	1	0	0	0	1	0	0	1
160	닭 잡아먹고 오리 발 내놓기	0	1	0	0	0	0	0	0	0	1	0	1	0
161	돈이 돈을 벌다	0	0	0	0	0	0	0	1	0	1	0	1	0
162	듣기 좋은 (꽃)노래도 한두 번이지	0	0	0	0	0	0	0	0	1	1	0	1	0
163	떼어 놓은 당상	1	0	0	0	0	0	0	0	0	1	0	0	1
164	똥 묻은 개가 겨 묻은 개 나무란다	0	0	0	0	0	1	0	0	0	1	0	0	1
165	뛰는 놈 위에 나는 놈 있다	0	0	0	0	0	1	0	0	0	1	0	0	1
166	말 속에 뜻이 있고 뼈가 있다	0	0	0	0	0	0	0	0	1	1	0	1	0
167	목수가 많으면 집을 무너뜨린다	0	0	0	0	1	0	0	0	0	1	0	0	1
168	못된 송아지 엉덩이에 뿔(이) 난다	0	0	0	0	0	1	0	0	0	1	0	0	1
169	문둥이 콧구멍에 박힌 마늘씨도 파먹겠다	0	0	0	0	1	0	0	0	0	1	0	0	1
170	미꾸라짓국 먹고 용트림한다	0	0	0	0	1	0	0	0	0	1	0	0	1
171	믿는 도끼에 발등 찍힌다	0	0	0	0	0	0	0	1	0	1	0	1	0

순번	속담	건국대	경희대	고려대	서강대	선문대	성균관대	신라대	연세대	이화여대	중복수	초급	중급	고급
172	밑져야 본전	0	0	1	0	0	0	0	0	0	1	0	0	1
173	방귀 뀐 놈이 성낸다	0	0	0	0	0	1	0	0	0	1	0	0	1
174	번갯불에 콩 볶아 먹겠다	0	0	0	0	0	1	0	0	0	1	0	1	0
175	범 무서워 산에 못 가랴	0	0	0	0	1	0	0	0	0	1	0	0	1
176	부뚜막의 소금도 집어넣어야 짜다	0	0	0	0	0	1	0	0	0	1	0	0	1
177	부모가 온효자 되어야 자식이 반효자	0	0	0	0	1	0	0	0	0	1	0	0	1
178	사람 나고 돈 났지 돈 나고 사람 났나	0	1	0	0	0	0	0	0	0	1	0	0	1
179	사촌이 땅을 사면 배가 아프다	0	0	0	0	1	0	0	0	0	1	0	0	1
180	새 발의 피	0	0	1	0	0	0	0	0	0	1	0	0	1
181	석새짚신에 구슬 감기	0	0	0	0	1	0	0	0	0	1	0	0	1
182	선무당이 사람 잡는다	0	0	0	0	0	1	0	0	0	1	0	0	1
183	설마가 사람 잡는다	0	0	0	0	0	1	0	0	0	1	0	0	1
184	세 치 혀가 사람 잡는다	0	0	0	0	0	1	0	0	0	1	0	0	1
185	소문난 잔치에 먹을 것 없다	0	0	0	1	0	0	0	0	0	1	0	0	1
186	손가락에 장을 지지겠다	0	0	0	0	0	0	0	0	1	1	0	1	0
187	쇠뿔도 단김에 빼랬다	1	0	0	0	0	0	0	0	0	1	0	0	1
188	수박 겉 핥기	0	0	1	0	0	0	0	0	0	1	0	0	1
189	십 년이면 강산도 변한다	0	0	0	0	0	0	1	0	0	1	0	1	0
190	쌀독에서 인심 난다	0	1	0	0	0	0	0	0	0	1	0	0	1
191	언 발에 오줌 누기	0	1	0	0	0	0	0	0	0	1	0	1	0
192	엎어지면 코 닿을 데	0	0	0	0	1	0	0	0	0	1	0	1	0

순번	속담	건국대	경희대	고려대	서강대	선문대	성균관대	신라대	연세대	이화여대	중복수	초급	중급	고급
193	여름비는 더워야 오고 가을비는 추워야 온다	0	0	0	0	1	0	0	0	0	1	0	0	1
194	오다가다 옷깃만 스쳐도 전세의 인연이다	0	0	0	0	1	0	0	0	0	1	0	0	1
195	오르지 못할 나무는 쳐다보지도 말라	0	0	0	0	1	0	0	0	0	1	0	0	1
196	옷이 날개라	0	0	0	0	0	0	0	0	1	1	0	1	0
197	외상이면 소도 잡아 먹는다	0	0	0	0	0	0	0	0	1	1	0	1	0
198	우는 아이 젖 준다	0	1	0	0	0	0	0	0	0	1	0	0	1
199	우수 경칩에 대동강 물이 풀린다	0	0	0	0	1	0	0	0	0	1	0	0	1
200	웃는 낯/얼굴에 침 못 뱉는다	0	0	0	0	0	0	0	0	1	1	0	1	0
201	이 빠진 강아지 언 똥에 덤빈다	0	0	0	0	1	0	0	0	0	1	0	0	1
202	입은 삐뚤어져도 말은 바로 하라	0	0	0	0	0	0	0	1	0	1	0	1	0
203	입춘 거꾸로 붙였나	0	0	0	0	1	0	0	0	0	1	0	0	1
204	재주는 곰이 넘고 돈은 주인이 받는다	0	0	0	0	1	0	0	0	0	1	0	0	1
205	정이월에 대독 터진다	0	0	0	0	1	0	0	0	0	1	0	0	1
206	제 꾀에 (제가) 넘어간다	1	0	0	0	0	0	0	0	0	1	0	0	1
207	제 논에 물 대기	0	0	0	0	0	0	1	0	0	1	0	1	0
208	제 살 깎아 먹기	0	1	0	0	0	0	0	0	0	1	0	0	1
209	죽 쑤어 개 좋은 일 하였다	1	0	0	0	0	0	0	0	0	1	0	0	1
210	죽은 나무에 꽃이 핀다	1	0	0	0	0	0	0	0	0	1	0	0	1
211	죽은 자식 나이 세기	0	0	0	0	0	0	1	0	0	1	0	1	0

순번	속담	건국대	경희대	고려대	서강대	선문대	성균관대	신라대	연세대	이화여대	중복수	초급	중급	고급
212	지렁이도 밟으면 꿈틀한다	0	0	0	0	1	0	0	0	0	1	0	0	1
213	지리산 포수	0	0	0	0	0	0	0	0	1	1	0	1	0
214	짚신도 제 짝이 있다	0	1	0	0	0	0	0	0	0	1	0	0	1
215	참깨가 기니 짧으니 한다	0	0	0	0	1	0	0	0	0	1	0	0	1
216	초록은 동색	0	0	0	0	0	1	0	0	0	1	0	0	1
217	평안 감사도 저 싫으면 그만이다	0	1	0	0	0	0	0	0	0	1	0	0	1
218	하늘은 스스로 돕는 자를 돕는다	0	0	0	0	1	0	0	0	0	1	0	0	1
219	하룻강아지 범 무서운 줄 모른다	0	0	0	0	0	1	0	0	0	1	0	0	1
220	한라산이 금덩어리라도 쓸 놈 없으면 못 쓴다	0	0	0	0	0	0	0	0	1	1	0	1	0
221	효성이 지극하면 돌 위에 풀이 난다	0	0	0	0	1	0	0	0	0	1	0	0	1
222	흉년의 떡도 많이 나면 싸다	0	0	0	0	0	0	0	1	0	1	0	1	0
223	㉤고인 물도 밟으면 솟구친다	0	0	0	0	1	0	0	0	0	1	0	0	1
224	㉤노루도 악이 나면 뒤다리를 문다	0	0	0	0	1	0	0	0	0	1	0	0	1
225	㉤밥이 약보다 낫다	0	0	0	0	1	0	0	0	0	1	0	0	1
226	㉤세방살이군이 주인집 마누라 속곳 걱정한다	0	0	0	0	1	0	0	0	0	1	0	0	1
227	㉤열 번 재고 가위질은 한 번하라	0	0	0	0	0	0	0	1	0	1	0	1	0

순번	속담	건국대	경희대	고려대	서강대	선문대	성균관대	신라대	연세대	이화여대	중복수	초급	중급	고급
228	㉻재물을 잃은 것은 작은 것을 잃은 것이고 벗을 잃은 것은 큰 것을 잃은 것이다	0	0	0	0	1	0	0	0	0	1	0	0	1
	계	48	66	38	28	80	77	44	34	34	449	0	222	227

〈표 5〉에 따르면 한국어 통합 교재에 총 449개의 속담이 제시되어 있으며 중복된 속담을 제외하고 총 228개의 속담 항목이 제시되어 있다. 이 중에 2회 이상으로 제시된 속담은 101개(1~101번)만 있으며 나머지 127개(102~228번)의 속담은 1회만 제시되어 있다. 1회만 제시된 속담에 북한 속담 6개(223~228번)가 포함되어 있다.

교재별로 제시된 속담의 수를 보면, 선문대 교재의 속담 수가 가장 많아 총 80개이며, 이어서 성균관대 77개, 경희대 66개, 건국대 48개, 신라대 44개, 고려대 38개 이고, 연세대와 이화여대 교재에서는 각 34개의 속담을 제시하고 있으며 서강대 교재에서는 28개의 속담을 제시하고 있어 양적으로 볼 때 가장 적다. 가장 많이 제시한 교재와 가장 적게 제시한 교재의 속담 수가 무려 52개의 차이가 있다.

교재별로 제시된 속담 항목은 큰 차이가 있다. 9개의 한국어 교육기관 교재에 공동으로 제시된 속담이 없다. 중복수가 가장 높은 '발 없는 말이 천 리 간다'가 경희대, 고려대, 서강대, 성균관대, 신라대, 연세대 교재에 제시되어 있으며 건국대, 선문대, 이화여대 교재에 제시되어 있지 않다. '발 없는 말이 천 리 간다', '가는 말이 고와야 오는 말이 곱다', '말 한마디에 천 냥 빚도 갚는다', '백문이 불여일견', '하늘의 별 따기', '돌다리도 두들겨/두드려 보고 건너라', '가는 날이 장날', '낮말은 새가 듣고 밤말은 쥐가 듣는다', '서당 개 삼 년에 풍월(을) 읊는다' 등 9개의 속담만 5개 이상의 교육기관 교재에 공동으로 제시되어 있다. 또한 3회 이상의 중복수로 나타난 속담이 48개밖에 없다. 이와 같이 각 한국어 교육 교재에 제시된 속담 교육 항목이 일치하지 않는다.

단계별로 속담의 교육 목록을 보면 초급 단계에 속담이 제시된 교재가 없고 모든 교재가 중급 단계와 고급 단계에 속담을 제시하고 있다. 초급 단계에 속담이 제시되어 있지 않은 원인은 주로 다음과 같은 몇 가지 인식 때문이다.

[1] 속담을 구성하는 어휘와 문법이 어려워 초급 학습자에게 속담을 교육하기가 적절하지 않다는 인식

속담이라고 하면 사람들이 흔히 현재에 잘 쓰이지 않는 어휘와 문법 요소가 많이 들어가 있어 초급 학습자에게 가르치기 적절하지 않다는 인식을 가지고 있다. 현재에 잘 쓰이지 않는 어휘와 문법 요소로 구성되는 속담이 있으며 초급 학습 단계에 접할 수 있는 어휘와 문법 요소로 구성되는 속담도 있다. 예를 들면, '세월이 약', '누워서 떡 먹기' 등 속담이 있다. 이런 속담을 초급 학습자에게 교육하면 속담을 구성하는 어휘와 문법에 관한 학습이나 복습이 될 수 있을 뿐만 아니라 학습자의 속담에 대한 관심도 일으킬 수 있다.

[2] 속담은 비유적인 표현을 많이 사용하고 있기 때문에 의미를 파악하기가 힘들어 속담을 초급 학습자에게 교육하기가 적절하지 않다는 인식

한국과 중국은 같은 동양 문화권에 속하며 언어생활에 많은 유사점을 가지고 있다. 중국어 숙어의 형태·의미와 같거나 비슷한 속담이 많다. 예를 들면, '입에 쓴 약이 병에는 좋다', '피는 물보다 진하다' 등의 속담은 중국어 숙어의 형태·의미와 같으므로 초급 학습자에게 제시해도 충분히 이해시킬 수 있다.

[3] 한국 속담에 한국인의 사고방식, 전통문화 요소가 담겨 있기 때문에 속담이 초급 학습자에게 어렵다는 인식

한국 사람의 사고방식과 전통문화 요소를 나타내는 속담이 있으면서도 한국의 일상생활문화 요소와 관련되는 속담도 있다. 예를 들어, '누워서 떡 먹기' 중의 '떡'은 한국의 대표적인 음식이며 일상생활과 관련되는 문화 요소이기 때문에 초급 학습자에

게 제시하면 한국 문화에 대한 흥미를 유발할 수 있고 학습자가
한국 문화를 이해하는 데에도 도움이 된다.

**[4] 속담을 활용할 때 관련 문형이나 담화 상황에 대한 파악이 초급
학습자에게 어렵다는 인식**

속담은 인용문으로 활용되는 경우가 많으며 담화 상황에 맞
추어서 속담을 적절하게 사용하는 것이 초급 학습자에게 어려
우나 난이도가 초급 단계에 맞는 속담을 맛보기 식으로 제시하
면 학습자에게 부담이 되지 않는다.

이 네 가지 인식 외에 초급 단계에 속담이 제시되어 있지 않은
것은 한국어능력시험 초급 단계의 평가 항목에 속담이 포함되
어 있지 않은 것과도 관련이 있다.

중복수가 4회 이상인 속담을 보면 고급 교재(64개)보다 중급
교재(104개)에 제시된 경우가 더 많으나 전체적으로 볼 때는 중
급 단계에 제시된 속담의 수가 222이고 고급 단계에 제시된 속
담의 수가 227이어서 큰 차이가 없다. 이는 고급 단계에 중복수
가 낮은 속담이 비교적 많이 제시되어 있기 때문이다. 그리고
고급 단계에 올라갈수록 각 교재에서 서로 다른 속담 항목을 다
루고 있기 때문이다.

같은 속담이 교재에 따라 다른 단계에 제시된 경우가 많다.

예를 들면, '가지 많은 나무에 바람 잘 날이 없다'는 건국대학교
와 신라대학교 교재에 각 1회 제시되어 있으며 제시단계를 보면
중급과 고급에 각 1회 제시되었다. '갈수록 태산', '고양이 목에
방울 달기', '누워서 침 뱉기' 등 속담도 마찬가지다.

　이와 같이 속담 교육의 중요성을 인식해 한국어 교육 기관의
교재마다 속담을 제시하고 있으나 수량적으로, 내용적으로 볼
때 큰 차이가 있다. 이런 차이가 생긴 원인 중의 하나는 한국어
교재를 개발할 때 속담 내용을 구축하는 기준이 통일되어 있지
않은 데에 있다. 교재를 개발할 때 단계별로 가르쳐야 할 어휘·
문법 항목에 관한 기준이 있듯이 속담 교육 항목에 관한 기준도
단계별로 설정할 필요가 있다.

1.2. 속담 관련 내용의 교재 분석

　교재마다 제시한 속담의 수와 항목에 차이가 있듯이 속담을
제시하는 단계, 위치와 방식, 속담을 통해서 향상시키는 학습자
의 언어능력도 다르다. 각 교재마다 세부적으로 속담 관련 내용
을 어떻게 제시하고 있는지를 살펴보면 다음과 같다.

1.2.1. 건국대학교 언어교육원(2005~2010), 『한국어』 1~6

건국대학교 언어교육원의 『한국어』에 총 48개의 속담이 제시되어 있다. 초급 교재인 『한국어』 1, 2에는 속담이 제시되어 있지 않고 중급 교재인 『한국어』 3, 4에는 총 15개의 속담, 고급 교재인 『한국어』 5, 6에는 총 33개의 속담이 제시되어 있다.

『한국어』의 각 단원이 '확인해 봅시다, 생각해 봅시다, 읽어 봅시다, 알아봅시다, 연습해 봅시다, 해 봅시다, 새 단어' 등의 부분으로 구성된다. 중급 교재에 나온 대부분 속담은 '해 봅시다'(듣기활동과 과제수행)와 '읽어 봅시다'(주제와 관련된 지문이나 대화) 부분에 제시되고 『한국어』 3 중의 27과는 속담을 주제로 하고 있으며 관련된 속담을 집중적으로 제시하고 있다. '해 봅시다' 과제 부분에 속담과 관련된 뜻을 알맞게 연결하도록 하고 속담을 이용하여 글을 쓰도록 하여 학습자의 속담 활용능력을 신장하려 하는 것으로 보인다.

고급 교재 『한국어』 5, 6에서는 과마다 고사성어와 관용구나 속담을 제시하고 있다. 대개 '읽어 봅시다'의 본문에 제시한 다음에 '알아봅시다'에서 (표현과 문법을 제시함) 많은 예문을 통해서 학습자의 이해를 돕는다. 『한국어』 6에서는 '연습해 봅시다' 부분에 '알아봅시다'에 나온 고사성어, 속담, 관용표현과 문법을 '다음 표현을 넣어 대화를 완성하십시오'의 문형을 활용하여 학습자들이 속담을 활용하는 능력을 키우고 있다.

『한국어』 5의 8과에 제시된 속담의 예를 보면 다음과 같다.

(14) a. 왕준: ……수업 시간에 학생들이 그 수업에 흥미를 못 느낀
　　　　다면 아무리 좋은 내용일지라도 **쇠귀에 경 읽기**일 테니
　　　　까요.

　　준호: 맞아요. 그리고 또 어떻게 해서든지 대학에 가야만 성
　　　　공할 수 있다고 생각했던 어른들의 생각도 변하고 있
　　　　어요. ……

　b. **쇠귀에 경 읽기**

　　ㄱ. 지금 그 사람에게는 무슨 말을 해도 쇠귀에 경 읽기일
　　　뿐이야!

　　ㄴ. 동생에게 컴퓨터 게임을 그만하라고 아무리 말을 해도
　　　쇠귀에 경 읽기예요.

　　ㄷ. 쇠귀에 경 읽기라더니 선생님이 몇 번이나 말을 해도
　　　학생들은 듣지 않았다.

(14a)와 같이 '읽어 봅시다' 본문에 '쇠귀에 경 읽기'를 제시하
고 (14b)와 같이 '알아봅시다' 부분에 예문을 통해서 다시 제시
하고 있다.

1.2.2. 경희대학교 국제교육원(2001~2005), 『한국어』 초급 I~고급 II

경희대학교의 『한국어』 초급 I, II에도 속담이 제시되어 있지 않고 중급에 31개의 속담, 고급에 35개의 속담, 총 66개의 속담이 제시되어 있다.

『한국어』 중급 I, II에서는 한국 문화를 소개하는 차원에서 '속담과 관용어'란을 통해서 '경제, 날씨, 말, 떡, 동물, 효' 등과 관련된 속담, 명사형으로 끝나는 속담을 주제별로 제시하고 있다. 『한국어』 중급 II 6과의 예를 보면 다음과 같다.

(15) **속담과 관용어**

　동물과 관련 속담

　다른 나라와 마찬가지로 한국 속담에도 동물이 등장하는 경우가 많다. 먼저 '개구리 올챙이 적 생각 못한다'는 속담은 성공한 후에 자신의 어려웠던 과거를 기억하지 못한다는 의미이다. 그래서 돈을 많이 번 어떤 사람이 주위의 가난한 사람들을 비웃는다거나 하면 그 사람에게 이 속담을 쓸 수 있다.

　……

(15)에 따르면 이 글에서 '개구리 올챙이 적 생각 못한다'의 실제적인 사용 양상을 보여 주고 있지 않지만 속담의 뜻과 사용

할 수 있는 상황에 대해서 설명하고 있다. 이외에 중급 교재의 '문법'과 '듣기' 부분에 각 2개의 속담이 제시되고 있다.

『한국어』고급 I, II에서는 주로 '읽기, 문법, 듣기' 세 가지 영역에 속담이 많이 제시되고 있다. 그중에 읽기 영역에서는 우선 지문을 통해서 속담을 제시하거나 '알맞은 속담을 선택하기, 제시된 속담과 의미가 같은 속담을 선택하기' 등 지문 뒤의 문제를 통해서 속담을 제시하고 있다. '문법, 듣기' 영역에 제시된 경우는 속담이 들어가 있는 예문이나 지문을 활용하고 있다. 『한국어』고급 II 5과인 경우에 문법 부분에 '당위 표현'을 다루는 데에 속담을 활용하고 있다. 예문 부분에도 속담이 들어가 있고 '다음 속담을 이용하여 보기와 같이 내용에 맞는 충고나 조언을 해 보십시오'의 문제를 통해서 학습자의 속담 표현 능력도 기르고 있다.

1.2.3. 고려대학교 한국어문화교육센터(2008~2010), 『재미있는 한국어』1~5

고려대학교 『재미있는 한국어』1~5에는 총 38개의 속담이 제시되어 있다. 초급 교재에는 없고, 중급 교재에는 32개, 고급 교재에는 6개의 속담이 제시되어 있다.

『재미있는 한국어』3에는 '문화란'과 '말하기 연습'에 총 다섯 개의 속담이 제시되어 있으며 『재미있는 한국어』4의 4과 '대화

& 이야기' 부분에 속담 한 개가 제시되어 있고 이외의 26개의 속담은 6과 '대화 & 이야기'와 '말하기 연습'에 집중적으로 제시되어 있다. '말하기 연습' 중에 속담을 활용하여 짧은 대화를 만들 수 있도록 속담 자체와 보조적인 문구가 제시되어 있으며 속담에 대한 의미 설명은 단원 마지막 부분에 영어로 따로 제시되어 있다.

『재미있는 한국어』 5의 9과 '어휘 늘리기' 부분에서는 학습자가 속담의 쓰임을 확인할 수 있도록 문맥이 있는 예문과 속담의 의미를 같이 제시하고 있다. 그 예는 다음과 같다.

(16) **어휘 늘리기**

　전국의 야산에서 소나무를 몰래 캐다가 파는 사람들이 늘고 있다. 불법임을 알면서도 줄지 않는 것은 단속이 돼도 과태로 처벌만 받기 때문이다. 다시 말해 소나무 가격은 수천만 원씩이나 하지만 과태료는 그에 비해 **새 발의 피**도 안 되므로 불법 채취를 서슴없이 하는 것이다.

(16)처럼 학습자가 문맥을 통해서 속담의 뜻을 추측할 수 있도록 글에서 '새 발의 피'를 제시하고 있으며 글 위에서 '다음 속담의 의미로 맞는 것과 연결해 보자'의 문제를 통해서 '새 발의 피'의 관용 의미 [아주 하찮은 일이나 극히 적은 분량임]을 제시하고 있다.

1.2.4. 서강대학교 한국어교육원(2006~2008), 『서강한국어 뉴시리즈』 1A~3B; 『서강한국어』 4A~5B

서강대학교 『서강 한국어 뉴시리즈』 1A~3B 중에 3B권에 '둘이 먹다가 하나가 죽어도 모르겠다'와 '시작이 반이다' 두 개의 속담이 제시되어 있다. 4A와 4B권에서는 총 16개, 5A와 5B권에서는 총 10개의 속담이 제시되어 있으며 다른 한국어 교육기관의 교재와 비교할 때 속담의 수가 비교적으로 적으며 고려대 교재와 같이 한 과에 집중적으로 제시되어 있다.

4B권 6과의 교육 목표가 '인용하기, 설명하기'이며 속담을 활용하여 전체적인 교육 내용을 구성하고 있다. 이것은 속담이 인용하는 방식으로 많이 쓰이기 때문이다. 또한 5A권 4과의 주제는 '사자성어와 속담'이며 속담이 비교적으로 많이 제시되어 있다.

서강대 교재는 속담을 그림과 같이 제시하고 있으며 학습자가 그림을 통해서 속담의 뜻을 유추할 수 있도록 구성되어 있다. 학습자의 실제 속담 사용 능력을 강조하고 있으며 속담이 사용되는 상황을 제시하고 연습 문제도 주로 대화문으로 구성하고 있다. 4B권 6과와 5A권 4과의 예를 보면 다음과 같다.

(17) a. **다음 대화에 알맞은 속담을 고르십시오.**

　　　A: 아까부터 기분이 안 좋아 보이는데 무슨 일 있어요?

B: 글쎄, 민수 씨가 여자 친구를 만나고 오더니 괜히 저한
　　테 화를 내고.

A: _____고 하잖아요. 여자 친구하고
　　싸웠나 봐요.

ㄱ. 그 아버지에 그 아들이다.

ㄴ. 하나를 보면 열을 안다.

ㄷ. 호랑이도 제 말 하면 온다.

ㄹ. 종로에서 뺨 맞고 한강에서 화풀이한다.

b. 말하기 I 옛말 인용하기

　　배보다 배꼽이 더 크다

　　중고차를 잘못 사면 수리비가 더 들어요. 배보다 배꼽이 더
　　크다는 말도 있잖아요. 그러니까 그냥 새 차를 사세요.

　　(배꼽이 튀어나오는 그림을 제시함)

　　(17a)는 4B권 6과의 예이며 (17b)는 5A권 4과의 예이다. (17a)
는 '종로에서 뺨 맞고 한강에서 화풀이한다'가 사용된 대화문을
제시하고 연습문제를 구성하고 있고 (17b)는 '배보다 배꼽이 더
크다'를 '옛말 인용하기'의 기능과 결합하여 내용을 구성하고
있다.

1.2.5. 선문대학교 한국어교육원(2007), 『초급 한국어』 1~『최고급 한국어』 2

선문대학교 한국어 교재는 『중급 한국어』 3부터 속담이 제시되고 있다. 중급 단계 교재에 총 5개, 고급 단계 교재에 총 75개의 속담이 제시되어 있다.[2]

『최고급 한국어』 1의 18과의 주제는 '한국의 속담과 철학'이며 총 63개의 속담이 제시되어 있다. 이 과에서는 속담을 뜻풀이식이나 설명식으로 제시하고 있으며 구체적인 문맥이나 대화문을 통해서 속담의 실제 사용 상황을 제시하고 있지 않다. 제시된 속담 내용을 보면 '노루도 악이 나면 뒤다리를 문다', '세방살이군이 주인집 마누라 속곳 걱정한다' 등 북한 속담, '좋은 아내와 건강은 최고의 재산이다', '걸으면 병이 낫는다' 등 외국 속담, '작은 고추는 맵지만 수입 고추는 더 맵다', '길고 짧은 것은 대봐도 모른다' 등 변형된 현대 속담을 포함하여 다양한 속담을 다루고 있다.[3]

다른 과에서는 속담이 읽기 영역인 '읽어 봅시다' 부분에 제시

---

2) 선문대학교 한국어교육원에서 개발한 한국어 교재가 총 14권이 있다(초급 1-4, 중급 1-4, 고급 1-4, 최고급 1-2). 속담을 분석할 때 고급 1-4와 최고급 1-2에 나타난 속담을 통틀어서 고급 단계에 제시된 속담으로 본다.

3) 이 책은 국립국어원 속담 목록을 기준으로 하고 있기 때문에 외국 속담과 현대에 와서 변형된 속담, 일부 검색 안 되는 북한 속담은 분석하는 데에서 제외시키고 속담의 개수를 산정하는 데에 이를 포함하지 않는다.

된 경우가 많고 듣기 부분이나 과제 활동에 제시된 경우도 있다. 이런 경우에 본문의 문맥을 통해서 속담이 제시되기 때문에 학습자들이 속담이 어떤 상황에서 사용되는지를 파악할 수 있다. 『최고급 한국어』 2의 14과의 예를 보면 다음과 같다.

(18) **읽어 봅시다 1**

한민족의 명절 [추석]

…… 보통 한국 사람들은 추석 전에 조상의 산소를 미리 찾아가 잡초를 베는데 이 잡초 베는 일을 '벌초'하고 한다. 떨어져 있던 가족들이 모두 모여 풍요로운 마음으로 정담을 나누고 이 땅에 나를 있게 해 준 조상을 생각하게 하는 추석. 그래서 한국 사람들은 '**더도 말고 덜도 말고 8월 한가위만 같아라**'는 말을 하고 그 마음을 가슴에 새긴다.

(18)에서 추석을 소개하는 읽기 자료에 '더도 말고 덜도 말고 8월 한가위만 같아라'가 제시되어 있다. 문화 배경과 같이 자료에 제시되기 때문에 학습자가 속담과 속담에 담겨 있는 문화를 더 쉽게 이해할 수 있다.

1.2.6. 성균어학원(2006), 『배우기 쉬운 한국어』 1~6

성균관대학교의 『배우기 쉬운 한국어』 중급 교재에는 21개의 속담, 고급 교재에는 56개의 속담, 총 77개의 속담이 제시되어 있다.

3권 12과와 6권 15과가 속담 단원이며 속담이 집중적으로 제시되어 있다. 해당 과의 본문인 대화문에 여러 개의 속담이 동시에 제시되어 있다. 6권 15과의 본문을 예로 보면 다음과 같다.

(19) **15 서당 개 삼 년에 풍월을 읊는다**

쳉: 마이크, 지금 한가하지? 나랑 딱지치기 한 판 할래?

마이크: 하하! 하룻강아지 범 무서운 줄 모른다더니, 이 마이크가 딱지계의 초고수인 줄도 모르고.

준하: 웬 딱지치기야? 초등학생들도 아니고. 나잇값 좀 해라.

쳉: 일단 한 번 해 보고서 그런 말을 하시지. 어른이 돼서 하는 딱지치기는 각별한 맛이 있거든.

마이크: 늦게 배운 도둑질 밤새는 줄 모르는 격이라고 할까? 이런 놀이를 지금껏 모르고 자란 게 억울할 정도야.

(19)는 짧은 대화문에 '하룻강아지 범 무서운 줄 모른다', '늦게 배운 도둑질 밤새는 줄 모른다' 두 개의 속담이 제시되어 있

다. 6권 15과 본문 뒤에 '자주 사용되는 속담의 의미와 쓰임새'란에 속담의 의미와 속담을 활용한 예문 하나가 제시되어 있다. 이외에 다른 과에서는 짧은 대화문에 들어가는 속담을 선택하기, 속담의 알맞은 뜻을 고르기, 문장의 뜻을 표현할 수 있는 속담을 찾기, 단위어가 포함되어 있는 속담의 뜻을 찾아보기 등 문제나 과제를 통해서 속담을 제시한 경우도 있다.

1.2.7. 신라대학교 한국어교육센터(2006), 『(유학생을 위한) 톡톡 튀는 한국어』 1~6

신라대학교 『(유학생을 위한) 톡톡 튀는 한국어』에 총 44개의 속담이 제시되어 있고 이 중에 중급 교재에 37개의 속담, 고급 교재에 7개의 속담이 제시되어 있다. 다른 한국어 교육기관과 달리 고급 교재에 제시된 속담이 많지 않다는 것은 고급 교재의 내용 구성 때문이다. 5권과 6권은 학습자들에게 대학에서 배울 전공과목의 배경 지식을 넓혀주는 데에 도움을 주기 위해 다양한 주제의 글을 제시하여 독해 활동을 주요 내용으로 하고 있다.

3권 9과의 '문법 정리-여러 가지 관용표현 (2)' 부분에 속담이 제시되어 있다. 그중에 '백지장도 맞들면 낫다'는 그림과 같이 제시되어 있으며 다른 속담은 표제어가 '다음 속담이 어떤 상황에서 쓰일 수 있는지 설명해 보세요. 다음 상황에 맞는 속담을

말해 봅시다' 등 관련 과제와 함께 제시되어 있다. 4권에서는
'한국어 뜯어보기'란을 통해 속담 표제어와 속담이 들어가는 짧
은 대화문을 제시한 경우가 있으며 대화문에 알맞은 속담을 선택
하라는 문제를 제시한 경우도 있다. 또한 본문 대화문이나 글에
서 속담을 제시한 경우도 있다. 4권 2과의 예를 보면 다음과 같다.

(20) **(가) 병문안 갔을 때**

영희: 고마워요. 저도 빨리 나아서 먹고 싶은 것도 실컷 먹고 막 뛰어
　　　다니고 싶어요. 병원에 있으니까 벌써부터 이렇게 갑갑한데
　　　아직도 일주일 이상 병원신세를 져야 한다니 정말 속상해요.
국영: 넘어진 김에 쉬어 간다는 말도 있잖아요. 이번 기회에 그동안
　　　못 읽은 책도 많이 읽고 푹 쉬세요. 언제 이렇게 쉬어 보겠어요?

(20)과 같이 '넘어진 김에 쉬어 간다'가 본문 대화문에 제시되
어 있다.

1.2.8. 연세대학교 한국어학당(2007~2009), 『연세한국어』 1~6

연세대학교의 『연세한국어』에는 3권부터 6권까지 34개의 속
담이 제시되어 있다. 중급 단계에는 30개의 속담, 고급 단계에는
4개의 속담이 제시되어 있다.

3권과 4권에서는 '문화'란을 통해서 관련되는 속담을 많이 제시하고 있다. 3권 9과 '문화'란은 언어예절을 중심으로 소개하고 있으며 이와 관련된 속담 '말 한마디로 천 냥 빚 갚는다', '아 다르고 어 다르다' 등을 소개하여 뜻을 설명하고 있다. 또한 4권 8과의 '문화'란은 '한국의 속담에 나타난 경제 의식'을 주제로 '같은 값이면 다홍치마', '싼 게 비지떡' 등 속담을 제시하고 있다. 이외에 문법 연습이나 과제활동에 속담이 제시된 경우도 있다.

4권 4과 '-으면 -는 법이다'의 문법 연습 부분에 관련 속담 표제어가 제시되어 있고 6과 '-는다고, ㄴ다고, 다고'의 문법 연습 부분에 속담 표제어와 같이 속담에 대한 설명, 속담이 들어가는 짧은 대화문이 제시되어 있다.

본문에 제시되거나 문법 설명 중의 예문으로 제시된 경우도 있다. 6권 10과의 예를 보면 다음과 같다.

(21) **대화**

영수: 선생님, 감사합니다. 선생님들께서 많이 도와주신 덕분에 드디어 졸업을 하게 되었습니다. 어떤 때는 너무 힘들고 어려워 포기해 버릴까 하는 생각도 했었어요.

선생님: 이럴 때 **고생 끝에 낙이 온다**는 말을 쓸 수 있는 거지요. 그런데 졸업 후에는 뭘 할 거예요? 취직을 할 건가요? 아니면 계속 공부를 할 건가요?

(21) 중의 '고생 끝에 낙이 온다'가 대화문에 제시되어 있다. 이를 통해서 속담의 실제 사용 양상을 학습자에게 보여 주고 있다.

1.2.9. 이화여자대학교 언어교육원(1998~2006), 『말이 트이는 한국어』 I~V

이화여자대학교의 『말이 트이는 한국어』에는 3권부터 5권까지 총 34개의 속담이 제시되어 있고 그중에 중급 교재에 총 33개의 속담, 고급 교재인 5권에서는 '가랑비에 옷 젖는 줄 모른다'의 속담 1개만 제시되어 있다.

3권 교재는 속담을 주로 '언어와 사고'란을 통해서 제시하고 있으며 4권 교재는 과마다 '재미있는 한국어'란을 통해서 관용구나 속담을 포함하는 관용표현을 제시하고 있다. '언어와 사고'란에 속담 표제어만 간단하게 제시된 반면에 '재미있는 한국어' 부분에 속담 표제어, 의미설명과 함께 속담이 적용된 대화문과 관련된 그림도 같이 제시되어 있다. 이외에 속담이 읽기 본문에 제시된 경우도 있다. 4권 9과와 10과의 예를 보면 다음과 같다.

(22) a. **재미있는 한국어**

　　　　옷이 날개다: 옷이 좋으면 인물이 한층 더 훌륭해 보인다.

　　　　A: 수잔 씨가 오늘 너무 예뻐 보여요. 퇴근 후에 좋은 약속

　　　　　이 있나 봐요.

B: 오늘 남자 친구와 약속이 있어서 신경 좀 쓰고 왔대요.

A: 그렇군요. 솔직히 보통 때는 수잔 씨가 저렇게 예쁜 줄은 몰랐어요. 옷을 차려 입으니까 사람이 달라 보이네요. _____라는 말이 맞기는 맞나 봐요.

b. **읽기 현대인의 요술카드**

…… 왜 이렇게 시간이 안 가니? 20초가 1시간은 된 것 같았다. 종업원이 나를 힐끗 쳐다봤다. '역시 안 되는 카드였구나. 어쩌지, 다음번에 아니, 내일이라도 가져다 준다고 할까? 이럴 줄 알았으면 회사에 가서 먹는 건데……' 이런 생각이 스칠 때에 '사인하세요'라는 소리가 들렸다. **하늘이 무너져도 솟아날 구멍이 있다더니**……, 그날 사인은 지금까지 내가 한 사인 중에서 제일 힘이 있고 큼직했다.

'**외상이면 소도 잡아먹는다**'는 속담이 있다. 이 속담처럼 신용카드는 과소비를 부추기는 폐단이 되기 때문에 계획성 있게 절제해서 사용해야 한다.……

(22a)는 4권 9과의 예이고 '옷이 날개다' 등 여러 속담의 의미를 먼저 설명하고 대화문에 맞는 속담을 선택하는 식으로 제시하고 있다. (22b)는 4권 10과의 예이다. '하늘이 무너져도 솟아날

구멍이 있다', '외상이면 소도 잡아먹는다'에 대한 뜻풀이를 따로 제시하고 있지 않으나 학습자가 문맥을 통해서 속담의 의미와 사용되는 상황을 파악할 수 있게 하고 있다.

종합해서 볼 때 각 한국어 통합 교재는 단계별로 제시된 속담의 수가 다르며 교재마다 중급 단계와 고급 단계에 제시된 속담의 비중도 다르다. 한국어 통합 교제에 단계별로 제시된 속담의 수와 비중을 다음 〈표 6〉과 같이 정리할 수 있다.

〈표 6〉 한국어 통합 교재에 단계별로 제시된 속담의 수와 비중

등급	건국대	경희대	고려대	서강대	선문대	성균관대	신라대	연세대	이화여대	계
초급	0	0	0	0	0	0	0	0	0	0
중급	15	31	32	18	5	21	37	30	33	222
고급	33	35	6	10	75	56	7	4	1	227
계	48	66	38	28	80	77	44	34	34	449
중급 & 고급 비중 (%)	31.3 : 68.7	47.0 : 53.0	84.2 : 15.8	64.3 : 35.7	6.3 : 93.7	27.3 : 72.7	84.1 : 15.9	88.2 : 11.8	97.1 : 2.9	49.4 : 50.6

앞에서 한국어 통합 교재에 제시된 속담 목록을 분석하였을 때 언급하였듯이 교재에 따라 제시된 속담의 전체적인 수량이 다르다. 〈표 6〉에서 볼 수 있듯이 각 교재마다 중급과 고급에 제시된 속담의 수가 다를 뿐만 아니라 기관 교재를 하나의 전체

로 볼 때 단계별에 제시된 속담의 비중도 다르다. 경희대 교재는 중급과 고급 교재에 제시된 속담 수가 총 속담 수의 47%, 53%를 차지하고 있으며 중급 단계와 고급 단계에서 골고루 속담 교육을 다루고 있다. 이화여대 한국어 교재는 중급 단계에서 다룬 속담이 전체 속담 수의 97.1%를 차지하고 있어 속담 교육이 집중적으로 중급 단계에 이루어진다. 반면에 선문대 교재는 고급 단계에서 다룬 속담이 전체 속담 수의 93.7%를 차지하고 있으며 속담 교육이 주로 고급 단계에서 진행된다. 이런 결과는 분석 대상으로 한 단계별 교재의 수량과 관련이 있다. 이화여대 교재 중에『말이 트이는 한국어』V 한 권만을 고급 단계 교재로 보고, 선문대 교재 중에『고급』1~4,『최고급』1~2 총 여섯 권의 교재를 고급 단계 교재로 보았다. 이외에 연세대, 고려대, 신라대, 서강대 등 네 기관의 교재는 중급 단계에서 속담을 더 많이 다루고 있으며 성균관대와 건국대 교재는 고급 단계에서 속담을 더 많이 다루고 있다.

한국어 통합 교재에 속담이 제시된 위치와 방식을 살펴보면 다음과 같은 몇 가지 특징이 있다.

[1] 한 과나 단원에 속담이 집중적으로 제시된 경우가 많다.

예를 들면, 건국대『한국어』3의 27과, 고려대『재미있는 한국어』4의 6과, 서강대『서강한국어』5A의 4과, 선문대『최고급 한국어』1의 18과, 성균관대『배우기 쉬운 한국어』3의 12과와 『배우기 쉬운 한국어』6의 15과 등은 속담을 집중적으로 제시하고 있다. 속담이 이렇게 제시된 경우에 한 과나 단원을 통해서 여러 속담을 학습할 수 있는 장점이 있으나 제한된 수업 시간 내에 학습해야 할 속담수가 많으면 학습자에게 부담이 될 수 있으며 속담을 활용하는 능력을 충분히 신장시킬 수 없는 우려가 있다. 속담을 교육 내용과 결합하여 어느 한 단원에서 집중적으로 제시하기보다는 교재의 어휘, 문법, 문화 교육 내용 등과 결합하여 다양한 방식으로 골고루 제시하는 것이 바람직하다.

[2] '문화'란이나 '속담'란('관용표현'란)을 통해서 속담을 제시한 경우가 있다.

예를 들면, 연세대『연세한국어』3~4는 '문화'란을 통해서 주제 문화와 관련된 속담을 제시하고 있으며 경희대『한국어 중급』I, II는 '속담과 관용어'란을 통해서 '날씨와 속담', '명사형으로 끝나는 관용표현', '말과 속담', '속담 속의 떡'과 같이 속담을 주제별로 제시하고 있다. 이화여대『말이 트이는 한국어』III은 '언어와 사고'란, 『말이 트이는 한국어』IV는 '재미있는 한국어'란을 통해서 속담을 제시하고 있다. 이런 속담은 단원이나 과 주제와 결합시켜 제시된 경우가 많으며 한국 문화와 결합시켜 소개된 경우도 많다. 이 중에『말이 트이는 한국어』IV 중의 '재미있는 한국어' 부분은 속담의 의미와 적용되는 대화문을 같이 제시하고 있고 속담을 교육 항목으로 하고 있다. 이외에 이런 속담란을 통해서 제시된 대부분 속담은 읽기 자료로 제시되어 학습자가 속담을 이해하는 능력을 키울 수 있으나 속담을 표현하는 능력을 신장하는 데에 조금 부족하다.

[3] 속담이 본문, 문법, 연습 문제 부분에 제시된 경우가 많다.

속담이 본문과 연습 문제에 제시될 때 문맥이 있는 글이나 속담이 사용되는 상황을 파악할 수 있는 대화문을 통해서 제시된 경우가 많으며 문법 부분에 제시될 때 주로 예문으로 제시되어 있다. 문맥이나 담화 상황이 제시되어 있어 학습자가 속담에 대한 이해와 올바로 사용하는 데에 큰 도움이 된다. 문법 부분에 제시된 경우 속담을 활용할 때 흔히 쓰게 되는 문형이나 표현과 결합시켜 제시되어 있어서 학습자가 문법 표현을 배울 수 있을 뿐만 아니라, 속담을 표현하는 능력도 기를 수 있다. 예를 들어, 경희대『한국어 고급』II의 5과 문법 부분에 당위 표현 '-(으)ㄴ, 는 법이다, -아/어야지, -기/게 마련이다'를 다룰 때 '원숭이도 나무에서 떨어질 때가 있는 법이다', '팔은 안으로 굽기 마련이다' 등 속담을 활용하고 있다. 연세대『연세한국어』4의 6과 문법 '-는다고, ㄴ다고, 다고'를 속담과 결합시켜 제시하고 있으며 과제 부분에서도 속담을 활용하고 있다. 또한『서강한국어』처럼 그림을 활용해 속담을 제시한 경우도 있으나 읽기 자료나 대화문, 문법 예문을 통해 속담을 제시한 경우가 대부분이다. 교재의 흥미성을 감안해서 속담을 제시할 때 다양한 방법과 자료를 활용할 필요가 있다. 그림뿐만 아니라 만화, 민담, 드라마 대본 등도 활용할 수 있다.

[4] 속담의 의미 설명에 관하여 한국어로 간단하게 뜻풀이 식으로 하는 교재가 있고 영어로 설명하는 교재도 있다.

학습자가 속담을 올바르게 사용하려면 속담의 의미를 정확하게 알고 있어야 하여 한국어나 영어로 속담의 의미를 제시하는 것이 중요하다. 한중 언어문화가 많은 유사성을 띠고 있으므로 중국어권 학습자를 대상으로 속담을 교육할 때 속담 의미를 소개할 때 중국어에 이와 대조되는 숙어를 같이 제시하는 것이 학습자가 속담 의미를 이해하는 데에 도움이 된다.

교재마다 제시된 속담을 통해서 신장하려는 학습자의 언어능력도 다르다.『서강대』4B의 6과인 경우에 '인용하기·설명하기'의 언어 기능을 속담 교육과 직접 결합시키고 있어 학습자의 속담 표현 능력을 키우고 있다. 이처럼 부분 교재의 말하기와 쓰기 부분에 속담이 제시된 경우도 있으나 전체적으로 볼 때 읽기 자료나 듣기 자료를 통해서 속담을 제시한 경우가 많으며 속담을 이해하는 능력을 기르는 데에 치중하고 있다. 속담을 이해하는 능력도 중요하나 일상생활에 사용 빈도가 높은 속담은 표현까지 할 수 있어야 한다. 속담 교육 목록을 선정할 때 사용 빈도에 따라 단계별로 표현용 속담과 이해용 속담을 구분하여 제시할 필요가 있다.

2. 한국어능력시험

이 절에서는 한국어능력시험(TOPIK) 기출문제지에 어떤 속담이 제시되었는지, 어떤 방식으로 출제되었는지를 분석한다.4) 한

---

4) 한국어능력시험은 1997년 10월부터 이 책의 기본 자료를 수집한 시점인 2011년도 1월까지 총 21회의 시험을 실시하였다. 1회 시험부터 9회 시험까지 6등급으로 나누어서 실시하였으나 2006년도 10회 시험부터 '초급, 중급, 고급'으로 나누어 급별 점수에 따라 등급 부여하게 되었다. 시험 문제는 A형(미주, 유럽, 아프리카)과 B형(한국, 오세아니아, 아시아)으로 나누어져 있다. 2007년도부터 일반한국어능력시험(S-TOPIK)과 실무한국어능력시험(B-TOPIK)으로 분류하기 시작하였으나 2011년부터 한국어능력시험의 주관기관이 국립국제교육원으로 변경되면서 종래의 실무한국어능력시험은 폐지되었다. 한국능력시험 홈페이지 기출문제 자료실에 7회 이래의 기출문제지만 제시되어 있고 김중섭 외(2010: 4)에서 한국어능력시험이 안정기에 들어 시험의 신뢰도와 타당도가 높아진 시점을 6회로 보고 있으나 이 책은 중국어권 학습자를 대상으로 하는 한국어 속담 교육에 관한 내용이며 한국어능력시험에 제시된 속담 양상을 전체

국어능력시험은 한국어를 모국어로 하지 않는 한국 재외동포 및 외국인을 대상으로 한국어 능력을 측정하는 시험이다. 한국어능력시험에 제시된 속담을 통해서 실제 한국어 교육 현장에서 요구되는 속담 교육 내용뿐만 아니라 한국어 학습자에게 요구되는 속담 이해 및 활용능력이 어떤 것인지를 파악할 수 있다.

2.1. 속담 목록

한국어능력시험 기출 속담을 회별, 단계별로 분석한 결과는 다음 〈표 7〉과 같다.

〈표 7〉 한국어능력시험 기출 속담 분포-회별·단계별

회	초급		중급		고급		계
	1급	2급	3급	4급	5급	6급	
1회	0	0	3	5	2	3	13
2회	0	0	4	5	3	13	25
3회	0	0	4	4	12	3	23
4회	0	0	0	1	4	5	10
5회	0	0	0	4	7	7	18
6회	0	0	0	9	1	7	17
7회	0	0	1	0	2	7	10
8회	0	0	0	7	9	7	23
9회	0	0	0	5	4	4	13

적으로 파악하기 위해 일반한국어능력시험 1회부터 9회의 기출문제와 10회부터 21회까지의 B형 기출문제를 분석 대상으로 한다.

회	초급		중급		고급		계
	1급	2급	3급	4급	5급	6급	
10회	0		5		13		18
11회	0		3		1		4
12회	0		4		1		5
13회	0		6		5		11
14회	0		5		3		8
15회	0		2		4		6
16회	0		0		3		3
17회	0		4		4		8
18회	0		4		4		8
19회	0		4		4		8
20회	0		4		5		9
21회	0		4		4		8
계	0		97		151		248

〈표 7〉에 따르면 한국어능력시험 1회부터 21회까지 초급 시험지에는 속담이 출제되어 있지 않고 중급과 고급에만 평가되고 있다. 기출 속담의 개수를 보면 1회부터 10회까지는 15개 넘은 경우가 총 6회가 있으며 나머지 4회의 속담 수도 10개 이상(10개 포함)이었으며 전체적으로 볼 때 속담이 비교적으로 많이 출제된 편이었으나 11회부터는 대략 10개 정도로 유지하고 있다. 이 중에 11회 4개, 12회 5개, 16회 3개와 같이 속담이 적게 제시된 경우가 있다. 이것은 한국어능력시험은 관용어와 속담을 통틀어 관용적인 표현을 사용하는 능력을 평가하고 있기 때문이다. 관용어와 속담은 다 관용적인 표현에 속하며 한국어능

력시험에 속담이 보다 적게 출제된 경우에 대개 관용어에 관련된 문제가 비교적으로 많이 출제된 경우이다.

또한 단계별로 볼 때는 중급에 제시된 속담은 총 97개이고 고급에 제시된 속담은 총 151개이어 큰 차이가 있으나 시행된 17회부터 21회까지의 중급과 고급 시험지에는 거의 같은 수량의 속담이 출제되어 있다.

한국어능력시험 기출 속담의 목록을 평가 영역별, 단계별로 정리하면 다음 〈표 8〉과 같다.

〈표 8〉 한국어능력시험 기출 속담 목록-영역별·단계별

순번	속담	영역별 중복수						총 중복수	단계별 중복수		
		표현 영역			이해 영역				초급	중급	고급
		어휘 문법	쓰기	계	듣기	읽기	계				
1	돌다리도 두들겨/두드려 보고 건너라	3	2	5	2	0	2	7	0	3	4
2	말 한마디에 천 냥 빚도 갚는다	4	1	5	0	2	2	7	0	2	5
3	가는 말이 고와야 오는 말이 곱다	3	1	4	1	1	2	6	0	2	4
4	낮말은 새가 듣고 밤말은 쥐가 듣는다	1	0	1	2	3	5	6	0	1	5
5	세 살 (적) 버릇(이) 여든까지 간다	0	1	1	1	4	5	6	0	2	4
6	싼 것이/게 비지떡	6	0	6	0	0	0	6	0	4	2
7	하늘의 별 따기	4	2	6	0	0	0	6	0	4	2
8	누워서 떡 먹기	3	2	5	0	0	0	5	0	5	0
9	밑 빠진 독에 물 붓기	4	1	5	0	0	0	5	0	1	4
10	세월/시간이 약	4	0	4	1	0	1	5	0	3	2

순번	속담	영역별 중복수						총중복수	단계별 중복수		
		표현 영역			이해 영역				초급	중급	고급
		어휘문법	쓰기	계	듣기	읽기	계				
11	쇠/소귀에 경 읽기	4	0	4	1	0	1	5	0	4	1
12	갈수록 태산	3	1	4	0	0	0	4	0	4	0
13	낫 놓고 기역 자도 모른다	0	3	3	0	1	1	4	0	3	1
14	발 없는 말이 천 리 간다	2	0	2	1	1	2	4	0	2	2
15	소 잃고 외양간 고친다/고치기	2	0	2	1	1	2	4	0	1	3
16	식은 죽 먹기	3	1	4	0	0	0	4	0	4	0
17	아니 땐 굴뚝에 연기 날까	1	1	2	0	2	2	4	0	2	2
18	울며 겨자 먹기	4	0	4	0	0	0	4	0	0	4
19	천 리 길도 한 걸음부터	3	1	4	0	0	0	4	0	4	0
20	콩 심은 데 콩 나고 팥 심은 데 팥 난다	1	2	3	1	0	1	4	0	1	3
21	긁어 부스럼	3	0	3	0	0	0	3	0	1	2
22	남의 (손의) 떡은 (더) 커 보인다	3	0	3	0	0	0	3	0	2	1
23	달걀로/계란으로 바위 치기	3	0	3	0	0	0	3	0	1	2
24	등잔 밑이 어둡다	2	1	3	0	0	0	3	0	3	0
25	산 넘어 산이다	3	0	3	0	0	0	3	0	3	0
26	수박 겉 핥기	3	0	3	0	0	0	3	0	2	1
27	시작이 반이다	2	0	2	0	1	1	3	0	1	2
28	쥐구멍에도 볕 들 날(이) 있다	0	0	0	3	0	3	3	0	1	2
29	티끌 모아 태산	3	0	3	0	0	0	3	0	2	1
30	호랑이도 제 말 하면 온다	2	1	3	0	0	0	3	0	3	0
31	가물/가뭄에 콩 나듯	1	1	2	0	0	0	2	0	1	1
32	개구리 올챙이 적 생각 못한다	1	0	1	1	0	1	2	0	0	2
33	겉 다르고 속 다르다	0	1	1	0	1	1	2	0	0	2
34	도토리 키 재기	1	0	1	0	1	1	2	0	1	1
35	땅 짚고 헤엄치기	2	0	2	0	0	0	2	0	1	1

순번	속담	영역별 중복수						단계별 중복수		
		표현 영역			이해 영역		총 중복수	초급	중급	고급
		어휘 문법	쓰기	계	듣기	읽기	계			
36	떡 줄 사람은 꿈도 안 꾸는데/생각하지도 않는데 김칫국부터 마신다	1	0	1	0	1	1	2	0	0	2
37	먼 사촌보다 가까운 이웃이 낫다	0	1	1	0	1	1	2	0	2	0
38	모르면 약이요 아는 게 병/모르는 게 약이다	2	0	2	0	0	0	2	0	1	1
39	(못된 송아지) 엉덩이에 뿔이 난다/났다	1	0	1	1	0	1	2	0	0	2
40	믿는 토끼에 발등 찍힌다	1	1	2	0	0	0	2	0	0	2
41	배보다 배꼽이 더 크다	1	1	2	0	0	0	2	0	0	2
42	벼 이삭은/벼는 익을수록 고개를 숙인다	1	0	1	1	0	1	2	0	0	2
43	사공이 많으면 배가 산으로 간다/올라간다	1	0	1	0	1	1	2	0	0	2
44	산 입에 거미줄 치랴	2	0	2	0	0	0	2	0	0	2
45	서당 개 삼 년에 풍월(을) 읊는다	2	0	2	0	0	0	2	0	0	2
46	선무당이 사람 잡는다	2	0	2	0	0	0	2	0	0	2
47	쇠뿔도 단김에 빼라	2	0	2	0	0	0	2	0	0	2
48	우물 안 개구리	2	0	2	0	0	0	2	0	1	1
49	원숭이도 나무에서 떨어진다	0	1	1	0	1	1	2	0	2	0
50	장님 코끼리 (다리) 만지는 격/만지듯	2	0	2	0	0	0	2	0	0	2
51	친구 따라 강남 간다	1	1	2	0	0	0	2	0	0	2
52	가는 날이 장날	1	0	1	0	0	0	1	0	1	0
53	가는 방망이 오는 홍두깨	0	0	0	0	1	1	1	0	0	1
54	가재는 게 편	1	0	1	0	0	0	1	0	0	1
55	가지 많은 나무에 바람 잘 날이 없다	0	1	1	0	0	0	1	0	1	0
56	같은 값이면 다홍치마	0	0	0	0	1	1	1	0	0	1

순번	속담	영역별 중복수						총중복수	단계별 중복수		
		표현 영역			이해 영역				초급	중급	고급
		어휘문법	쓰기	계	듣기	읽기	계				
57	개 발에 편자	1	0	1	0	0	0	1	0	0	1
58	검은 머리 파뿌리 되도록	1	0	1	0	0	0	1	0	0	1
59	고기는 씹어야 맛이요, 말은 해야 맛이라/맛이다	0	0	0	0	1	1	1	0	0	1
60	고생 끝에 낙이 온다	0	1	1	0	0	0	1	0	0	1
61	공든 탑이 무너지랴	1	0	1	0	0	0	1	0	1	0
62	(곶감 꼬치에서) 곶감 빼 먹듯	1	0	1	0	0	0	1	0	0	1
63	굴러 온 호박	1	0	1	0	0	0	1	0	0	1
64	굿이나 보고 떡이나 먹지	1	0	1	0	0	0	1	0	0	1
65	귀에 걸면 귀걸이, 코에 걸면 코걸이	0	0	0	0	1	1	1	0	0	1
66	급하면 바늘허리에 실 매어 쓸까/쓰랴	1	0	1	0	0	0	1	0	0	1
67	길고 짧은 것은 대어 보아야 안다	0	1	1	0	0	0	1	0	1	0
68	꿀 먹은 벙어리	1	0	1	0	0	0	1	0	0	1
69	꿩 대신 닭	1	0	1	0	0	0	1	0	1	0
70	꿩 먹고 알 먹기	1	0	1	0	0	0	1	0	0	1
71	내 코가 석 자	0	1	1	0	0	0	1	0	0	1
72	누워서 침 뱉기	1	0	1	0	0	0	1	0	0	1
73	눈 가리고 아웅(한다)	1	0	1	0	0	0	1	0	0	1
74	눈 감으면 코 베어 먹을 세상/간다	0	1	1	0	0	0	1	0	1	0
75	다람쥐 쳇바퀴 돌듯	1	0	1	0	0	0	1	0	0	1
76	달리는 말에 채찍질	1	0	1	0	0	0	1	0	0	1
77	닭 쫓던 개 지붕 쳐다보듯/쳐다보기	1	0	1	0	0	0	1	0	0	1
78	도둑이 제 발 저리다	1	0	1	0	0	0	1	0	0	1
79	되로 주고 말로 받는다	1	0	1	0	0	0	1	0	1	0

| 순번 | 속담 | 영역별 중복수 | | | | | | 총중복수 | 단계별 중복수 | | |
| | | 표현 영역 | | | 이해 영역 | | | | 초급 | 중급 | 고급 |
		어휘문법	쓰기	계	듣기	읽기	계				
80	(뒤로) 자빠져도/넘어져도 코가 깨진다	1	0	1	0	0	0	1	0	1	0
81	듣기 좋은 꽃노래/말도 한두 번이지	1	0	1	0	0	0	1	0	1	0
82	떡 본 김에 제사 지낸다	0	0	0	0	1	1	1	0	0	1
83	똥 묻은 개가 겨 묻은 개 나무란다	1	0	1	0	0	0	1	0	0	1
84	뚝배기보다 장맛이 좋다	1	0	1	0	0	0	1	0	1	0
85	마른하늘에 날벼락	1	0	1	0	0	0	1	0	0	1
86	말이 씨가 된다	0	0	0	1	0	1	1	0	0	1
87	모로 가도 서울만 가면 된다	1	0	1	0	0	0	1	0	0	1
88	무소식이 희소식(이다)	0	1	1	0	0	0	1	0	1	0
89	물에 빠지면 지푸라기라도 잡는다	1	0	1	0	0	0	1	0	0	1
90	미운 놈 떡 하나 더 준다	1	0	1	0	0	0	1	0	0	1
91	밀져야 본전	0	1	1	0	0	0	1	0	0	1
92	바늘 도둑이 소 도둑(이) 된다	0	0	0	1	0	1	1	0	0	1
93	바람 앞의 등불	1	0	1	0	0	0	1	0	0	1
94	뱁새가 황새를 따라가면 다리/가랑이가 찢어진다	1	0	1	0	0	0	1	0	0	1
95	불난 집에 부채질한다	1	0	1	0	0	0	1	0	0	1
96	산에 가야 범을 잡지	0	0	0	1	0	1	1	0	0	1
97	산이 높아야 골이 깊다/산이 높으면 골도 깊다	1	0	1	0	0	0	1	0	0	1
98	서울 (가서) 김 서방 찾는다/찾기	1	0	1	0	0	0	1	0	0	1
99	소문난 잔치에 먹을 거 없다	0	0	0	0	0	1	1	0	0	1
100	손톱 밑의 가시	1	0	1	0	0	0	1	0	0	1
101	속 빈 강정	1	0	1	0	0	0	1	0	0	1
102	아 (해) 다르고 어 (해) 다르다	0	0	0	1	0	1	1	0	1	0
103	아닌 밤중에 홍두깨	1	0	1	0	0	0	1	0	0	1

순번	속담	영역별 중복수						총 중복수	단계별 중복수		
		표현 영역			이해 영역				초급	중급	고급
		어휘문법	쓰기	계	듣기	읽기	계				
104	암탉이 울면 집안이 망한다	0	0	0	0	1	1	1	0	0	1
105	얌전한 고양이가 부뚜막에 먼저 올라간다	0	1	1	0	0	0	1	0	0	1
106	언 발에 오줌 누기	1	0	1	0	0	0	1	0	0	1
107	엎어지면 코 닿을 데	0	1	1	0	0	0	1	0	0	1
108	열 길 물속은 알아도 한 길 사람(의) 속은 모른다	1	0	1	0	0	0	1	0	0	1
109	열 번 찍어 아니/안 넘어가는 나무 없다	0	0	0	1	0	1	1	0	0	1
110	옥에도 티가 있다	0	0	0	0	1	1	1	0	0	1
111	외갓집 들어가듯	0	0	0	0	1	1	1	0	0	1
112	우는 아이 젖 준다	1	0	1	0	0	0	1	0	0	1
113	우물에 가/우물에서 숭늉 찾는다	1	0	1	0	0	0	1	0	0	1
114	웃는 낯에 침 못 뱉는다	1	0	1	0	0	0	1	0	1	0
115	윗물이 맑아야 아랫물이 맑다	0	0	0	0	1	1	1	0	1	0
116	입에 쓴 약이 병에는 좋다	0	1	1	0	0	0	1	0	0	1
117	자다가 봉창 두드린다	1	0	1	0	0	0	1	0	0	1
118	작은 고추가 (더) 맵다	0	1	1	0	0	0	1	0	1	0
119	전어 굽는 냄새에 나가던/나갔던 며느리 다시 돌아온다	0	0	0	0	1	1	1	0	1	0
120	(젊어) 고생은 사서(라도) 한다	0	1	1	0	0	0	1	0	0	1
121	종로에서 뺨 맞고 한강에서 눈 흘긴다/종로에 가서 뺨 맞고 한강에 가서 화풀이 한다	1	0	1	0	0	0	1	0	1	0
122	지성이면 감천	1	0	1	0	0	0	1	0	0	1
123	질러가는 길이 먼 길이다	1	0	1	0	0	0	1	0	0	1
124	핑계 없는 무덤(이) 없다	1	0	1	0	0	0	1	0	0	1
125	하늘이 무너져도 솟아날 구멍이 있다	0	0	0	0	1	1	1	0	0	1

순번	속담	영역별 중복수						총 중복수	단계별 중복수		
		표현 영역			이해 영역						
		어휘 문법	쓰기	계	듣기	읽기	계		초급	중급	고급
126	혀 아래/안에 도끼 들었다	0	0	0	0	1	1	1	0	0	1
127	호랑이에게 물려가도 정신 만 차리면 산다	0	0	0	1	0	1	1	0	0	1
	계	150	40	190	24	34	58	248	0	97	151

〈표 8〉에 따르면 총 248개의 속담이 시험지에 출제되어 중복된 속담을 제외하고는 총 127개의 속담 항목이 출제되었다. 이 중에 '돌다리도 두들겨/두드려 보고 건너라', '말 한마디에 천 냥 빚도 갚는다', '가는 말이 고와야 오는 말이 곱다', '낮말은 새가 듣고 밤말은 쥐가 듣는다', '세 살 (적) 버릇(이) 여든까지 간다', '싼 것이/게 비지떡', '하늘의 별 따기', '누워서 떡 먹기', '밑 빠진 독에 물 붓기', '세월/시간이 약', '쇠/소귀에 경 읽기' 등 11개의 속담은 5회 이상의 높은 출제 빈도로 나타났다.

평가 영역별로 볼 때는 어휘·문법 영역에 150개, 쓰기 영역에 40개, 읽기 영역에 34개, 듣기 영역에 24개의 속담이 제시되어 있다. 즉, 표현 영역에 총 190개의 속담이 제시되어 있고, 이해 영역에 총 58개의 속담이 제시되어 있어 비교적으로 큰 차이가 있다.

표현 영역과 이해 영역에 모두 제시된 속담이 총 22개가 있다. 이 중에 이해 영역보다 표현 영역에 더 많이 출제된 속담이 8개가 있다. 중복수가 7회인 '돌다리도 두들겨/두드려 보고 건너라', '말 한마디에 천 냥 빚도 갚는다', 중복수가 6회인 '가는 말이 고와야 오는 말이 곱다', 중복수가 5회인 '세월/시간이 약', '쇠/소귀에 경 읽기', 중복수가 4회인 '낫 놓고 기역 자도 모른다', '콩 심은 데 콩 나고 팥 심은 데 팥 난다', 중복수가 3회인 '시작이 반이다' 등 속담이 이에 해당된다. 이해 영역과 표현 영역에 같은 중복수로 제시된 속담이 총 12개가 있다. 중복수가 4회인 '발 없는 말이 천 리 간다', '소 잃고 외양간 고친다/고치기', '아니 땐 굴뚝에 연기 날까', 중복수가 2회인 '개구리 올챙이 적 생각 못 한다', '겉 다르고 속 다르다', '도토리 키 재기', '떡 줄 사람은 꿈도 안 꾸는데/생각하지도 않는데 김칫국부터 마신다', '먼 사촌보다 가까운 이웃이 낫다', '(못된 송아지) 엉덩이에 뿔이 난다/났다', '벼 이삭은/벼는 익을수록 고개를 숙인다', '사공이 많으면 배가 산으로 간다/올라간다', '원숭이도 나무에서 떨어진다' 등 속담이 이에 해당된다. 표현 영역보다 이해 영역에 더 많이 제시된 속담에는 '낮말은 새가 듣고 밤말은 쥐가 듣는다', '세 살 (적) 버릇(이) 여든까지 간다'가 있다. 이 두 개의 속담의 중복수가 6이며 표현 영역에 각 1회 제시되고 이해 영역에 각 5회 제시되었다.

표현 영역에만 출제된 속담은 총 85개가 있다. 1~2회 나타난 속담은 69개가 있으며 3회 이상으로 나타난 속담은 16개가 있다. 이해 영역에만 출제된 속담은 총 20개가 있다. 1회 나타난 속담은 19개가 있으며 3회 나타난 속담은 한 개 '쥐구멍에도 볕 들 날(이) 있다'만 있다. 이해 영역보다 표현 영역에 출제된 속담의 수가 훨씬 많다는 것은 속담이 주로 한국어능력시험의 어휘·문법 영역에 출제된다는 점과 관련이 있다. 이 결과에서 볼 수 있듯이 한국어능력시험은 속담을 이해하는 능력보다 표현하는 능력을 더 강조하고 있다.

단계별로 볼 때 초급 단계에 출제된 속담이 없고 중급 단계에 97개의 속담이 출제되고 고급 단계에 151개의 속담이 출제되었다. 2회 이하(2회 포함)로 중복하여 나온 속담은 총 97개이며 고급 단계에 집중적으로 제시되어 있다.

중급과 고급 단계에 다 출제된 속담이 총 28개가 있다. 이 중에 고급 단계보다 중급 단계에 더 많이 출제된 속담이 8개가 있다. 6회 나온 '싼 것이/게 비지떡', '하늘의 별 따기', 5회 나온 '세월/시간이 약', '쇠/소귀에 경 읽기', 4회 나온 '낫 놓고 기역자도 모른다', 3회 나온 '남의 (손의) 떡은 (더) 커 보인다', '수박 겉 핥기', '티끌 모아 태산' 등 속담이 이에 해당된다. 중급과 고급 단계에 같은 중복수로 출제된 속담이 8개가 있다. 4회 나타난 '발 없는 말이 천 리 간다', '아닌 땐 굴뚝에 연기 날까', '천 리 길도 한 걸음부터', 2회 나타난 '가물/가뭄에 콩 나듯', '도토리 키 재기', '땅 짚고 헤엄치기', '모르면 약이요 아는 게 병/모르는 게 약이다', '우물 안 개구리' 등의 속담은 이에 해당된다. 중급보다 고급 단계에 더 많이 출제된 속담이 총 12개가 있다. 7회 나타난 '돌다리도 두들겨/두드려 보고 건너라', '말 한마디에 천 냥 빚도 갚는다', 6회 나타난 '가는 말이 고와야 오는 말이 곱다', '낮말은 새가 듣고 밤말은 쥐가 듣는다', '세 살 (적) 버릇(이) 여든까지 간다', 5회 나타난 '밑 빠진 독에 물 붓기', 4회 나타난 '소 잃고 외양간 고친다/고치기', '콩 심은 데 콩 나고 팥 심은 데 팥 난다', 3회 나타난 '긁어 부스럼', '달걀로/계란으로 바위 치기', '시작이 반이다', '쥐구멍에도 볕 들 날(이) 있다' 등의 속담은 중급보다 고급 시험지에 더 많이 제시되었다.

중급에만 출제된 속담은 총 26개가 있으며 2회 이상으로 나타난 속담이 9개가 있고 1회 나타난 속담이 17개가 있다. 고급에만 출제된 속담은 총 73개가 있으며 4회 나타난 속담은 '울며 겨자 먹기' 하나만 있고 2회 나타난 속담이 13개 있으며 1회 나타난 속담이 59개가 있다. 바로 이런 차이 때문에 중급과 고급 단계에 출제된 속담수의 차이가 크다. 이와 같이 한국어능력시험은 중급보다 고급 단계의 학습자에게 속담을 활용하는 능력을 더 많이 요구한다.

2.2. 평가 현황

출제 방식을 보면 속담이 한국어능력시험 문항으로 출제된 경우가 있으며 문항으로 출제되지 않고 듣기, 읽기, 쓰기 등 지문에 제시된 경우도 있다. 각 영역별의 예를 보면 다음과 같다.

(23) 예: a. 어휘 문법 영역-21회 고급 문항 28

관련 지문: '신세계 교향곡'을 작곡한 드보르자크는 가난한 집에서 태어나 어렵게 음악 공부를 했다. 궁핍하게 살던 그는 오스트리아 문화부의 장학금을 받기 위해 수차례 작품을 제출했다. (㉠)이라고 3년 뒤 장학금을 받은 그는 이후 5년간 음악에만 몰두하면서 훌륭한 작품을 많이 발표했고, 여러 음악가들이 그의 작품을 연주하면서 주목받는 작곡가 반열에 올랐다.

문제: ㉠에 알맞은 것을 고르십시오.

① 세월이 약   ② 굴러 온 호박

③ 지성이면 감천   ④ 티끌 모아 태산

b. 쓰기 영역-8회 4급 문항 47

관련 지문: 복사기가 고장 났는데 수리하는 비용이 사는 값보다 비싸다는 말을 들었다.

문제: 제시된 상황에 맞는 대화가 되도록 밑줄 친 부분에 가장 알맞은 것을 고르십시오.

가: 과장님, 수리비가 복사기 값보다 더 든대요.

나: 뭐라고? _____.

① 식은 죽 먹기군　　② 하늘의 별 따기군

③ 누워서 떡 먹기군　　④ 배보다 배꼽이 더 크군

c. 듣기 영역-10회 고급 문항 13

관련 지문:

남자: 쉽게 답을 찾을 수 있는데도 물어보는 사람이 있어요. 어떤 사람은 알고 있으면서 다시 묻기도 하고요.

여자: 전 그게 나쁘다고 생각 안 해요. 알지만 확인이 필요할 때도 있고, 또 우리가 얻을 수 있는 정보나 지식이 언제나 옳은 것은 아니잖아요.

문제: 다음을 듣고 여자는 어떤 생각을 하고 있는지 맞는 것을 고르십시오.

① 세 살 버릇 여든까지 간다

② 돌다리라도 두들겨 보고 건너라

③ 벼는 익을수록 고개를 숙인다

④ 가는 말이 고와야 오는 말이 곱다

d. 읽기 영역-3회 5급 문항 45

관련 지문: 좋은 버릇이란 여러 번 거듭하는 가운데 저절로 마음이나 몸에 배어 굳어 버려야 하는데, 그것은 바로 훈련을 뜻하는 것이다. 음식을 바르게 먹는 버릇을 키우지 못하면 죽을 때까지 버릇없이 먹게 된다. 말을 곱게 쓰는 버릇을 기르지 못하면 일생 상스러운 말로 남의 빈축을 사게 마련이다. 청결하게 생활하는 버릇이 없으면 늘 불결하여 이웃을 불편하게 할 것이며 부지런한 버릇이 몸에 배지 않으면 평생 게으르게 된다. 어렸을 적부터 좋은 버릇을 키우는 훈련은 인격 형성을 위한 절대 불가결의 조건이 아닐 수 없다.

문제: 윗글에 알맞은 속담은?

① 낫 놓고 기역 자도 모른다

② 아닌 땐 굴뚝에 연기 나랴

③ 소 잃고 외양간 고친다

④ 세 살 버릇 여든까지 간다

　(23)은 문항으로 제시된 경우이다. 여기서 제시한 네 가지 예를 보면 여러 속담을 제시하고 (23a)와 (23b)처럼 글이나 대화문에 들어갈 수 있는 속담을 선택하라는 식으로 학습자의 속담 활용 능력을 평가한 경우가 있으며 (23c)와 (23d)처럼 학습자가 제

시한 상황이나 글의 주요 내용을 하나의 속담으로 표현하는 능력을 평가한 경우도 있다.

(24) 예: a. 어휘문법 영역-2회 6급 문항 14

관련 지문: 한국 친구의 결혼식에 참석하였다. 신랑·신부의 입장이 끝나고 혼인 서약과 성혼 선언문 낭독이 있었다. 그리고 이어서 신랑의 은사인 박 교수가 신랑 신부를 위해 귀중한 말씀을 해 주셨다. **검은 머리 파뿌리 되도록** 사랑을 나누며 행복하게 살기를 기원하는 말씀이었다.

문제: 다음 이야기와 관계가 있는 단어를 고르시오.

① 답사   ② 조사   ③ 주례사   ④ 기념사

b. 쓰기 영역-10회 고급 문항 43

관련 지문: '콩 심은 데 콩 나고 팥 심은 데 팥 난다'라는 말은 도덕의 근본이다. '미래를 위해 오늘 노력하라' 하는 말도 여기에서 나온 가치관이고 삶의 자세이다. 내 행동이 어떤 결과로 돌아올지를 염두에 두고 사는 것이 질서에 따르는 삶의 자세이다. 그러나 최근 노력 없이 성과를 거두려는 사람이 많아지는 현상은 결국 (   ). 도덕의 근본을 한심하게 보고 다른 결과가 날 수도 있다는 생각에 각종 요령과 속임수를 득세하다 보니 질서의 바탕이 조금씩 무너지

는 것 같다.

문제: 다음 글을 읽고 (   ) 안에 알맞은 말을 쓰십시오.

c. 듣기 영역-13회 고급 문항 6

관련 지문:

여자: 오늘 '우리 문화 속의 동물' 시간에는 쥐에 대해 알아보
고자 민속학자이신 김지향 교수님을 모셨습니다. 교수
님, 쥐는 우리 민족에게 어떤 동물이었습니까?

남자: 요즘 사람들은 주로 쥐를 무섭고 더러운 동물이라 생각하
지요. 그런데 '낮말은 새가 듣고 밤말은 쥐가 듣는다, 쥐구멍에
도 볕 들 날 있다'와 같이 쥐가 등장하는 속담이 있을 정도
로 쥐는 우리에게 매우 친숙한 동물이었습니다. 또 밤이
나 새벽에 쥐의 움직임을 보고 기상 변화를 예측하거나
한 해의 농사가 잘 되고 안 됨을 점치기도 했습니다.

문제: 다음은 무엇에 대해 이야기하고 있습니까? 가장 알맞은
것을 고르십시오.

  ① 쥐와 관련된 옛날이야기 ② 쥐가 갖는 문화적 의미

  ③ 쥐에 대한 부정적 이미지   ④ 쥐의 본능과 생물적 특징

d. 읽기 영역-16회 고급 문항 35

관련 지문: ㉠ 한국말에는 유난히 떡과 관련된 재미있는 표현이

많다. ⓛ '떡 줄 사람은 꿈도 안 꾸는데 김칫국부터 마신다', '떡
본 김에 제사 지낸다' 등의 속담이 그것이다. ⓒ 그리고 갑
자기 기분 좋은 일이 생기거나 행운이 따르면 '이게 웬
떡이냐'는 말을 하기도 한다. ⓔ 이런 표현들의 존재는 바
로 떡이 오랜 세월 한국인의 생활에 밀착된 뿌리 깊은 음
식임을 말해 주는 것이다.

문제: 다음 글의 주제문으로 가장 알맞은 것을 고르십시오.

① ⓖ   ② ⓛ   ③ ⓒ   ④ ⓔ

(24)는 (23)과 달리 문제 지문에 제시된 속담이다. 관련 속담
에 대해서 직접 평가하고 있지 않으나 지문을 통해 속담이 사용
되는 상황을 제시하고 있다. (24a)는 결혼식 때 쓰이는 '검은 머
리 파뿌리 되도록'을 제시하고 (24b)는 '콩 심은 데 콩 나고 팥
심은 데 팥 난다'를 지문의 주제문으로 제시하고 있어 학습자가
이 속담을 알고 있으면 문제를 훨씬 쉽게 풀 수 있다. (24c)와
(24d)는 '쥐'와 '떡'이라는 주제와 관련된 글에서 한 개 이상의
속담을 동시에 제시한 경우이다.

속담에 대한 평가 현황에 따르면 한국어능력시험은 한국어
학습자에게 다음과 같이 몇 가지 능력을 요구하고 있다.

[1] 속담 자체의 관용 의미를 이해하여 활용하는 능력

지문에 제시된 속담이 여기에 해당된다. 속담을 직접 평가하는 문항이 아니나 속담의 관용 의미를 알고 있어야 글의 주제나 중심 내용을 쉽게 파악할 수 있고 문제를 풀 수 있다.

[2] 여러 속담의 의미를 구별하여 상황에 맞게 활용하는 능력

시험 문항으로 출제된 속담이 대개 여기에 해당된다. 한국어능력시험에 선택지로 제시된 속담이 많다. 여러 속담이 같은 문항에 제시되어 있기 때문에 속담의 의미를 구별하여 대화문이나 글에 맞게 속담을 골라서 사용하는 능력이 필요하다. 물론 속담의 의미를 구별할 수 있는 능력은 속담 자체의 관용 의미를 이해하는 능력과 관련된다.

[3] 속담과 관련되는 문화 요소를 이해하는 능력

속담이 언제 쓰이는지, 어떤 문화 요소가 담겨 있는지를 학습자가 알아야 한다. 예를 들면, (24d) 중의 '떡 본 김에 제사 지낸다', '떡 줄 사람은 꿈도 안 꾸는데 김칫국부터 마신다' 등 속담은 한국의 떡 문화와 관련되어 있어 학습자가 떡의 문화적인 의미를 알고 있으면 속담을 쉽게 이해할 있으며 문제도 쉽게 풀 수 있다. 따라서 학습자에게 속남 교육할 때 속담과 관련지을 수 있는 문화 요소도 고려해야 한다.

전체적으로 볼 때 한국어능력시험은 학습자에게 속담을 이해하는 능력뿐만 아니라 표현하는 능력도 요구하고 있다. 속담에 관하여 어휘·문법 영역과 쓰기 영역을 포함하는 표현 영역, 읽기 영역과 듣기 영역을 포함하는 이해 영역에 다 출제되었다. 앞에서 살펴본 출제된 속담 목록이 보여 주듯이 이해 영역에만 출제되어 이해만 하면 되는 속담이 있으며 이해 영역과 표현 영역에 다 출제되거나 높은 중복수로 표현 영역에만 출제되어 표현까지 해야 되는 속담이 있다. 한국어 속담을 교육할 때 표현용 속담인지, 이해용 속담인지를 구별해서 가르칠 필요가 있다.

3. 한국어 속담 교재

이 절에서는 외국인을 대상으로 개발한 속담 교재에 속담이 어떻게 제시되어 있는지를 분석한다. 현재 시중에 한국어 속담을 소개하는 저서가 적지 않으나 외국인 대상으로 교재로 편찬된 것이 많지 않다. 이 책에서는 김선정 외(2008), 김정화·최은규(2002),[5] 최권진(2006, 2007)의 세 가지 한국어 속담 교재를 분석 대상으로 하여 교재에 제시된 속담 목록과 교재의 내용 구성을

---

5) 이 교재는 속담과 관용어를 같이 다루고 있다. 이 책에서 속담 부분만 분석한다.

분석한다.

3.1. 속담 목록

이 세 가지 속담 교재에 수록된 속담 목록을 중복수순으로 제
시하면 다음 〈표 9)6)와 같다.

〈표 9〉 한국어 속담 교재에 제시된 속담

순번	속담	A교재	B교재	C교재	중복수
1	가는 날이 장날(이다)	○	○	○	3
2	가는 말이 고와야 오는 말이 곱다	○	○	○	3
3	갈수록 태산(이다)	○	○	○	3
4	개구리 올챙이 적 생각 못한다	○	○	○	3
5	고래 싸움에 새우 등 터진다	○	○	○	3
6	금강산도 식후경	○	○	○	3
7	꿩 대신 닭	○	○	○	3
8	돌다리도 두드려 보고 건너라	○	○	○	3
9	등잔 밑이 어둡다	○	○	○	3
10	떡 줄 사람은 생각도 않는데 김칫국부터 마신다	○	○	○	3
11	물에 빠지면 지푸라기라도 움켜쥔다	○	○	○	3
12	믿는 도끼에 발등 찍힌다	○	○	○	3
13	배보다 배꼽이 (더) 크다	○	○	○	3
14	백지장도 맞들면 낫다	○	○	○	3

---

6) 〈표 9〉에서 김선정 외(2008)는 A 교재로 표시하고 김정화·최은규(2002)는 B
   교재로 표시하고 최권진(2006, 2007)은 C 교재로 표시한다. 속담 항목 중에 음
   영으로 표시된 5개의 속담(73, 75, 84, 93, 103번)은 국립국어원 표준국어대사전
   에서 관용구로 보고 있다. 여기서 교재에 실린 대로 제시하나 내용을 분석할
   때 이를 분석 대상에서 제외시킨다.

순번	속담	A교재	B교재	C교재	중복수
15	불난 집에 부채질한다	○	○	○	3
16	서당 개 삼 년이면 풍월을 읊는다	○	○	○	3
17	세 살 (적) 버릇 여든까지 간다	○	○	○	3
18	소 잃고 외양간 고친다	○	○	○	3
19	쇠/소귀에 경 읽기	○	○	○	3
20	아니 땐 굴뚝에 연기 날까	○	○	○	3
21	열 길 물속은 알아도 한 길 사람 속은 모른다	○	○	○	3
22	우물 안 개구리	○	○	○	3
23	우물을 파도 한 우물을 파라	○	○	○	3
24	원숭이도 나무에서 떨어진다	○	○	○	3
25	윗물이 맑아야 아랫물이 (도) 맑다	○	○	○	3
26	입에 쓴 약이 몸에 좋다/몸에 좋은 약이 입에 쓰다	○	○	○	3
27	천리 길도 한 걸음부터 (시작한다)	○	○	○	3
28	티끌 모아 태산	○	○	○	3
29	하늘의 별 따기	○	○	○	3
30	하늘이 무너져도 솟아날 구멍이 있다	○	○	○	3
31	같은 값이면 다홍치마	×	○	○	2
32	개천에서 용 난다	×	○	○	2
33	걱정도 팔자다	○	○	×	2
34	공든 탑이 무너지랴	×	○	○	2
35	꿈보다 해몽이 낫다/좋다	×	○	○	2
36	낫 놓고 기역 자도 모른다	×	○	○	2
37	낮말은 새가 듣고 밤말은 쥐가 듣는다	×	○	○	2
38	누워서 침 뱉기	×	○	○	2
39	달면 삼키고 쓰면 뱉는다	○	○	×	2
40	닭 쫓던 개 지붕 쳐다보듯	×	○	○	2
41	도토리 키 재기	○	○	×	2
42	떡 본 김에 제사 지낸다	×	○	○	2
43	모로 가도 서울만 가면 된다	×	○	○	2
44	목마른 사람이 우물 판다	×	○	○	2
45	미운 놈 떡 하나 더 준다	○	×	○	2

순번	속담	A교재	B교재	C교재	중복수
46	밑 빠진 독에 물 붓기	×	○	○	2
47	바늘 도둑이 소 도둑 된다	×	○	○	2
48	발 없는 말이 천리 간다	×	○	○	2
49	벼는 익을수록 고개를 숙인다	○	×	○	2
50	벼룩의 간을 내어 먹는다	○	○	×	2
51	보기 좋은 떡이 먹기도 좋다	○	×	○	2
52	비 온 뒤에 땅이 굳어진다	○	○	×	2
53	사공이 많으면 배가 산으로 간다	×	○	○	2
54	새 발의 피	○	○	×	2
55	서울(에) 가서 김 서방 찾기	×	○	○	2
56	송충이는 솔잎을 먹어야 한다	×	○	○	2
57	수박 겉 핥기	○	○	×	2
58	시작이 반이다	○	○	×	2
59	(십년공부) 도로 아미타불(이다)	×	○	○	2
60	싼 게 비지떡	○	○	×	2
61	열 번 찍어 안 넘어가는 나무 없다	×	○	○	2
62	옷이 날개다	○	○	×	2
63	울며 겨자 먹기	○	○	×	2
64	웃는 낯에 침 뱉으랴/못 뱉는다	○	○	×	2
65	쥐구멍에도 볕 들 날(이) 있다	×	○	○	2
66	지성이면 감천이다	×	○	○	2
67	친구 따라 강남 간다	○	○	×	2
68	핑계 없는 무덤 없다	×	○	○	2
69	하룻강아지 범 무서운 줄 모른다	○	○	×	2
70	가뭄에 콩 나듯 하다	×	×	○	1
71	가재는 게 편이다	×	○	×	1
72	가지 많은 나무에 바람 잘 날 없다	×	○	×	1
73	간에 기별도 안 간다	×	×	○	1
74	간에 붙었다 쓸개에 붙었다 한다	×	×	○	1
75	강 건너 불구경 하듯 하다	×	×	○	1
76	개 팔자가 상팔자	×	×	○	1
77	고생 끝에 낙이 온다	○	×	×	1

순번	속담	A교재	B교재	C교재	중복수
78	고양이 앞에 쥐	×	○	×	1
79	구관이 명관이다	×	○	×	1
80	구렁이 담 넘어가듯	×	○	×	1
81	굴러 온 돌이 박힌 돌 뺀다	×	○	×	1
82	굿이나 보고 떡이나 먹지	×	×	○	1
83	귀한 자식 매로 키워라	×	○	×	1
84	그림의 떡	×	○	×	1
85	길고 짧은 것은 대 보아야 안다	×	○	×	1
86	까마귀 고기를 먹었나	×	×	○	1
87	까마귀 날자 배 떨어진다	×	×	○	1
88	꼬리가 길면 잡힌다	×	×	○	1
89	꿀 먹은 벙어리	○	×	×	1
90	꿩 먹고 알 먹기	○	×	×	1
91	남의 떡이 더 커 보인다	×	×	○	1
92	남의 잔치에 감놔라 배놔라한다	×	×	○	1
93	내일은 해가 서쪽에서 뜨겠다	×	×	○	1
94	냉수 먹고 이 쑤신다	×	×	○	1
95	누워서 떡 먹기	×	○	×	1
96	다 된 밥에 재 뿌리기	×	×	○	1
97	단맛 쓴맛 다 보았다	×	×	○	1
98	달걀로 바위 치기	×	×	○	1
99	달도 차면 기운다	×	×	○	1
100	닭 잡아먹고 오리발 내민다	×	×	○	1
101	대추나무에 연 걸리듯 하다	×	×	○	1
102	도둑이 제 발 저리다	○	×	×	1
103	독 안에 든 쥐	×	○	×	1
104	동냥은 안 주고 쪽박만 깬다	×	×	○	1
105	따 놓은 당상이다	×	×	○	1
106	땅 짚고 헤엄치기	×	○	×	1
107	뛰는 놈 위에 나는 놈 있다	×	○	×	1
108	뛰어야 부처님 손바닥이다	×	×	○	1
109	마파람에 게 눈 감추듯 하다	×	×	○	1

순번	속담	A교재	B교재	C교재	중복수
110	말이 씨가 된다	○	×	×	1
111	말 한마디로 천 냥 빚을 갚는다	×	○	×	1
112	매도 먼저 맞는 게 낫다	×	×	○	1
113	먼 사촌보다 가까운 이웃이 낫다	×	○	×	1
114	모난 돌이 정 맞는다	×	○	×	1
115	모르는 게 약이다	×	○	×	1
116	목구멍이 포도청	×	×	○	1
117	물에 빠진 사람 건져 놓으니 봇짐/보따리 내 놓으라 한다	×	×	○	1
118	바늘 가는 데 실 간다	×	×	○	1
119	바늘허리에 매어 쓰랴	×	○	×	1
120	뱁새가 황새 따라가면 다리가 찢어진다	×	×	○	1
121	병 주고 약 준다	○	×	×	1
122	부부 싸움은 칼로 물 베기	×	×	○	1
123	빈 수레가 더 요란하다	×	○	×	1
124	산에 가야 범을 잡지	×	○	×	1
125	설마가 사람 잡는다	×	×	○	1
126	쇠뿔도 단김에 빼라	×	○	×	1
127	식은 죽 먹기	○	×	×	1
128	신선놀음에 도끼 자루 썩는 줄 모른다	×	×	○	1
129	아닌 밤중에 홍두깨	×	○	×	1
130	앓던 이 빠진 것 같다	×	○	×	1
131	약방에 감초	×	×	○	1
132	업은 아이 삼 년 찾는다	×	○	×	1
133	엎드려 절 받기	×	×	○	1
134	엎드리면 코 닿을 데	×	○	×	1
135	엎질러진 물	×	○	×	1
136	열 손가락 깨물어 안 아픈 손가락 없다	○	×	×	1
137	염불에는 마음이 없고 잿밥에만 마음이 있다	×	×	○	1
138	오르지 못할 나무는 쳐다보지도 마라	○	×	×	1
139	옥에 티가 있다	×	○	×	1
140	우는 아이 젖 준다	×	○	×	1

순번	속담	A교재	B교재	C교재	중복수
141	우물에 가서 숭늉 찾다	×	×	○	1
142	원님 덕에 나발/나팔 분다	×	×	○	1
143	원수는 외나무다리에서 만난다	×	×	×	1
144	입은 비뚤어져도 말은 바로 해라	×	×	○	1
145	자라 보고 놀란 가슴 솥뚜껑 보고 놀란다	×	×	○	1
146	작은 고추가 맵다	○	×	×	1
147	잘되면 제 탓 못되면 조상 탓	○	×	×	1
148	정들자 이별	×	○	×	1
149	종로에서 뺨 맞고 한강에 가서 눈 흘긴다	×	×	×	1
150	주머니 털어 먼지 안 나오는 사람 없다	×	×	○	1
151	중이 절 보기 싫으면 떠나야 한다	×	×	○	1
152	중이 제 머리 못 깎는다	×	×	○	1
153	지렁이도 밟으면 꿈틀한다	×	○	×	1
154	짚신도 짝이 있다	×	×	○	1
155	참새가 방앗간을 그냥 지나가랴	×	×	○	1
156	콩으로 메주를 쑨다 해도 곧이듣지 않다	×	×	○	1
157	팔은 안으로 굽는다	○	×	×	1
158	평양 감사도 저 싫으면 그만이다	×	×	○	1
159	하나를 보면 열을 안다	×	○	×	1
160	하던 짓도 멍석 깔아 놓으면 안 한다	×	×	○	1
161	호랑이는 죽어서 가죽을 남기고 사람은 죽어서 이름을 남긴다	×	×	○	1
162	호랑이도 제 말 하면 온다	○	×	×	1
163	호랑이한테 물려가도 정신만 차리면 산다	×	○	×	1
164	혹 떼러 갔다 혹 붙여 오다	×	×	○	1
	계	60	100	103	263

〈표 9〉에 따르면 속담 교재에서 총 263개의 속담을 제시하고 있고 중복된 속담을 제외하고는 총 164개의 속담 항목을 수록하고 있다. 이 중에 '가는 날이 장날(이다)', '가는 말이 고와야 오는

말이 곱다', '갈수록 태산(이다)' 등 30개의 속담은 세 가지 교재
에 다 수록되어 있고 두 가지 교재에 제시된 속담은 총 39개이고
나머지 95개(음영으로 표시된 관용어를 제외하면 90개)의 속담은 한
가지 교재에만 제시되어 있다.

『살아있는 한국어 속담』(A교재)은 총 60개의 속담을 수록하고
있으며 이 중에 세 가지 교재에 모두 제시된 30개의 속담은 전체
교재 속담의 50%를 차지하고 있으며 두 가지 교재에 제시된 속
담은 총 17개이고 28.3%를 차지하고 있으며 A교재에만 제시된
속담은 13개이고 21.7%를 차지한다.『속담 100 관용어 100』(B교
재)은 총 100개의 속담을 수록하고 있으며 이 중에 세 가지 교재
에 모두 제시된 30개의 속담은 전체 교재 속담의 30%를 차지하
고 있으며 두 가지 교재에 제시된 속담은 총 36개이고 36%를
차지하고 B교재에만 제시된 속담은 34개(관용어 두 개를 포함함)
이고 34%를 차지한다.『속담으로 배우는 한국어』(C교재)는 총
103개의 속담을 수록하고 있으며 이중에 세 가지 교재에 공통으
로 제시된 30개의 속담은 전체 속담의 29.1%를 차지하고 있으
며 두 가지 교재에 공통으로 제시된 속담은 25개이고 24.3%를
차지하며 C교재에만 제시된 속담은 48개(관용어 세 개를 포함함)
이고 46.6%를 차지한다. 이와 같이 세 가지 교재에 제시된 속담
의 수가 다르며 속담 내용도 다르다. 두 가지 이상(두 가지 포함)
의 교재에 공통으로 제시된 속담은 각 교재에서 차지한 비중이

78.3%, 66%, 53.4%이다. 비록 50%를 넘었으나 전체적으로 볼 때 큰 차이가 있다. 이것은 학자들이 속담을 선정할 때 사용한 기초 자료, 선정 기준과 방법이 다르기 때문이다.

또한 저자에 따라 관용구와 속담을 구별하는 관점이 다르다. 『속담 100 관용어 100』은 '그림의 떡'과 '독 안에 든 쥐'를 속담으로 보아 교재에서 제시하고 있고 『속담으로 배우는 한국어』는 '간에 기별도 안 간다', '강 건너 불구경 하듯 하다', '내일은 해가 서쪽에서 뜨겠다'를 교재에서 제시하고 있다. 이 책에서는 이를 관용어로 보아 분석 대상에서 제외시킨다.

3.2. 내용 구성

이 절에서는 이 세 가지 속담 교재가 어떤 기준과 절차로 속담을 선정하였는지, 어떻게 구성되어 있는지를 분석한다.

3.2.1. 속담을 선정하는 기준과 절차

먼저 교재의 주된 교육 내용인 속담을 선정하는 기준과 절차를 살펴보면 다음과 같다.[7]

---

7) 1장에서 김선정 외(2006), 최권진(2008)을 바탕으로 『살아있는 한국어 속담』과 『속담으로 배우는 한국어』의 속담 선정과 관련하여 간단하게 언급하였으나 여

『살아있는 한국어 속담』은 1, 2, 3차의 단계를 거쳐서 속담을 선정하였다. 우선 선행 결과물을 참조하여 사용 빈도가 높은 속담, 사용 범위가 넓은 속담, 기본 의미가 본래대로 잘 유지되는 속담, 학습자의 수준에 맞는 속담, 한국 문화를 친절하게 드러내는 속담인지를 판단하여 1차적으로 80개를 선정하였다. 이를 바탕으로 2차 선정할 때는 한국인 대학생 90명을 대상으로 1차로 선정된 속담 80개를 다시 설문 조사하여 사용 빈도순으로 순위를 매겼다. 3차 선정할 때는 2차 선정된 속담을 외국인 학습자 30명을 대상으로 설문조사 후 난이도(초, 중, 고)를 나누고 의미의 투명성 정도에 따라 반투명한 유형(초급-15개), 반불투명한 유형(중급-20개), 불투명한 유형(고급-25개)으로 나누었다.

『속담 100 관용어 100』은 국어사전, 속담사전, 관용어사전 등에 공통적으로 실려 있는 속담 및 관용어를 선별하고 경험적인 방법을 사용하여 '현대 한국어에서 사용하는 빈도와 범위가 넓은 표현, 한국어 학습자가 실제 언어생활에서 자주 접할 수 있는 표현, 학습자의 연령(성인) 및 목적(한국어 학습 및 한국 문화 이해)에 적합한 표현'의 세 가지 기준을 동시에 만족시키는 속담 100개, 관용어 100개를 선정하였다.

『속담으로 배우는 한국어』는 한국인들이 기본적으로 알아야

기서 세 가지의 속담 교재를 종합해서 구체적으로 분석한다.

하고 또한 가장 흔히 사용하는 속담은 한국 어린이용 속담집에 수록되어 있다는 것에 착안하여 『속담 100가지』와 『어린이 첫 그림 속담사전』에 수록된 속담을 기준으로 하고 최초 150개의 속담을 추출한 다음에 필자의 경험과 한국 성인을 대상으로 조사한 결과에 따라 사용 빈도와 범위가 높고 학습자가 꼭 알아야 할 속담을 총 103개 선정하였다. 빈도수와 학습 필요성이 높은 속담 53개가 선정되어 1권에 수록되었으며, 그 다음으로 학습 필요성이 높은 속담은 2권에 수록되었다. 전체적으로 한국어 중급 이상 수준의 학습자와 고급 수준의 학습자를 대상으로 구성하였다.

종합해서 보면 이 세 가지 속담 교재는 속담을 선정할 때 선행 연구 결과물, 속담사전, 국어사전, 속담집 등을 기초 자료로 하였다. 이런 기초 자료가 한국어 교육용 속담을 선정하는 데에 의미가 크나 기존의 한국어 교재, 한국어능력시험 기출문제지, 속담 교재 등 한국어 교육 자료에 한국어 교육 전문가의 의견이 반영되어 있고 현행 한국어 속담 교육 현황이 반영되어 있으므로 한국어 교육 자료도 기초 자료로 할 필요가 있다.

속담의 선정 기준을 보면 세 가지 교재는 모두 '사용 빈도가 높고 사용 범위가 넓다'는 기준을 선정 기준으로 하였으며 이 기준 외에 『살아있는 한국어 속담』은 '기본 의미가 본래대로 잘 유지되는지, 학습자의 수준에 맞는지, 한국 문화를 친절하게 드러내는지' 등 세 가지 기준도 제시하였으며 『속담 100 관용어 100』은 '학습자가 언어생활에서 쉽게 접할 수 있는 표현, 학습자 연령과 목적에 적합한 표현' 등을 선정기준으로 하였다. 『속담 으로 배우는 한국어』는 학습의 필요성을 감안하였다. 종합적으로 볼 때 이 세 가지 교재에 제시된 기준은 크게 '빈도수 기준'과 '난이도 기준'으로 나눌 수 있다. '사용 빈도와 범위'는 '빈도수 기준'에 해당되며 '학습자가 언어생활에서 쉽게 접할 수 있는 표현'의 기준이 '사용 빈도와 범위'와 일치한다. '속담의 기본 의미, 학습자의 수준·연령·목적, 한국 문화 요소' 등을 고려한 기준은 넓게 보면 단계별로 제시된 속담 내용, 즉 속담의 난이도와 관련된다. 외국어 학습자를 대상으로 교육할 때 학습자의 모국어 영향도 속담의 난이도를 측정하는 데에 고려해야 하는 요소이다. 이 책은 중국어권 학습자를 위한 속담 교육 연구이므로 한중 속담의 대조 분석 결과를 활용하여 속담의 난이도를 어휘·문법, 형태·의미, 문화 요소 등 측면을 통해서 산정한 후 빈도수를 고려하여 학습 단계에 맞게 교육용 속담을 선정한다.

선정의 절차를 보면 세 가지 교재가 기초 자료를 이용하여 1차적으로 속담을 추출한 다음에 설문조사법이나 경험적인 방법을 사용하여 속담 목록을 추출하였다. 이런 절차는 한국어 속담의 실제 사용 빈도와 교육 필요성을 확인하는 데에 중요하고 의미가 있다. 모국어 화자의 실제 사용 빈도를 확인하는 또 다른 방법이 코퍼스를 활용하는 것이다. 이 책에서는 모국어 화자의 실제 사용 빈도를 코퍼스를 통해서 파악하며 한국 사람이 기본적으로 알아야 하는 속담을 국어교과서에 제시된 속담을 통해 알아본다.

3.2.2. 단원 구성

이 세 가지 속담 교재의 단원 구성을 살펴보면 다음과 같다. 『살아있는 한국어 속담』은 등장인물 소개, 본문, 부록인 종합연습 정답으로 구성되어 있다. 속담 하나를 주제로 한 과를 구성하여 총 60과가 있다. 20개의 과마다 학생들이 복습할 수 있도록 종합연습 단원이 있다. 과마다 '제목, 그림, 대화, 연습해요, 함께해요' 다섯 가지 부분으로 구성된다. 제목 아래에 학습자의 호기심과 흥미를 유발할 수 있도록 속담 축자 의미를 표현하는 그림이 제시되어 있다. 그림을 통해서 속담의 뜻을 최대한 살리려고 인물 옆에 말풍선을 제시한 경우도 많다. '대화' 부분에 제시된 대화문은 다양하고 한국생활을 반영한다. 학습자들이 대화문을 통해서 해당 속담을 언제 써야 되는지, 어떤 상황에서 써야 되는지, 어떤 형태로 사용하는지를 파악할 수 있게 한다. 대화문 부분에도 관련된 삽화가 제시되어 있으며 대화문 아래에 속담 의미를 한국어로 설명되어 있고 '활용예문'과 '새 어휘와 문형'도 같이 제시되어 있다. '연습해요' 부분에 제시된 연습 문제는 대화문으로 구성되어 있어 학습자가 배운 속담의 사용 상황을 파악하는 데에 도움이 된다. '연습해요' 아래에 '한 걸음 더' 부분이 있는데 해당 과에 따라 '관련 속담', '어휘 확장', '문화 엿보기' 등으로 구성된다. '함께해요'는 활용 단계이며 이 부분에 속담을 사용할 수 있는 상황에 관련된 그림을 제시하고 이야기 만들기를 하게 하거나 주제를 하나 정하고 말하기 연습을 하게 한다. 본문 내용을 어떻게 추출했는지에 대해서 김선정·김성수(2006)에 따르면 『살아있는 한국어 속담』은 연습 단계에는 TV 드라마, 광고, 신문 등에서 실제로 속담이 사용된 예문을 발췌하여 인용하거나 만화나 수수께끼를 활용하였다.

『속담 100 관용어 100』중의 속담 부분은 '제목, 뜻풀이, 삽화, 응용학습, 어려운 단어'로 구성되어 있다. 과에 따라 목표 속담과 동의관계나 반의관계가 있는 속담을 제시한 경우도 있다. '뜻풀이'부분은 간결한 문장 한마디로 해석하고 있다. 예를 들면, '가는 말이 고와야 오는 말이 곱다'에 대해서 [내가 남에게 잘해야 남도 나에게 잘한다]는 뜻풀이를 하고 있다. '삽화' 부분은 『살아있는 한국어 속담』과 같이 학습자가 속담의 의미를 추측할 수 있게 그림을 제시하고 있다. '응용학습' 부분은 초급, 중급, 고급 수준별로 용례를 제시하고 있으며 '어려운 단어' 부분은 속담과 '응용학습' 부분에 나타난 어려운 어휘를 한자, 일어, 영어로 제시하고 있다. 학습내용을 평가할 수 있게 20개의 과마다 '연습문제' 단원이 있다. 마지막 부분에 학습자가 복습할 수 있게 속담을 주제별로 분류하여 문제와 모범답안을 제시하고 있다.

『속담으로 배우는 한국어』는 과마다 '제목, 의미, 기본표현, 문화 산책'으로 구성되어 있다. 한국어 속담 제목 아래에 영어 번역도 같이 제시되어 있다. 속담을 관용 의미가 비슷한 영어 속담으로 번역해 놓은 것이 아니고 한국어 속담의 축자 의미를 영어로 번역해 놓은 것이다. 예를 들면, 1권 5과 '간에 붙었다 쓸개에 붙었다 한다' 제목 아래에 '(He) sometimes sticks to the liver, or sometimes to the gall bladder'가 제시되어 있다. '의미부분'은 한국어와 영어로 설명하고 있다. 영어 설명은 한국어 설명을 그대로 번역한 부분이 있으면서도 관용 의미가 비슷한 속담을 같이 제시한 경우도 있다. '기본표현' 부분은 속담이 쓰여 있는 두 개나 세 개 정도의 글로 구성된다. 글마다 아래에 '어휘공부'란이 있고 글에서 나온 어휘들을 영어로 뜻풀이를 하고 있다. '기본 표현' 부분에 '덤으로 드립니다'와 '덤으로 알아두세요'로 목표 속담과 관련되는 문형이나 관용어를 과의 내용에 따라 제시하고 있다. 새로 제시된 문형 아래에 영어 설명도 같이 제시하고 있다. '문화 산책' 부분은 목표 속담과 관련되는 한국 문화를 소개하고 있다. 다섯 개의 과마다 앞에서 나온 속담을 복습할 수 있도록 '연습문제' 하나가 들어가 있다. 교재 본문인 '기본

표현' 아래에 인터넷 출처를 표시해 놓은 경우가 있다.

이 세 가지 교재의 단원 구성을 종합해서 보면 다음과 같다.

[1] 속담의 의미 제시

『속담 100 관용어 100』과 『살아있는 한국어 속담』은 한국어로, 『속담으로 배우는 한국어』는 한국어와 영어로 속담의 의미를 제시하고 있다. 속담의 의미가 제시되어 있지 않으면 교사의 지도 없이는 학습자가 속담의 의미를 정확하게 파악하는 데에 어려움을 느낄 수 있고 속담을 잘못 이해하는 경우가 생길 수 있으므로 속담의 의미를 제시할 필요가 있다.

[2] 속담과 관련된 그림 제시

『살아있는 한국어 속담』과 『속담 100 관용어 100』은 학습자가 속담의 의미를 유추할 수 있도록 축자 의미나 관용 의미를 그림으로 제시하고 있다. 교재에 그림을 삽입하면 학습자의 호기심과 흥미를 불러일으킬 수 있으며 속담의 축자 의미와 관용 의미를 이해하는 데에 도움이 된다.

[3] 본문의 내용 구성과 신장하려 하는 학습자의 능력

『살아있는 한국어 속담』의 본문 내용을 대화문으로 제시하고 연습문제도 대화문으로 제시한 경우가 많다. 학습자의 의사소

통 능력을 기르는 데에 중심을 두어 말하기 능력을 강조하면서 활용연습을 통해서 쓰기, 읽기 능력 신장에도 관심을 두고 있다. 『속담 100 관용어100』에 제시된 '응용학습'의 예문을 보면 초급 용과 중급용 예문은 대개 대화문으로 구성되어 있으며 고급용 의 예문은 대화문과 설명하는 글로 구성되어 있다. 많은 연습이 나 예문이 제시되어 있지 않으나 학습자가 속담의 사용 상황을 쉽게 이해할 수 있게 구성되어 있다. 『속담으로 배우는 한국어』 의 집필자가 학습자가 속담을 배우는 동시에 한국어의 어휘 학 습이 가능하고 읽기 능력도 향상시킬 수 있도록 지문을 주로 읽 기 텍스트로 작성하였다. 학생들이 실제 일상생활 하는 데에 어 떻게 사용하는지를 학습할 수 있도록 '연습문제'를 대개 대화문 식으로 제시하고 있다.

[4] 목표 속담과 관련된 어휘, 속담, 문화 제시

세 가지 교재에 속담과 관련된 어휘와 본문에서 나온 어려운 어휘를 제시하고 있으며 『살아있는 한국어 속담』과 『속담으로 배우는 한국어』에는 목표 속담과 관련된 속담이나 표현을 제시 하고 있고 '문화 엿보기'와 '문화 산책' 등 문화란을 통해서 속담 과 관련된 문화 요소를 제시하고 있다. 어휘 제시는 학습자가 속담과 본문을 이해하는 데에 도움이 된다. 관련 속담이나 표현 을 제시하면 학습자가 같은 주제나 같은 유형의 속담을 동시에 학습할 수 있으며 속담 비교를 통해서 속담에 대한 이해를 한층 더 증진시킬 수 있다. 중국어권 학습자를 대상으로 교육할 때 관련되는 한국어 속담뿐만 아니라 중국어 숙어도 같이 제시하면 한중 속담의 비교를 통해 학습자가 더 쉽게, 정확하게 속담을 이해하여 사용할 수 있다. 속담의 특성 때문에 문화 요소와 떼래야 뗄 수 없는 관계를 가지고 있다. 속담에 담겨 있는 문화 요소를 같이 제시하면 속담을 이해하는 데에 도움이 될 뿐만 아니라 문화 교육도 이룰 수 있다.

[5] 단계별 속담 제시

세 가지 교재에 속담이 단계별로 제시되어 있지 않다. 『살아 있는 한국어 속담』의 속담 선정 기준과 절차에 따르면 초급 단계 15개의 속담, 중급 단계 20개의 속담, 고급 단계 25개의 속담으로 나눠져 있으나 교재 구성을 보면 20개 과마다 종합 연습 단원이 있고 초급 속담, 중급 속담, 고급 속담이 명시적으로 구분되어 있지 않다. 『속담 100 관용어 100』은 과마다 목표 속담을 활용하는 본문 예문이 초급 단계용, 중급 단계용, 고급 단계용으로 나누어 제시되어 있으나 교육용 속담 목록이 단계별로 제시되어 있지 않다. 『속담으로 배우는 한국어』는 중급 이상 수준의 학습자와 고급 수준의 학습자를 대싱으로 구성된 교재이며 이 교재에도 명시적인 학습 단계 제시가 없다.

지금까지 속담 교육 내용을 한국어 통합 교재, 한국어능력시험과 속담 교재 등 세 가지 측면을 통해서 분석하였다. 현행 속담 교육 자료가 속담 교육하는 데에 아주 큰 의미가 있으나 분석 결과에 따르면 몇 가지 문제점이 있다. 각 한국어 교육 자료의 속담 선정 기준이 서로 다르며 전체적으로 볼 때 속담 교육 목록이 교육 자료에 따라 많은 차이가 있다. 단계별로 제시된 속담 항목이 많이 다르고 표현용 속담인지, 이해용 속담인지에 대하여 명확한 구분이 없다. 그리고 중국어권 학습자를 대상으로 개발한 교육 자료가 아니므로 중국어 화자의 언어문화 배경을 고려하고 있지 않다. 이런 점을 감안하여 4장에서 중국어권 학습자에게 맞는 한국어 교육용 속담의 목록을 선정하고 등급을 설정한다.

4장 한국어 교육용 속담의
목록 선정과 등급 설정

이 장에서는 3장의 한국어 속담 교육 내용 분석을 바탕으로 하여 중국어권 학습자를 대상으로 한국어 교육용 속담의 목록을 선정하여 등급을 설정한다. 먼저 속담 교육 목표와 속담 목록 선정 기준을 설정하고 현행의 한국어 교육용 속담 목록과 한국어 모국어 화자의 사용 빈도와 결합시켜 한국어 교육용 속담 목록을 추출한다. 이 중에 교육하기가 적절하지 않은 속담을 제거하고 최종적으로 선정된 교육용 속담을 어휘·문법, 형태·의미, 문화 요소 세 가지 측면을 통해서 난이도를 측정한다. 난이도 분석 결과를 빈도수 분석 결과와 결합시켜 중국어권 학습자에게 맞는 속담 교육 목록을 단계별로 작성한다.

1. 속담 교육 목표

이 절에서는 먼저 외국어 교육 목표를 살펴보고 한국어 교육
목표를 한국어능력시험의 평가 기준과 국내 학자의 주장을 통
해 살펴본 후 이를 바탕으로 속담 교육 목표를 단계별로 설정
한다.

외국어 교육의 효과와 효율의 극대화를 목표로 한 지침서인
『ACTFL(American Council on the Teaching of Foreign Languages)』에
서 발표한 '21세기를 위한 외국어 학습 기준(Standards for Foreign
Language Learning Preparing for the 21st century)'에서 외국어 교육에
서 중요하게 다루어야 할 다섯 가지 C를 제시하였다. 이 다섯
가지의 구성요소 C는 의사소통(Communication), 문화(Culture), 연
결(Connections), 비교(Comparisons), 커뮤니티(Communities)를 가리킨
다. 구체적인 목표와 내용은 다음 〈표 10〉과 같이 제시하였다.[1]

---

1) 정경아(2008: 38~39)에서 제시한 ACTFL의 의사소통(Communication)에 관한
   기준을 참조함.

〈표 10〉 ACTFL 5C의 구성

목표	기준	내용
의사소통 (영어 이외의 언어로 의사소통하기)	1	대화에 참여해 정보를 주고받고 감정과 정서를 표현하면서 의견을 교환한다.
	2	다양한 주제의 글과 말을 해석하고 이해한다.
	3	청중이나 독자에게 다양한 주제에 관한 아이디어나 개념 정보를 제공한다.
문화 (다른 문화를 이해하고 지식 얻기)	4	목표 문화의 관점과 실제 관행 사이의 관계를 이해하고 설명한다.
	5	목표 문화권의 문화적 소산과 관점 사이의 관계를 이해하고 설명한다.
연결 (다른 분야와 획득 정보를 연결하기)	6	외국어를 통해 다른 분야의 지식을 넓히고 강화한다.
	7	정보를 획득하고 외국어와 그 나라의 문화를 통해 알 수 있는 눈에 뜨는 관점을 인식한다.
비교 (언어와 문화의 본질에 관한 식견을 발견)	8	외국어와 모국어의 비교를 통해 이해한 언어의 본질을 설명한다.
	9	연구한 문화와 모국의 문화 비교를 통해 이해한 문화의 개념을 설명한다.
커뮤니티 (국내와 외국 곳곳의 다문화 지역 경험하기)	10	교내·외에서 외국어를 사용한다.
	11	개인적 취미나 학습을 목표로 외국어를 평생 사용할 것임을 보여 준다.

외국어로서의 한국어 교육 목표에 대해서 한국 내에서도 이와 비슷한 주장이 있다. 국립국제교육원에서 시행하는 한국어 능력시험(TOPIK)의 등급별 평가 기준 중의 사회 문화 능력에 관련된 평가 기준은 다음 〈표 11〉[2]과 같다.

---

2) 한국어능력시험 등급별 평가 기준을 6단계로 제시되어 있으나 여기서 3단계로 통합했다.

〈표 11〉 한국어능력시험 (TOPIK) 등급별 평가 기준

등급	기능	소재 이용	언어 사용
초급	생존에 필요한 기초적인 언어 기능, 일상생활과 기초 공공시설 이용에 필요한 기능	사적이고 친숙한 화제	간단한 생활문과 실용문, 공식적 상황과 비공식적 상황에서 언어에 대한 구분 및 사용
중급	다양한 공공시설의 이용과 사회적 관계 유지에 필요한 기초적 언어 기능	자신에게 친숙한 사회적 소재, 일반적인 사회적·추상적 소재	문어와 구어의 기본적인 구분 및 사용, 자주 사용되는 관용적 표현, 사회·문화적인 내용에 대한 이해 및 사용
고급	전문 분야에서의 연구나 업무 수행에 필요한 언어 기능	'정치, 경제, 사회, 문화' 전반에 걸쳐 친숙하지 않은 소재	공식적, 비공식적 맥락과 구어적, 문어적 맥락에 따른 언어 사용

성기철(1998: 16~17)에서는 외국어로서의 한국어 교육이 지향하는 보편적 교육 목표의 골격을 다음과 같이 제시하였다:

(25) 1. 기능적 목표: 이해(읽기, 듣기)와 표현(말하기, 쓰기)

   (1) 문자의 이해와 쓰기

   (2) 정확한 발음

   (3) 단어의 이해와 사용

   (4) 바르게 듣고 이해하기

   (5) 바르게 읽고 이해하기

   (6) 관용 표현의 이해와 사용

   (7) 상황에 맞게 말하기

   (8) 세련된 언어 표현과 글쓰기

2. 지식적 목표: 언어학적 지식의 이해

   (1) 문자의 구조 이해

   (2) 단어 문장의 구조 이해

   (3) 음성 및 음운 이해

   (4) 단어 및 문장의 의미 이해

   (5) 모어와 목표 언어 간의 대조

3. 사회·문화적 목표: 사회, 문화, 정서, 역사 등의 이해

   (1) 언어와 관련된 문화적 특성 이해

   (2) 사회·문화적 배경과 언어 표현의 이해

   (3) 언중의 정서와 언어 표현 이해

   (4) 사회, 문화, 정서 및 역사의 이해

   (5) 모어와 목표 언어 사회의 사회, 문화 비교

성기철(1998)에서는 기능적, 지식적, 사회·문화적 세 가지 측면을 통해서 한국어 교육 목표를 설정하였다. 이 목표는 ACTFL에서 제시한 목표, 한국어능력시험 등급별 평가 기준과 같이 의사소통 목표와 문화 목표를 강조하고 있다. 성기철(1998)에서 제시한 기능적 목표, 한국어능력시험에서 학습자 기능에 관한 평가 기준은 ACTFL에서의 '의사소통' 목표와 일치하며 성기철(1998)에서 제시한 사회 문화적 목표는 ACTFL에서의 '문화' 목표에 해당되고, 한국어능력시험 중급 단계에 제시한 '사회·문화

적인 내용에 대한 이해 및 사용' 기준, 고급 단계에 제시한 '정치, 경제, 시회 문화 전반에 걸쳐 친숙하지 않은 소재 이용' 기준도 '문화' 목표에 해당된다.

ACTFL에서 외국어와 모국어의 언어와 문화를 '비교'하는 목표를 제시하였다. 한국어능력시험에 이와 관련된 평가 기준이 제시되어 있지 않으나 성기철(1998)에서 제시한 '모어와 목표 언어 간의 대조, 모어와 목표 언어 사회의 사회, 문화 비교'는 ACTFL의 '비교' 목표와 일치한다.

ACTFL에서 외국어를 통해 다른 분야의 지식과 정보를 획득하는 '연결' 목표를 제시하였다. 성기철(1998)에서 제시한 '사회, 문화, 정서 및 역사의 이해', 한국어능력시험의 소재 이용에 관한 평가 기준은 이 '연결' 목표와 관련이 된다.

ACTFL의 '커뮤니티' 목표는 성기철(1998)과 한국어능력시험 기준에 따로 제시되어 있지 않으나 외국어의 사용을 강조하는 목표이어서 의사소통 목표와 관련이 된다. ACTFL에서 제시되어 있지 않지만 성기철(1998)의 기능적 목표 중에 '관용 표현의 이해와 사용'을 제시하고 있으며 한국어능력시험 중급 단계 평가 기준 중의 언어 사용 부분에 '자주 사용되는 관용적 표현'이 제시되어 있다. 속담은 관용 표현의 구성 요소로서 이 목표에 포함된다.

속담 교육은 한국어 교육의 일부이기 때문에 속담 교육 목표가 한국어 교육 목표와 일치해야 한다. 이 책에서는 ACTFL에서 제시한 외국어 학습 목표와 성기철(1998)에서 제시한 한국어 교육 목표를 바탕으로 하여 한국어능력시험의 등급별 평가 기준을 참고해 한국어 속담 교육의 목표를 다음과 같이 단계별로 설정한다.

(26) 초급: 맛보기 식으로 제시되는 속담을 이해한다. 한국생활의
　　　　적응 단계로 기본적인 의사소통 능력을 기른다.
　　　중급: 한국인의 사고방식과 가치관 등을 포함하는 추상적인 한
　　　　국 사회 문화가 담겨 있는 속담을 이해하여 활용한다. 활
　　　　용융합 단계로 일반적인 의사소통 능력을 기른다.
　　　고급: 사고력과 사회 문화적 특성을 인식하는 능력을 신장할
　　　　수 있도록 제시되는 속담을 비교 문화론의 관점으로 이
　　　　해하여 활용한다. 발전심화 단계로 전문적인 의사소통
　　　　능력을 기른다.

이 책은 여기서 제시한 한국어 속담 교육 목표를 달성하기 위해서 이 목표에 맞추어서 중국어권 학습자를 대상으로 한국어 교육용 속담 목록을 선정하고 등급을 설정한다.

2. 속담 목록 선정 기준

앞에서 언급하였듯이 연구자에 따라 속담을 선정하는 기준이
다르다. 문금현(1998: 217~225)에서는 관용표현 목록을 선정할
때 '형식적인 유형, 한국인의 사용 빈도, 의미의 투명성 여부에
따른 난이도, 외국인의 인지도, 구어와 문어의 조화' 다섯 가지
기준을 제시하였다. 즉, 관용구절-관용어-관용문의 순서로 제
시해야 되고, 사용 빈도가 높을수록 학습 필요성이 높아지니까
사용 빈도가 높은 속담부터 제시해야 되고, 또는 '반투명한 유형
-반불투명한 유형-불투명한 유형'3)의 순서로 제시해야 하며,
한국어 학습자에게는 문화적인 배경이 비슷하여 이해하기 쉽고
자신의 모국어와 같다고 인식하고 인지도가 높은 관용표현을
제시해야 되고 구어적 관용표현을 위주로 학습이 이루어지도록
하되 신문에 빈번하게 나오는 문어적인 것들은 꼭 제시해 주어

---

3) 문금현(1998: 219)에서는 의미의 불투명성 여부에 따라서 불투명한 유형, 반불
투명한 유형, 반투명한 유형으로 나누고 있다. "불투명한 유형은 축자 의미와
관용 의미와의 유연성이 약하여 축자 의미에 의해서 관용 의미를 전혀 예측할
수 없으며, 연상 작용이 일어나지 않고 생성 배경도 짐작할 수 없는 것들로
관용성이 높은 것들이다. 반불투명한 유형은 축자 의미와 관용 의미와의 유연
성이 약간 느껴져 축자 의미에 의해서 관용 의미를 어느 정도 예측할 수는 있으
나, 연상 작용과 관용 의미가 구체적으로 연결되지는 않으며 유추에도 제약이
따르나 생성 배경을 짐작하는 것이 아주 불가능하지 않는 것들이다. 관용성은
중간 정도라고 볼 수 있다. 반투명한 유형은 축자 의미와 관용 의미와의 유연성
이 강하여 축자 의미에 의해서 관용 의미를 쉽게 예측할 수 있으며, 연상 작용
이 일어날 뿐만 아니라 생성 배경도 짐작할 수 있는 것들로 관용성이 낮다고
본다."

야 한다는 주장이었다.

안경화(2001: 160)에서는 "내용에 대한 타당도, 사회적 공감도 및 실생활 활용도가 높은 속담 중에서 속담의 소재 및 주제에서 언중의 사고방식이나 행동양식을 잘 드러내는 것들을 체계적으로 속담 항목으로 선정하여야 한다"고 주장하였다.

문금현(1998)과 안경화(2001)의 선정 기준, 관련 선행연구 중의 속담 선정 기준과 속담 교재의 목록 선정 기준을 참조하여 중국어권 학습자의 언어문화 배경을 감안해서 사용 빈도가 높고 사용 범위가 넓으며, 속담을 구성하는 단어와 문법이 쉽고, 중국어 숙어와 비교할 때 속담의 문화 배경과 관용 의미를 이해하기 쉽고, 학습자가 쉽게 접할 수 있는 한국 문화 요소를 잘 드러내는 속담부터 교육해야 한다. 또한 속담을 선정할 때 교육용 속담으로 사용하기 적절하지 않은 속담을 제외시켜야 되고 의사소통 능력을 기르는 데에 이해용 속담을 무시하면 안 되고 표현용 속담과 같이 결합시켜서 제시해야 한다. 이런 요소를 종합해서 크게 빈도수와 난이도 기준으로 교육용 속담의 목록을 선정하고 등급을 설정할 수 있다.

이 책에서는 빈도수 기준에 따라 속담 교육 항목을 선정할 때 많은 전문가와 교수 경험이 풍부한 교사의 연구 성과인 각 한국어 교육 기관의 한국어 통합 교재에 제시된 속담, 한국어 능력을 평가하는 한국어능력시험 기출문제지에 제시된 속담, 속담을 연구하는 학자들이 편찬한 한국어 속담 교재에 수록된 속담을 종합적으로 참고한다. 한국어 교육에 관련된 자료뿐만 아니라 실제 한국어 모국어 화자가 기본적으로 아는 속담도 고려해야 하므로 국어교과서에 제시된 속담도 같이 분석한다. 교육 자료 외에 실생활 중의 한국어 속담 사용 빈도를 말뭉치 자료를 활용해서 분석한다. 전체적인 사용 빈도에 따라 교육용 속담 목록을 1차적으로 추출한 다음에 교육하기가 적절하지 않은 속담을 제외시켜 2차적으로 선정한다.

2차적으로 선정된 속담의 교육 단계, 즉 등급을 난이도 기준에 따라 설정한다. 난이도 기준은 앞에서 언급한 여러 가지 요소를 포함시켜 세부적으로 어휘·문법 측면, 형태·의미 측면, 문화 요소 측면으로 나누어 분석한다. 어휘·문법 측면의 난이도는 속담을 구성하는 어휘와 문법의 난이도이다. 형태·의미 측면의 난이도는 중국어권 학습자가 속담의 형태를 통해서 의미를 쉽게 파악할 수 있는지와 관련된다. 한국과 중국은 같은 유교 문화권에 속하며 언어문화가 많은 유사성을 띠고 있다. 중국어권 학습자에게는 속담 교육 항목과 관련되는 중국어 표현을 제시하면 난이도가 변동될 수 있어 한국어 속담의 형태·의미 측면의 난이도를 중국어 숙어와 대조 분석을 통해서 측정한다.[4] 문화 요소

---

4) 중국어 숙어와 유사하거나 대조되는 경우 한국어 속담 자체가 반불명한 유형이나 불투명한 유형에 속해도 학습자가 속담의 관용 의미를 쉽게 연상할 수

측면은 속담과 관련지을 수 있는 문화 요소의 한국어 교육에 제시되는 단계에 따라 난이도를 산정한다.

3. 교육용 속담의 목록 선정

한국어 교육용 속담의 목록을 선정할 때 실제 한국 사람들이 실생활에서 쓰는 속담의 빈도수를 알아볼 필요가 있다. 이 절에서는 먼저 3장에서 분석한 현행 한국어 교육 자료에 제시된 속담의 중복수를 다음 〈표 12〉~〈표 14〉와 같이 정리하고 국어교과서에 어떤 속담이 제시되어 있는지를 확인하고 한국어 교육 자료와 국어교과서에 제시된 속담을 바탕으로 해서 고려대학교 민족문화연구원의 SJ-RIKS Corpus5)에서 나타난 속담의 실제적

있기 때문에 학습자에게는 반투명한 유형에 속할 수도 있으며 한국어 속담과 중국어 숙어에 내재된 문화적인 배경도 같거나 유사할 수 있다.

5) SJ-RIKS Corpus(Sejong-Research Institute of Korean Studies Corpus)는 21세기 세종계획에 의해 구축된 '세종형태의미 분석 코퍼스'를 수정, 보완한 코퍼스이다. SJ-RIKS 코퍼스를 구성하는 텍스트는 전체 428개 파일로서 14,708,028어절에 달한다. 형태소와 어절 단위의 검색을 지원하며 '완전일치, 전방일치, 후방일치'의 세 가지 검색 방법을 지원한다. 김중섭 외(2010: 5)에서 주장한 바에 따르면 이 코퍼스는 신문, 잡지, 상상적 텍스트, 정보적 텍스트, 구어 텍스트 등이 적절한 규모를 토대로 반영되어 있어 균형 코퍼스(balanced corpus)라 할 만하다. 이 코퍼스를 통해서 한국어의 전반적인 사용 양상을 파악할 수 있다. 실제 말뭉치에서 속담의 활용형이 많이 나타날 것으로 예상되어 필자는 속담 용례를 최대한 많이 반영할 수 있도록 해당 속담에 따라 어절과 형태소를 통해서 검색하여 전방일치와 후방일치 등 검색 방법을 활용하였다.

인 사용 빈도를 분석한다. 이 결과를 통해서 한국어 교육 자료에 한국 사람들이 실제 언어생활에서 사용하는 속담의 빈도수를 반영하고 있는지를 알아보고 한국어 교육용 속담의 목록을 빈도수 기준으로 1차적으로 선정한다.

한국어 교육 자료에 제시된 속담의 중복수는 다음 〈표 12〉~〈표 14〉와 같다.6)

〈표 12〉 한국어 교육 자료에 제시된 속담의 중복수(10회 이상)

순번	속담	통합교재	능력시험	속담교재	계
1	가는 말이 고와야 오는 말이 곱다	9	6	3	18
2	돌다리도 두들겨/두드려 보고 건너라	7	7	3	17
3	하늘의 별 따기	8	6	3	17
4	말 한마디에 천 냥 빚도/을 갚는다	8	7	1	16
5	발 없는 말이 천 리 간다	10	4	2	16
6	세 살 (적) 버릇(이) 여든까지 간다	5	6	3	14
7	낮말은 새가 듣고 밤말은 쥐가 듣는다	5	6	2	13
8	소 잃고 외양간 고친다/고치기	6	4	3	13
9	쇠/소귀에 경 읽기	4	5	3	12
10	싼 것이/게 비지떡	4	6	2	12

〈표 12〉에 따르면 한국어 교육 자료에 10회 이상으로 제시된 속담이 총 10개가 있다. 이 중에 '가는 말이 고와야 오는 말이

---

6) 한국어 속담 교재에 제시된 '간에 기별도 안 간다', '강 건너 불구경 하듯 하다', '그림의 떡', '내일은 해가 서쪽에서 뜨겠다', '독 안에 든 쥐' 등은 이 책에서 관용어로 보아 한국어 교육 자료에 제시된 속담의 중복수를 통계하는 데에 제외시킨다.

곱다', '말 한마디에 천 냥 빚도/을 갚는다', '발 없는 말이 천

리 간다', '낮말은 새가 듣고 밤말은 쥐가 듣는다' 네 개의 속담은

모두 '말 (언어)'에 관한 속담이다. 이 중에 한 가지의 속담 교재

에만 제시된 '말 한마디에 천 냥 빚도/을 갚는다' 외에 나머지

9개의 속담은 한국어 통합 교재, 한국어능력시험 기출문제지,

한국어 속담 교재에 모두 보다 높은 중복수로 제시되어 있다.

〈표 13〉 한국어 교육 자료에 제시된 속담의 중복수(6~10회)

순번	속담	통합 교재	능력 시험	속담 교재	계
11	등잔 밑이 어둡다	4	3	3	10
12	서당 개 삼 년에 풍월(을) 읊는다	5	2	3	10
13	티끌 모아 태산	4	3	3	10
14	호랑이도 제 말하면 온다	6	3	1	10
15	가는 날이 장날(이다)	5	1	3	9
16	갈수록 태산(이다)	2	4	3	9
17	누워서 떡 먹기	3	5	1	9
18	떡 줄 사람은 꿈도 안 꾸는데/생각(하 지)도 않는데 김칫국부터 마신다	4	2	3	9
19	밑 빠진 독에 물 붓기	2	5	2	9
20	시작이 반이다	4	3	2	9
21	식은 죽 먹기	4	4	1	9
22	아니 땐 굴뚝에 연기 날까	2	4	3	9
23	우물 안 개구리	4	2	3	9
24	윗물이 맑아야 아랫물이(도) 맑다	5	1	3	9
25	천 리 길도 한 걸음부터 (시작한다)	2	4	3	9
26	백문이 불여일견	8	0	0	8
27	백지장도 맞들면 낫다	5	0	3	8

순번	속담	통합교재	능력시험	속담교재	계
28	벼 이삭은/벼는 익을수록 고개를 숙인다	4	2	2	8
29	세월/시간이약	3	5	0	8
30	울며 겨자 먹기	2	4	2	8
31	원숭이도 나무에서 떨어진다	3	2	3	8
32	콩 심은 데 콩 나고 팥 심은 데 팥 난다	4	4	0	8
33	같은 값이면 다홍치마	4	1	2	7
34	금강산도 식후경	4	0	3	7
35	까마귀 날자 배 떨어진다	6	0	1	7
36	낫 놓고 기역 자도 모른다	1	4	2	7
37	배보다 배꼽이 (더) 크다	2	2	3	7
38	사공이 많으면 배가 산으로 간다/올라간다	3	2	2	7
39	아 (해) 다르고 어 (해) 다르다	6	1	0	7
40	열 번 찍어 아니/안 넘어가는 나무 없다	4	1	2	7
41	쥐구멍에도 볕 들 날(이) 있다	2	3	2	7
42	하늘이 무너져도 솟아날 구멍이 있다	3	1	3	7
43	개구리 올챙이 적 생각 못 한다	1	2	3	6
44	고생 끝에 낙이 온다	4	1	1	6
45	남의 (손의) 떡은 (더) 커 보인다	2	3	1	6
46	도토리 키 재기	2	2	2	6
47	믿는 도끼에 발등 찍힌다	1	2	3	6
48	산 넘어 산이다	3	3	0	6
49	수박 겉 핥기	1	3	2	6
50	열 길 물속은 알아도 한 길 사람(의) 속은 모른다	2	1	3	6
51	핑계 없는 무덤(이) 없다	3	1	2	6

<표 13>에 따르면 한국어 교육 자료에 6~10회 나타난 속담은 총 41개가 있다. '등잔 밑이 어둡다', '서당 개 삼 년에 풍월(을)

읊는다', '티끌 모아 태산', '호랑이도 제 말하면 온다' 등 네 개의
속담은 10회 제시되어 있다. 9회 나타난 속담은 11개가 있고 8회
나타난 속담은 7개가 있고 7회 나타난 속담은 10개가 있으며
6회 나타난 속담은 9개가 있다.

이 중에 '백문이 불여일견'은 한국어 통합 교재에만 제시되어
있고 한국어능력시험 기출문제지와 속담 교재에 제시되어 있지
않다. '백지장도 맞들면 낫다', '금강산도 식후경', '까마귀 날자
배 떨어진다' 세 개의 속담은 한국어능력시험 기출문제지에 제
시되어 있지 않고 '세월/시간이 약', '콩 심은 데 콩 나고 팥 심은
데 팥 난다', '아 (해) 다르고 어 (해) 다르다' 네 개의 속담은 속담
교재에 제시되어 있지 않다.

〈표 14〉 한국어 교육 자료에 제시된 속담의 중복수(1~5회)

순번	속담	통합 교재	능력 시험	속담 교재	계
52	귀에 걸면 귀걸이 코에 걸면 코걸이	4	1	0	5
53	꿀 먹은 벙어리	3	1	1	5
54	꿩 대신 닭	1	1	3	5
55	꿩 먹고 알 먹는다/먹기	3	1	1	5
56	누워서 침 뱉기	2	1	2	5
57	달걀로/계란으로 바위치기	1	3	1	5
58	땅 짚고 헤엄치기	2	2	1	5
59	떡 본 김에 제사 지낸다	2	1	2	5
60	말이 씨가 된다	3	1	1	5
61	모르면 약이요 아는 게 병/모르는 게 약(이다)	2	2	1	5

순번	속담	통합교재	능력시험	속담교재	계
62	미운 아이/놈 떡 하나 더 준다	2	1	2	5
63	가재는 게 편	2	1	1	4
64	가지 많은 나무에 바람 잘 날이 없다	2	1	1	4
65	개같이 벌어서 정승같이 산다	4	0	0	4
66	고래 싸움에 새우 등 터진다	1	0	3	4
67	공든 탑이 무너지랴	1	1	2	4
68	굿이나 보고 떡이나 먹지	2	1	1	4
69	긁어 부스럼	1	3	0	4
70	되로 주고 말로 받는다	3	1	0	4
71	물에 빠지면 지푸라기라도 잡는다	0	1	3	4
72	보기 좋은 떡이 먹기도 좋다	2	0	2	4
73	불난 집에 부채질한다	0	1	3	4
74	비 온 뒤에 땅이 굳어진다	2	0	2	4
75	쇠뿔도 단김에 빼라	1	2	1	4
76	암탉이 울면 집안이 망한다	3	1	0	4
77	우물에 가(서)/우물에서 숭늉 찾는다	2	1	1	4
78	웃는 낯/얼굴에 침 못 뱉는다	1	1	2	4
79	입에 쓴 약이 병에는 좋다/몸에 좋은 약이 입에 쓰다	0	1	3	4
80	종로에서 빰 맞고 한강에서 눈 흘긴다/종로에 가서 빰 맞고 한강에 가서 화풀이한다	2	1	1	4
81	친구 따라 강남 간다	0	2	2	4
82	호랑이에게 물려가도 정신만 차리면 산다	2	1	1	4
83	가물/가뭄에 콩 나듯	0	2	1	3
84	개천에서 용 난다	1	0	2	3
85	격정도 팔자다	1	0	2	3
86	검은 머리 파뿌리 되도록	2	1	0	3
87	구슬이 서 말이라도 꿰어야 보배	3	0	0	3
88	길고 짧은 것은 대어 보아야 안다	1	1	1	3
89	꿈보다 해몽이 낫다/좋다	1	0	2	3

순번	속담	통합 교재	능력 시험	속담 교재	계
90	닭 쫓던 개 지붕 쳐다보듯/쳐다보기	0	1	2	3
91	더도 말고 덜도 말고 늘 가윗날/한가위만 같아라	3	0	0	3
92	마른하늘에 날벼락	2	1	0	3
93	마파람에 게 눈 감추듯	2	0	1	3
94	먼 사촌보다 가까운 이웃이 낫다	0	2	1	3
95	모로 가도 서울만 가면 된다	0	1	2	3
96	(못된 송아지) 엉덩이에 뿔(이) 난다/났다	1	2	0	3
97	무소식이 희소식(이다)	2	1	0	3
98	바늘 가는 데 실 간다	2	0	1	3
99	바늘 도둑이 소도둑(이) 된다	0	1	2	3
100	병 주고 약 준다	2	0	1	3
101	사돈 남 나무란다/말한다	3	0	0	3
102	새 발의 피	1	0	2	3
103	서울(에 가서) 김 서방 찾는다/찾기	0	1	2	3
104	선무당이 사람 잡는다	1	2	0	3
105	엎어지면/엎드리면 코 닿을 데	1	1	1	3
106	옷이 날개라	1	0	2	3
107	우는 아이 젖 준다	1	1	1	3
108	우물을 파도 한 우물을 파라	0	0	3	3
109	자라보고 놀란 가슴 솥뚜껑 보고 놀란다	2	0	1	3
110	(젊어) 고생을 사서(라도) 한다	2	1	0	3
111	제/내 코가 석자	2	1	0	3
112	지성이면 감천(이다)	0	1	2	3
113	첫술에 배부르랴	3	0	0	3
114	팔이 들이굽지 내굽나/팔이 안으로 굽지 밖으로 굽나/팔은 안으로 굽는다	2	0	1	3
115	하나를 보고 열을 안다	2	0	1	3
116	하룻강아지 범 무서운 줄 모른다	1	0	2	3
117	가랑비에 옷 젖는 줄 모른다	2	0	0	2
118	개 팔자가 상팔자	1	0	1	2

순번	속담	통합교재	능력시험	속담교재	계
119	개똥도 약에 쓰려면 없다	2	0	0	2
120	겉 다르고 속 다르다	0	2	0	2
121	고기는 씹어야 맛이요, 말은 해야 맛이라/맛이다	1	1	0	2
122	고슴도치도 제 새끼가 제일 곱다고 한다	2	0	0	2
123	고양이 목에 방울 달기	2	0	0	2
124	고양이 앞에 쥐걸음/쥐	1	0	1	2
125	고양이 쥐 생각	2	0	0	2
126	구관이 명관이다	1	0	1	2
127	구더기 무서워 장 못 담글까	2	0	0	2
128	굴러온 돌이 박힌 돌 뺀다	1	0	1	2
129	귀신이 곡할 노릇	2	0	0	2
130	(급하면) 바늘허리에 실 매어 쓸까/쓰랴	0	1	1	2
131	까마귀 고기를 먹었나	1	0	1	2
132	꼬리가 길면 밟힌다	1	0	1	2
133	냉수 먹고 이 쑤시기	1	0	1	2
134	누이 좋고 매부 좋다	2	0	0	2
135	늦게 배운 도둑이 날 새는 줄 모른다	2	0	0	2
136	달면 삼키고 쓰면 뱉는다	0	0	2	2
137	(닭 소 보듯,) 소 닭 보듯	2	0	0	2
138	닭 잡아먹고 오리 발 내놓기/내민다	1	0	1	2
139	도둑이 제 발 저리다	0	1	1	2
140	돼지에 진주 (목걸이)	2	0	0	2
141	될성부른 나무는 떡잎부터 알아본다	2	0	0	2
142	둘이 먹다 하나 죽어도 모르겠다	2	0	0	2
143	듣기 좋은 (꽃)노래도 한 두 번이지	1	1	0	2
144	따/떼어 놓은 당상	1	0	1	2
145	똥 묻은 개가 겨 묻은 개 나무란다	1	1	0	2
146	뛰는 놈 위에 나는 놈 있다	1	0	1	2
147	목마른 사람이 우물 판다	0	0	2	2
148	밀져야 본전	1	1	0	2

순번	속담	통합교재	능력시험	속담교재	계
149	배가 남산만 하다	2	0	0	2
150	뱁새가 황새(를) 따라가면 다리가/가랑이가 찢어진다	0	1	1	2
151	범(의) 굴에 들어가야 범을 잡는다	2	0	0	2
152	벼룩의 간을 내어 먹는다	0	0	2	2
153	빈대 잡으려고 초가삼간 태운다	2	0	0	2
154	산 입에 거미줄 치랴	0	2	0	2
155	산에 가야 범을 잡지	0	1	1	2
156	설마가 사람 잡는다	1	0	1	2
157	소문난 잔치에 먹을 거 없다	1	1	0	2
158	송충이는 솔잎을 먹어야 한다	0	0	2	2
159	(십년공부) 도로 아미타불(이다)	0	0	2	2
160	쌀은 쏟고 주워도 말은 하고 못 줍는다	2	0	0	2
161	아닌 밤중에 홍두깨	0	1	1	2
162	언 발에 오줌 누기	1	1	0	2
163	오르지 못할 나무는 쳐다보지도 마라	1	0	1	2
164	옥에도 티가 있다	0	1	1	2
165	입은 비뚤어져도 말은 바로 하라	1	0	1	2
166	작은 고추가 (더) 맵다	0	1	1	2
167	장님 코끼리 (다리) 만지는 격/만지듯	0	2	0	2
168	지렁이도 밟으면 꿈틀한다	1	0	1	2
169	짚신도 (제) 짝이 있다	1	0	1	2
170	찬물도 위아래가 있다	2	0	0	2
171	평안/평양 감사도 저 싫으면 그만이다	1	0	1	2
172	피는 물보다 진하다	2	0	0	2
173	가는 떡이 커야 오는 떡이 크다	1	0	0	1
174	가는 방망이 오는 홍두깨	0	1	0	1
175	가는 토끼 잡으려다 잡은 토끼 놓친다	1	0	0	1
176	가시나무에 가시가 난다	1	0	0	1
177	간에 붙었다 쓸개에 붙었다 한다	0	0	1	1
178	감기는 밥상머리에 내려앉는다	1	0	0	1

순번	속담	통합교재	능력시험	속담교재	계
179	갓 사러 갔다가 망건 산다	1	0	0	1
180	개 눈에는 똥만 보인다	1	0	0	1
181	개 못된 것은 들에 가서 짖는다	1	0	0	1
182	개 발에 편자	0	1	0	1
183	개 보름 쇠듯	1	0	0	1
184	개가 똥을 마다한다	1	0	0	1
185	개가 웃을 일이다	1	0	0	1
186	개도 나갈 구멍을 보고 쫓아라	1	0	0	1
187	개도 닷새가 되면 주인을 안다	1	0	0	1
188	개밥에 도토리	1	0	0	1
189	개하고 똥 다투랴	1	0	0	1
190	거미도 줄을 쳐야 벌레를 잡는다	1	0	0	1
191	고양이 보고 반찬 가게 지키라는 격(이다)	1	0	0	1
192	고양이 앞에 고기반찬	1	0	0	1
193	고양이한테 생선을 맡기다	1	0	0	1
194	고운 사람 미운 데 없고 미운 사람 고운 데 없다	1	0	0	1
195	고인 물이 썩는다	1	0	0	1
196	(곶감 꼬치에서) 곶감 빼 먹듯	0	1	0	1
197	구렁이 담 넘어가듯	0	0	1	1
198	구운 게도 다리를 떼고 먹는다	1	0	0	1
199	굴러온 호박	0	1	0	1
200	굵어 보아야 세상을 안다	1	0	0	1
201	궁지에 빠진 쥐가 고양이를 문다	1	0	0	1
202	귀가 보배라	1	0	0	1
203	귀머거리 삼 년이요 벙어리 삼 년(이라)	1	0	0	1
204	귀신 듣는 데 떡 소리 한다	1	0	0	1
205	귀한 자식 매로 키워라	0	0	1	1
206	그 아버지에 그 아들	1	0	0	1
207	긴병에 효자 없다	1	0	0	1
208	까마귀가 검어도 살은 희다	1	0	0	1

순번	속담	통합교재	능력시험	속담교재	계
209	꿩 구워 먹은 소식	1	0	0	1
210	남의 떡으로 조상 제 지낸다	1	0	0	1
211	남의 말 하기는 식은 죽 먹기	1	0	0	1
212	남의 잔치에 감 놓아라 배 놓아라한다/ 감놔라 배놔라한다	0	0	1	1
213	내리사랑은 있어도 치사랑은 없다	1	0	0	1
214	냉수 먹고 속 차려라	1	0	0	1
215	넘어진 김에 쉬어 간다	1	0	0	1
216	눈 가리고 아웅(한다)	0	1	0	1
217	눈 감으면 코 베어 먹을 세상/간다	0	1	0	1
218	눈에 콩깍지가 씌었다	1	0	0	1
219	눈에는 눈 이에는 이	1	0	0	1
220	눈이 보배다	1	0	0	1
221	느릿느릿 걸어도 황소걸음	1	0	0	1
222	다 된 밥에 재 뿌리기	0	0	1	1
223	다람쥐 쳇바퀴 돌 듯	0	1	0	1
224	단맛 쓴맛 다 보았다	0	1	0	1
225	달도 차면 기운다	0	0	1	1
226	달리는 말에 채찍질	0	1	0	1
227	대추나무에 연 걸리듯 하다	0	0	1	1
228	돈이 돈을 벌다	1	0	0	1
229	동냥은 안 주고 쪽박만 깬다	0	0	1	1
230	(뒤로) 자빠져도/넘어져도 코가 깨진다	0	1	0	1
231	뚝배기보다 장맛이 좋다	0	1	0	1
232	뛰어 보았자/뛰어야 부처님 손바닥	0	0	1	1
233	말 속에 뜻이 있고 뼈가 있다	1	0	0	1
234	매도 먼저 맞는 놈이/게 낫다	0	0	1	1
235	모난 돌이 정 맞는다	0	0	1	1
284	목구멍이 포도청	0	0	1	1
236	목수가 많으면 집을 무너뜨린다	1	0	0	1

순번	속담	통합교재	능력시험	속담교재	계
237	문둥이 콧구멍에 박힌 마늘씨도 파 먹겠다	1	0	0	1
238	물에 빠진 놈 건져 놓으니까 내 봇짐/보따리 내놓으라 한다	0	0	1	1
239	미꾸라짓국 먹고 용트림한다	1	0	0	1
240	바람 앞의 등불	0	1	0	1
241	방귀 뀐 놈이 성낸다	1	0	0	1
242	번갯불에 콩 볶아 먹겠다	1	0	0	1
243	범 무서워 산에 못 가랴	1	0	0	1
244	부뚜막의 소금도 집어넣어야 짜다	1	0	0	1
245	부모가 온효자 되어야 자식이 반효자	1	0	0	1
246	부부 싸움은 칼로 물 베기	0	0	1	1
247	빈 수레가 (더) 요란하다	0	0	1	1
248	사람 나고 돈 났지 돈 나고 사람 났나	1	0	0	1
249	사람은 죽으면 이름을 남기고 범은 죽으면 가죽을 남긴다/호랑이는 죽어서 가죽을 남기고 사람은 죽어서 이름을 남긴다	0	0	1	1
250	사촌이 땅을 사면 배가 아프다	1	0	0	1
251	산이 높아야 골이 깊다/산이 높으면 골도 깊다	0	1	0	1
252	석새짚신에 구슬 감기	1	0	0	1
253	세 치 혀가 사람 잡는다	1	0	0	1
254	소톱 밑의 가시	0	1	0	1
255	속 빈 강정	0	1	0	1
256	손가락에 장을 지지겠다	1	0	0	1
257	신선놀음에 도끼 자루 썩는 줄 모른다	0	0	1	1
258	십년이면 강산도 변한다	1	0	0	1
259	쌀독에서 인심 난다	1	0	0	1
260	앓던 이 빠진 것 같다	0	0	1	1
261	약방에 감초	0	0	1	1
262	얌전한 고양이가 부뚜막에 먼저 올라간다	0	1	0	1

순번	속담	통합교재	능력시험	속담교재	계
263	업은 아이 삼 년 찾는다	0	0	1	1
264	엎드려 절 받기	0	0	1	1
265	엎질러진 물	0	0	1	1
266	여름비는 더워야 오고 가을비는 추워야 온다	1	0	0	1
267	열 손가락 깨물어 안 아픈 손가락(이) 없다	0	0	1	1
268	염불에는 마음이 없고 잿밥에만 마음이 있다	0	0	1	1
269	오다가다 옷깃만 스쳐도 전세의 인연이다	1	0	0	1
270	외갓집 들어가듯	0	1	0	1
271	외상이면 소도 잡아먹는다	1	0	0	1
272	우수 경칩에 대동강 물이 풀린다	1	0	0	1
273	원님 덕에 나발/나팔 분다	0	0	1	1
274	원수는 외나무다리에서 만난다	0	0	1	1
275	이 빠진 강아지 언 똥에 덤빈다	1	0	0	1
276	입춘 거꾸로 붙였나	1	0	0	1
277	자다가 봉창 두드린다	0	1	0	1
278	잘되면 제 탓 못되면 조상 탓	0	0	1	1
279	재주는 곰이 넘고 돈은 주인이 받는다	1	0	0	1
280	전어 굽는 냄새에 나가던/나갔던 며느리 다시 돌아온다	0	1	0	1
281	정들자 이별	0	0	1	1
282	정이월에 대독 터진다	1	0	0	1
283	제 꾀에 (제가) 넘어간다	1	0	0	1
285	제 논에 물 대기	1	0	0	1
286	제 살 깎아 먹기	1	0	0	1
287	주머니 털어/떨어 먼지 안 나오는 사람 없다	0	0	1	1
288	죽 쑤어 개 좋은 일 하였다	1	0	0	1
289	죽은 나무에 꽃이 핀다	1	0	0	1
290	죽은 자식 나이 세기	1	0	0	1

순번	속담	통합교재	능력시험	속담교재	계
291	중 절 보기 싫으면 떠나야지/떠나야 한다	0	0	1	1
292	중이 제 머리를 못 깎는다	0	0	1	1
293	지리산 포수	1	0	0	1
294	질러가는 길이 먼 길이다	0	1	0	1
295	참깨가 기니 짧으니 한다	1	0	0	1
296	참새가 방앗간을 그냥 지나가랴	1	0	0	1
297	초록은 동색	1	0	0	1
298	콩으로 메주를 쑨다 하여도 곧이듣지 않다	0	0	1	1
299	하늘은 스스로 돕는 자를 돕는다	1	0	0	1
300	하던 지랄도/짓도 멍석 펴 놓으면 안 한다	0	0	1	1
301	한라산이 금덩어리라도 쓸 놈 없으면 못 쓴다	1	0	0	1
302	혀 아래/안에 도끼 들었다	0	1	0	1
303	혹 떼러 갔다 혹 붙여 온다	0	0	1	1
304	효성이 지극하면 돌 위에 풀이 난다	1	0	0	1
305	흉년의 떡도 많이 나면 싸다	1	0	0	1
306	㉻고인 물도 밟으면 솟구친다	1	0	0	1
307	㉻노루도 악이 나면 뒤다리를 문다	1	0	0	1
308	㉻밥이 약보다 낫다	1	0	0	1
309	㉻세방살이군이 주인집 마누라 속곳 걱정한다	1	0	0	1
310	㉻열 번 재고 가위질은 한 번하라	1	0	0	1
311	㉻재물을 잃은 것은 작은 것을 잃은 것이고 벗을 잃은 것은 큰 것을 잃은 것이다	1	0	0	1

〈표 14〉에 따르면 1~5회 나타난 속담은 총 260개가 있다.

5회 나타난 속담은 11개가 있으며 '귀어 걸면 귀걸이 코에 걸면 코걸이'를 제외한 나머지 10개의 속담은 한국어 통합 교재, 한국어능력시험 기출문제지, 속담 교재에 다 제시되어 있다.

4회 나타난 속담은 총 20개가 있다. 이 중에 '개같이 벌어서 정승같이 산다'는 한국어 통합 교재에만 제시되어 있고 한국어 능력시험 기출문제지와 속담 교재에 제시되어 있지 않다. '물에 빠지면 지푸라기라도 잡는다', '불난 집에 부채질한다', '입에 쓴 약이 병에는 좋다/몸에 좋은 약이 입에 쓰다', '친구 따라 강남 간다' 등 네 개의 속담은 한국어 통합 교재에 제시되어 있지 않 고 '고래 싸움에 새우 등 터진다', '보기 좋은 떡이 먹기도 좋다', '비 온 뒤에 땅이 굳어진다' 등 세 개의 속담은 한국어능력시험 기출문제지에 제시되어 있지 않으며 '긁어 부스럼', '되로 주고 말로 받는다', '암탉이 울면 집안이 망한다' 세 개의 속담은 속담 교재에 제시되어 있지 않다.

1~3회 나타난 속담은 총 229개가 있으며 이 중에 1회 나타난 속담은 총 139개가 있다. 여섯 개의 북한 속담도 한국어 교육 자료에 1회 제시되어 있다.

이처럼 낮은 중복수로 나타난 속담은 한 가지의 한국어 교육 자료에만 제시된 경우가 많다.

〈표 12〉~〈표 14〉에 따르면 현행 한국어 교육 자료에 총 311개 의 속담 항목을 제시하고 있다.

전체적으로 볼 때 6회 이상으로 나타난 속담은 총 51개만 있고 전체 속담의 16.4%밖에 차지하고 있지 않다.

높은 중복수로 제시된 속담은 실생활 중의 사용 빈도도 높은지, 나머지 83.6%를 차지하고 있는 속담도 실생활의 속담 사용 빈도를 반영하고 있는지, 교육할 필요가 있는지를 국어교과서와 말뭉치 자료를 통해서 확인한다.

3.1. 국어교과서에 제시된 속담

이 절에서는 초등학교 국어 말하기·듣기·쓰기와 읽기 교과서, 중학교 국어와 생활국어 교과서, 고등학교 국어와 국어생활 교과서를 분석 대상으로 하여 국어교과서에 나타난 속담의 빈도를 분석한다.7)

3.1.1. 초등학교 국어교과서에 제시된 속담

초등학교 국어교과서에 제시된 속담 목록은 다음 〈표 15〉와 같다.

---

7) 중학교 국어교과서와 고등학교 국어교과서를 분식할 때 비모국어 화자로서 한국어 속담을 인지하는 한계를 감안해서 기본 데이터를 수집하고 박광서(2004), 이미숙(2004) 등 연구 논문을 참고하였다.

〈표 15〉 초등학교 국어교과서에 제시된 속담

학년		속담	개수	
1	1-1	–	0	1
	1-2	티끌 모아 태산	1	
2	2-1	가는 말이 고와야 오는 말이 곱다	3	6
		바늘 가는 데 실 간다		
		콩 심은 데 콩 나고 팥 심은 데 팥 난다		
	2-2	가는 말이 고와야 오는 말이 곱다	3	
		구슬이 서 말이라도 꿰어야 보배		
		티끌 모아 태산		
3	3-1	가는 말이 고와야 오는 말이 곱다	17	20
		공든 탑이 무너지랴		
		낫 놓고 기역 자도 모른다		
		돌다리도 두들겨 보고 건너라		
		되로 주고 말로 받는다		
		말 한마디에 천 냥 빚도 갚는다		
		말이 씨가 된다		
		발 없는 말이 천 리 간다		
		백지장도 맞들면 낫다		
		벼 이삭은 익을수록 고개를 숙인다		
		세 살 적 버릇이 여든까지 간다		
		소 잃고 외양간 고친다		
		아니 땐 굴뚝에 연기 날까		
		천 리 길도 한 걸음부터		
		콩 심은 데 콩 나고 팥 심은 데 팥 난다		
		티끌 모아 태산		
		호랑이에게 물려가도 정신만 차리면 산다		
	3-2	가는 말이 고와야 오는 말이 곱다	3	
		뚝배기보다 장맛이 좋다		
		바늘 가는 데 실 간다		
4	4-1	지렁이도 밟으면 꿈틀한다	1	2
	4-2	제비는 작아도 강남 간다	1	

학년		속담	개수	
5	5-1	-	0	1
	5-2	쇠뿔도 단김에 빼라	1	
6	6-1	가는 말이 고와야 오는 말이 곱다	9	12
		낫 놓고 기역 자도 모른다		
		낮말은 새가 듣고 밤말은 쥐가 듣는다		
		말이 씨가 된다		
		무소식이 희소식		
		비 온 뒤에 땅이 굳어진다		
		사공이 많으면 배가 산으로 간다		
		식은 죽 먹기		
		천 리 길도 한 걸음부터		
	6-2	구더기/가시(가) 무서워 장 못 담그랴(2회)	3	
		우물에서 숭늉 찾는다		
계			42	

〈표 15〉에 따르면 3학년 국어교과서에는 총 20개의 속담이
제시되어 있고 6학년 국어교과서에는 총 12개의 속담이 제시되
어 있어 다른 학년 국어교과서와 비교하면 비교적으로 많은 속
담이 제시된 편이다. 1, 4, 5학년 국어교과서에는 속담이 한 개나
두 개밖에 제시되어 있지 않다. 제시된 속담 내용을 보면 '가는
말이 고와야 오는 말이 곱다'는 높은 빈도수로 총 5회 나타나
있다. '티끌 모아 태산'은 3회, '구더기/가시(가) 무서워 장 못 담
그랴', '낫 놓고 기역 자도 모른다', '말이 씨가 된다', '바늘 가는
데 실 간다', '천 리 길도 한 걸음부터', '콩 심은 데 콩 나고 팥
심은 데 팥 난다' 등의 속담은 2회 제시되어 있다.

3.1.2. 중학교 국어교과서에 제시된 속담

중학교 국어교과서에 제시된 속담을 학년별, 교과서별로 정리하면 다음 〈표 16〉과 같다.

〈표 16〉 중학교 국어교과서에 제시된 속담

학기	교과서	속담	개수
1-1	국어	남의 염병이 내 고뿔만 못하다 뱁새가 황새를 따라가면 다리/가랑이가 찢어진다 하나를 알면 백을 안다	3
1-1	생활국어	가는 말이 고와야 오는 말이 곱다 개구리 올챙이 적 생각 못한다 말 한마디에 천 냥 빚도 갚는다 말이 고마우면 비지 사러 갔다가 두부 사온다 뱁새가 황새를 따라가면 다리/가랑이가 찢어진다	5
1-2	국어	모르면 약이요 아는 게 병/모르는 게 약 식은 죽 먹기 하루가 열흘 맞잡이	3
1-2	생활국어	-	0
2-1	국어	구슬이 서 말이라도 꿰어야 보배 그물을 벗어난 새 사촌이 땅/논을 사면 배가 아프다 사후 약방문 삼 년 가뭄에는 살아도 석 달 장마에는 못 산다 소나무가 무성하면 잣나무도 기뻐한다 열 손가락 깨물어 안 아픈 손가락 없다 적을 잘 알고 자신을 잘 아는 자는 백 번 싸워도 백 번 이긴다 (2회) 코에 걸면 코걸이 귀에 걸면 귀걸이다 호랑이에게 물려가도 정신만 차리면 산다 ⑯ 독수리가 병아리 채 가듯	12

학기	교과서	속담	개수
2-1	생활국어	–	0
2-2	국어	과물전 망신은 모과가 시킨다	11
		내 코가 석 자	
		눈썹 새에 내 천(川) 자를 누빈다	
		머리카락 뒤에서 숨바꼭질한다	
		손바닥을 뒤집는 것처럼 쉽다	
		십년공부 도로 아미타불	
		어물전 망신은 꼴뚜기가 시킨다	
		일각이 삼추(三秋)같다	
		팔이 안으로 굽지 밖으로 굽나/ 팔이 들이굽지 내굽나(2회)	
		하루가 열흘 맞잡이	
2-2	생활국어	고래 싸움에 새우 등 터진다	14
		고생 끝에 낙이 온다	
		공자 앞에서 문자 쓴다	
		다람쥐/개미 쳇바퀴 돌듯(2회)	
		물 밖에 난 고기	
		물 부어 샐 틈 없다	
		물은 건너보아야 알고 사람은 지내보아야 안다	
		물이 깊을수록 소리가 없다	
		물이 너무 맑으면 고기가 아니 모인다	
		새우 싸움에 고래 등 터진다	
		식은 죽 먹기	
		천 리 길도 한 걸음부터	
		콩 심은 데 콩 나고 팥 심은 데 팥 난다	

학기	교과서	속담	개수
3-1	국어	경주 돌이면 다 옥돌인가	12
		고래 싸움에 새우 등 터진다	
		굿이나 보고 떡이나 먹지	
		나는 새도 떨어뜨린다	
		범에게 날개	
		뺨을 맞아도 은가락지 낀 손에 맞는 것이 좋다	
		사촌이 땅/논을 사면 배가 아프다	
		십 년 세도 없고 열흘 붉은 꽃 없다	
		어느 장단에 춤추랴	
		어물전 망신은 꼴뚜기가 시킨다	
		우물 안 개구리	
		재수가 옴 붙었다/붙다	
3-1	생활국어	고양이 달걀 굴리듯	6
		눈 먼 고양이 달걀 어르듯	
		달걀 섬 다루듯	
		달걀 지고 성(城) 밑으로 못 가겠다	
		달걀/메밀도 굴러가다가 서는 모가 있다(2회)	
3-2	국어	가는 토끼 잡으려다가 잡은 토끼 놓친다	2
		귀신이 곡할 노릇	
3-2	생활국어	가는 말이 고와야 오는 말이 곱다	5
		낳은 정보다 기른 정이 더 크다	
		세 살 (적) 버릇이 여든까지 간다	
		옷이 날개라	
		하늘은 스스로 돕는 자를 돕는다	
계			73

위의 〈표 16〉에 따르면 1학년 중학교 국어교과서에 11개의 속담, 2학년 국어교과서에는 37개, 3학년 국어교과서에는 25개, 총 73개의 속담이 제시되어 있다. 초등학교 국어교과서와 달리

중학교 국어교과서에 중복하여 제시된 속담이 그리 많지 않다. '가는 말이 고와야 오는 말이 곱다', '고래 싸움에 새우 등 터진 다', '다람쥐/개미 쳇바퀴 돌듯', '달걀/메밀도 굴러가다가 서는 모가 있다', '뱁새가 황새를 따라가면 다리/가랑이가 찢어진다', '사촌이 땅/논을 사면 배가 아프다', '식은 죽 먹기', '어물전 망신 은 꼴뚜기가 시킨다', '적을 잘 알고 자신을 잘 아는 자는 백 번 싸워도 백 번 이긴다', '팔이 안으로 굽지 밖으로 굽나/팔이 들이 굽지 내굽나', '하루가 열흘 맞잡이' 등 11개의 속담은 2회 제시 되어 있으며 나머지 속담은 다 1회 제시되어 있다.

3.1.3. 고등학교 국어교과서에 제시된 속담

고등학교 국어교과서에 나타난 속담을 교과서별로 제시하면 다음 〈표 17〉과 같다.

〈표 17〉 고등학교 국어교과서에 제시된 속담

교과서	속담	개수
국어(상)	개천에서 용 난다	8
	번갯불에 콩 볶아 먹겠다	
	빛 좋은 개살구	
	소 닭 보듯	
	의가 좋으면 처갓집 말뚝에도 절한다	
	죽이 끓는지 밥이 끓는지 모른다	

교과서	속담	개수
국어(하)	하나를 듣고 열을 안다	
	㉵ 무른 메주 밟듯	
	귀머거리 삼 년이요 벙어리 삼 년(이라)	3
	오래 살면 도랑 새우 무엇 하는 것을 보겠다	
	정이월에 대독 터진다	
국어생활	가랑잎이 솔잎더러 바스락거린다고 한다	
	가루는 칠수록 고와지고 말은 할수록 거칠어진다	
	가마솥 밑이 노구솥 밑을 검다고 한다	
	달걀에도 뼈가 있다	
	떡 줄 사람은 꿈도 안 꾸는데/생각하지도 않는데 김칫국부터 마신다	
	똥 묻은 개가 겨 묻은 개 나무란다	
	말 잘하고 징역 가랴(2회)	
	말 한마디에 천 냥 빚도 갚는다	
	말로 온 공(功)을 갚는다	
	말만 잘하면 천 냥 빚도 가린다	
	말은 해야 맛이고 고기는 씹어야 맛이다	
	며느리가 미우면 발뒤축이 달걀 같다고 나무란다	39
	민심은 천심	
	발 없는 말이 천 리 간다	
	백지장도 맞들면 낫다	
	범에게 날개	
	살을 쏘고 주워도 말은 하고 못 줍는다	
	서당 개 삼 년에 풍월(을) 읊는다	
	소 잃고 외양간 고친다	
	숨은 내쉬고 말은 내 하지 말라	
	시앗을 보면 길가의 돌부처도 돌아앉는다	
	시어머니에게 역정 나서 개 배때기 친다	
	아 (해) 다르고 어 (해) 다르다	
	양반은 물에 빠져도 개헤엄은 안 한다	
	양반은 얼어 죽어도 겻불은 안 쬔다(2회)	
	열의 한 술 밥이 한 그릇 푼푼하다	

교과서	속담	개수
	옷이 날개라	
	외손뼉이 못 울고 한 다리로 가지 못한다	
	외손뼉이 소리 날까	
	입은 거지는 얻어먹어도 벗은 거지는 못 얻어먹는다	
	입은 삐뚤어져도 말은 바로 하라/하랬다	
	장부의 한 말이 천금같이 무겁다	
	종이도 네 귀를 잡아야 바르다	
	죽은 자식 나이 세기	
	죽은 자식 눈 열어보기	
	하늘이 무너져도 솟아날 구멍이 있다	
	힘센 아이 낳지 말고 말 잘하는 아이 낳아라	
계		50

위의 〈표 17〉에 따르면 고등학교 국어 교과서에 총 11개, 국어생활 교과서에 총 39개, 총 50개의 속담이 제시되어 있다. 종합해서 볼 때 '말 잘하고 징역 가랴', '양반은 얼어 죽어도 겻불은 안 쬔다' 두 개의 속담만 2회 나오고 다른 속담은 각 1회 제시되어 있다.

한국의 초등학교, 중학교, 고등학교 국어교과서에서 제시된 속담을 전체적으로 볼 때 '가는 말이 고와야 오는 말이 곱다'는 총 7회 나오고 '말 한마디에 천 냥 빚도 갚는다', '식은 죽 먹기', '천 리 길도 한 걸음부터', '콩 심은 데 콩 나고 팥 심은 데 팥 난다', '티끌 모아 태산' 5개의 속담은 각 3회 제시되어 있다. 2회 나온 속담은 총 23개이고 다음과 같다.

(27) a. ㄱ. 구슬이 서 말이라도 꿰어야 보배

　　　다람쥐/개미 쳇바퀴 돌듯

　　　바늘 가는 데 실 간다

　　　발 없는 말이 천 리 간다

　　ㄴ. 고래 싸움에 새우 등 터진다

　　　달걀/메밀도 굴러가다가 서는 모가 있다

　　　말 잘하고 징역 가랴

　　　범에게 날개

　　　세 살 (적) 버릇이 여든까지 간다

　　　옷이 날개라

　　　팔이 안으로 굽지 밖으로 굽나/팔이 들이굽지 내굽나

　　　하루가 열흘 맞잡이

　　　호랑이에게 물려가도 정신만 차리면 산다

　　ㄷ. 말이 씨가 된다

　　　어물전 망신은 꼴뚜기가 시킨다

　b. ㄱ. 낫 놓고 기역 자도 모른다

　　　소 잃고 외양간 고친다

　　ㄴ. 백지장도 맞들면 낫다|

뱁새가 황새를 따라가면 다리/가랑이가 찢어진다

양반은 얼어 죽어도 겻불은 안 쐰다

ㄷ. 사촌이 땅/논을 사면 배가 아프다

적을 잘 알고 자신을 잘 아는 자는 백 번 싸워도 백 번 이긴다

(27a ㄱ)은 초등학교 국어교과서에, (27a ㄴ)은 중학교 국어교과서에, (27a ㄷ)은 고등학교 국어교과서에 각 2회 나타난 속담이며 (27b ㄱ)은 초등학교 국어교서와 중학교 국어교과서에, (27b ㄴ)은 초등학교 국어교과서와 고등학교 국어교과서에, (27b ㄷ)은 중학교 국어교과서와 고등학교 국어교과서에 각 1회 나와 총 2회 제시된 속담이다. 종합해서 볼 때 중학교 국어교과서에 2회 제시된 속담이 가장 많다.

이외에 국어교과서에 나타난 속담은 다 1회씩으로 제시된 속담이다. 한국 사람을 대상으로 하는 국어교과서에 나타난 속담은 외국인을 대상으로 하는 한국어 교육 자료에 나온 속담 목록 〈표 12〉~〈표 14〉와 비교를 하면 차이가 나타난다. '사후 약방문', '양반은 얼어 죽어도 겻불은 안 쐰다', '어물전 망신은 꼴뚜기가 시킨다', '장부의 한 말이 천금같이 무겁다', '가루는 칠수록 고와지고 말은 할수록 거칠어진다' 등 속담은 국어교과서에 나와 있지만 한국어 교육 자료에 전혀 제시되어 있지 않다. 반면에

'선무당이 사람 잡는다', '열 번 찍어 아니/안 넘어가는 나무 없다', '쥐구멍에도 볕 들 날(이) 있다', '땅 짚고 헤엄치기' 등은 한국어 교육 자료에서 많이 다루고 있는 반면에 국어교과서에서는 제시하고 있지 않다.8)

국어교과서에 교훈적인 의미가 담겨 있는 속담이 비교적으로 많이 제시되어 있다. 국어교과서에 나타난 속담은 한국 사람들이 언어생활 하는 데에 필요하다고 판정되었기 때문에 제시되어 있다고 볼 수 있으나 한국어 모국어 화자의 실제 속담 사용 빈도를 정확히 파악하려면 한국 사람들이 일상생활 속에서 속담을 사용하는 양상도 살펴볼 필요가 있다.

3.2. SJ-RIKS Corpus에 제시된 속담

이 절에서는 한국어 교육 자료에 제시된 속담과 국어교과서에 제시된 속담을 바탕으로 속담이 실제 언어생활에서 어떤 빈도로 사용되고 있는지를 말뭉치 자료를 통해서 분석한다. 말뭉치 자료를 분석한 결과를 한국어 교육과 국어 교육 자료에 나타난 속담의 중복수와 합산하여 이를 바탕으로 외국인 학습자에

---

8) 한국어 모국어 화자인 경우에 어릴 때부터 언어 환경이 있기 때문에 국어교과서에 제시되어 있지 않아도 속담사전이나 다양한 국어 자료를 통해서 속담을 충분히 습득할 수 있다. 또한 언어가 시대에 따라 변화하는 것도 국어교과서에 속담이 많이 제시되지 않은 이유 중의 하나가 될 수 있다.

게 교육해야 할 속담 목록을 1차적으로 선정한다.

〈표 12〉~〈표 14〉에 따르면 한국어 교육 자료에 총 311개의 속담 항목이 제시되어 있다. 〈표 15〉~〈표 17〉에서 한국어 교육 자료에 제시된 속담을 제외하면 국어교과서에서 새로운 65개의 속담을 제시하고 있다. 한국어 교육 자료와 국어교과서에서 총 376개의 속담을 추출하고 이를 SJ-RIKS Corpus에 입력하여 분석한 결과는 다음 〈표 18〉~〈표 21〉과 같다.9) 표에 있는 '코퍼스 비중' 수치(數値)를 통해서 교육 자료로의 속담 사용과 실생활 속에서의 속담 사용 간의 차이를 엿볼 수 있다. 이 수치가 높을수록 교육 자료에 많이 다루고 있지 않으나 실생활 속에서 많이 사용되어 있다는 것이고 수치가 낮을수록 실생활 속에서의 사용 빈도가 높지 않으나 교육 자료에 많이 제시되어 있다는 것이다.

먼저 전체적인 빈도수가 21~40회인 속담을 보면 다음 〈표 18〉과 같다.

---

9) 속담 사용빈도표를 작성할 때 국립국어원에 수록된 속담 표제어를 바탕으로 사용 빈도를 감안해서 형태가 유사한 표제어를 하나로 통합해서 제시한다. 예를 들면, SJ-RIKS Corpus에 '다람쥐 쳇바퀴 돌듯' 총 11회, '개미 쳇바퀴 돌듯' 총 2회, '가뭄에 콩 나듯' 총 11회, '가물에 콩 나듯' 총 6회, '따 놓은 당상' 총 11회, '떼어 놓은 당상' 총 2회 나타났다. 따라서 표제어를 '다람쥐 쳇바퀴 돌듯', '가뭄에 콩 나듯', '따 놓은 당상'으로 하기로 한다.

〈표 18〉 한국어 속담의 사용 빈도(21~40회)

순번	속담 표제어	빈도수				
		한국어 교육자료	국어 교과서	SJ-RIKS Corpus	합계	코퍼스 비중
1	우물 안 개구리	9	1	30	40	75.0%
2	울며 겨자 먹기	8	0	31	39	79.5%
3	식은 죽 먹기	9	3	23[10]	35	65.7%
4	꿀 먹은 벙어리	5	0	27	32	84.4%
5	하늘의 별 따기	17	0	15	32	46.9%
6	옥에도 티가 있다	2	0	28[11]	30	93.3%
7	가는 말이 고와야 오는 말이 곱다	18	7	4	29	13.8%
8	누워서 떡 먹기	9	0	17	26	65.4%
9	말 한마디에 천 냥 빚도 갚는다	16	3	7	26	26.9%
10	물에 빠지면 지푸라기라도 잡는다	4	0	22	26	84.6%
11	등잔 밑이 어둡다	10	0	15	25	60.0%
12	세 살 적 버릇이 여든까지 간다	14	2	8	24	33.3%
13	갈수록 태산	9	0	14	23	60.9%
14	수박 겉 핥기	6	0	17	23	73.9%
15	긁어 부스럼	4	0	18	22	81.8%
16	밑 빠진 독에 물 붓기	9	0	13	22	59.1%
17	쇠귀에 경 읽기	12	0	10	22	45.5%
18	시작이 반이다	9	0	13	22	59.1%
19	돌다리도 두들겨 보고 건너라	17	1	3	21	14.3%

---

10) [거리낌 없이 아주 쉽게 예사로 하는 모양]이라는 뜻을 나타내는 '식은 죽 먹듯' 이 '식은 죽 먹기'가 나타내는 [아주 쉽다]는 뜻과 거리가 있어서 실제 말뭉치 용례 통계에서 제외시킨다.

11) '옥에도 티가 있다'와 '옥에 티'는 두 개의 속담이지만 선정 기준과 절차에 따라 서 선정된 속담 표제어가 '옥에도 티가 있다'이나 SJ-RIKS Corpus에서는 '옥에 도 티가 있다'는 5회 나오고 '옥에 티'는 23회 나왔다. 이 높은 빈도를 무시할 수 없기 때문에 '옥에 티'가 나온 횟수 통계를 '옥에도 티가 있다'와 합산하는 것으로 한다. 두 속담은 비록 뜻이 조금 다르지만 어휘 구성이 비슷하고 쉽게 유추할 수 있기 때문에 학습자에게 부가설명을 해 주면 충분히 이해시킬 수

〈표 18〉은 전체적인 빈도수가 21~40회인 고빈도의 속담 목록이며 총 19개의 속담이 있다. 〈표 18〉에 가장 높은 빈도수 40회 나타난 '우물 안 개구리'는 한국어 교육 자료에 총 9회만 제시되었으며 〈표 12〉에 교육 자료에 가장 높은 중복수로 제시된 '가는 말이 고와야 오는 말이 곱다'는 전체적인 빈도수가 29회이며 코퍼스에서 차지하는 비중이 13.8%밖에 안 되었다. 즉, '가는 말이 고와야 오는 말이 곱다'는 교육 현장에서 많이 다루고 있으나 실제 언어생활 속에서 사용되는 빈도가 그리 높지 않다. 이와 같이 코퍼스에 제시된 속담의 사용 빈도가 전체적인 사용 빈도보다 낮은 비중을 차지한 속담에는 '말 한마디에 천 냥 빚도 갚는다'(26.9%), '세 살 적 버릇이 여든까지 간다'(33.3%), '돌다리도 두들겨 보고 건너라'(14.3%) 등도 있다. '가는 말이 고와야 오는 말이 곱다'와 '말 한마디에 천 냥 빚도 갚는다'는 말을 잘 해야 한다는 교훈적인 의미를 전달하고 있으며 '세 살 적 버릇이 여든까지 간다'는 어릴 때부터 좋은 버릇을 기르는 중요성을 강조하고 있으며 '돌다리도 두들겨 보고 건너라'는 조심성을 강조하고

있다. 이와 비슷한 예로는 '물에 빠지면 지푸라기라도 잡는다', '가는 토끼 잡으려다 다 잡은 토끼를 놓친다' 등이 있다. '물에 빠지면 지푸라기라도 잡는다'는 말뭉치 자료에서 총 8회 나왔고 '지푸라기를 잡는다'를 활용한 용례가 총 14회 나왔다. '가는 토끼 잡으려다 다 잡은 토끼를 놓친다'는 실제 말뭉지 자료에서 제시 안 되어 있으나 속담의 활용형으로 볼 수 있는 '두 마리 토끼를 잡는다'가 총 17회 나왔다. 이런 고빈도 용례도 고려해야 되므로 선정된 속담의 실제 말뭉치 자료에 나타난 빈도수로 간주한다.

있다. 종합해서 볼 때 이런 속담은 대개 교훈적인 의미가 강한 속담이다. 이런 속담은 교육 자료에 많이 제시되어 있다는 것은 속담의 교훈적인 의미와 큰 관련이 있다.

이런 속담과 달리 실생활 속에서 높은 빈도수로 사용되고 있으나 한국어 교육 자료에 많이 제시되어 있지 않은 속담도 있다. '옥에도 티가 있다'는 코퍼스 비중이 무려 93.3%이나 한국어 교육 자료에 2회만 제시되었다. '꿀 먹은 벙어리'(84.4%), '물에 빠지면 지푸라기라도 잡는다'(84.6%), '긁어 부스럼'(81.8%) 등 속담도 마찬가지다.

〈표 12〉에 10회 이상의 중복수로 제시된 속담을 〈표 18〉에 제시된 속담과 비교하면 '가는 말이 고와야 오는 말이 곱다', '돌다리도 두들겨 보고 건너라', '말 한마디에 천 냥 빚도 갚는다', '하늘의 별 따기', '세 살 적 버릇이 여든까지 간다', '쇠귀에 경 읽기' 등 속담이 공통으로 제시되어 있다. 이외에 〈표 13〉에 중복수가 9회인 '시작이 반이다', '식은 죽 먹기', '우물 안 개구리'는 〈표 18〉에도 높은 빈도수로 제시되었다.

이런 결과가 보여 주듯이 한국어 교육 자료 중에 높은 중복수로 제시된 속담은 일상생활 속에서의 속담 사용 빈도를 어느 정도로 반영하고 있으나 실생활에서 흔히 사용되는 속담이 한국어 교육 자료에 제시되어 있지 않은 경우도 있다.

다음으로 전체적인 빈도수가 11~20회인 속담 목록은 다음

〈표 19〉와 같다.

〈표 19〉 한국어 속담의 사용 빈도(11~20회)

순번	속담 표제어	빈도수				
		한국어 교육자료	국어 교과서	SJ-RIKS Corpus	합계	코퍼스 비중
20	가뭄에 콩 나듯	3	0	17	20	85.0%
21	가는 토끼 잡으려다 잡은 토끼 놓친다	1	1	17	19	89.5%
22	꿩 먹고 알 먹는다	5	0	14	19	73.7%
23	발 없는 말이 천 리 간다	16	2	1	19	5.3%
24	소 잃고 외양간 고친다	13	2	4	19	21.1%
25	콩 심은 데 콩 나고 팥 심은 데 팥 난다	8	3	6	17	35.3%
26	까마귀 날자 배 떨어진다	7	0	9	16	56.3%
27	낮말은 새가 듣고 밤말은 쥐가 듣는다	13	1	2	16	12.5%
28	다람쥐 쳇바퀴 돌듯	1	2	13	16	81.3%
29	땅 짚고 헤엄치기	5	0	11	16	68.8%
30	목구멍이 포도청	1	0	15	16	93.8%
31	세월이 약	8	0	8	16	50.0%
32	엎질러진 물	1	0	15	16	93.8%
33	윗물이 맑아야 아랫물이 맑다	9	0	7	16	43.8%
34	하늘이 무너져도 솟아날 구멍이 있다	7	1	8	16	50.0%
35	같은 값이면 다홍치마	7	0	8	15	53.3%
36	굿이나 보고 떡이나 먹지	4	1	10	15	66.7%
37	누이 좋고 매부 좋다	2	0	13	15	86.7%
38	도토리 키 재기	6	0	9	15	60.0%
39	따 놓은 당상	2	0	13	15	86.7%
40	백지장도 맞들면 낫다	8	2	5	15	33.3%
41	새 발의 피	3	0	12	15	80.0%
42	싼 것이 비지떡	12	0	3	15	20.0%

순번	속담 표제어	빈도수				
		한국어 교육자료	국어 교과서	SJ-RIKS Corpus	합계	코퍼스 비중
43	암탉이 울면 집안이 망한다	4	0	11	15	73.3%
44	티끌 모아 태산	10	3	2	15	13.3%
45	눈에는 눈 이에는 이	1	0	13	14	92.9%
46	떡 줄 사람은 꿈도 안 꾸는데 김칫국부터 마신다	9	1	4	14	28.6%
47	빛 좋은 개살구	0	1	13	14	92.9%
48	쇠뿔도 단김에 빼라	4	1	9	14	64.3%
49	십년공부 도로 아미타불	2	1	11	14	78.6%
50	아니 땐 굴뚝에 연기 날까	9	1	4	14	28.6%
51	천 리 길도 한 걸음부터	9	3	2	14	14.3%
52	배보다 배꼽이 더 크다	7	0	6	13	46.2%
53	서당 개 삼 년에 풍월 읊는다	10	1	2	13	15.4%
54	아닌 밤중에 홍두깨	2	0	11	13	84.6%
55	첫술에 배부르랴	3	0	10	13	76.9%
56	겉 다르고 속 다르다	2	0	10	12	83.3%
57	귀신이 곡할 노릇	2	1	9	12	75.0%
58	낫 놓고 기역 자도 모른다	7	2	3	12	25.0%
59	배가 남산만 하다	2	0	10	12	83.3%
60	산 넘어 산이다	6	0	6	12	50.0%
61	속 빈 강정	1	0	11	12	91.7%
62	아 해 다르고 어 해 다르다	7	1	4	12	33.3%
63	입에 쓴 약이 병에는 좋다	4	0	8	12	66.7%
64	제 꾀에 넘어간다	1	0	11	12	91.7%
65	가는 날이 장날	9	0	2	11	18.2%
66	개구리 올챙이 적 생각 못한다	6	1	4	11	36.4%
67	걱정도 팔자다	3	0	8	11	72.7%
68	고래 싸움에 새우 등 터진다	4	2	5	11	45.5%
69	고생을 사서 한다	3	0	8	11	72.7%
70	구더기 무서워 장 못 담글까	2	2	7	11	63.6%
71	구슬이 서 말이라도 꿰어야 보배	3	2	6	11	54.5%
72	금강산도 식후경	7	0	4	11	36.4%

순번	속담 표제어	빈도수				
		한국어 교육자료	국어 교과서	SJ-RIKS Corpus	합계	코퍼스 비중
73	눈 가리고 아웅	1	0	10	11	90.9%
74	닭 소 보듯, 소 닭 보듯	2	1	8	11	72.7%
75	말이 씨가 된다	5	2	4	11	36.4%
76	모난 돌이 정 맞는다	1	0	10	11	90.9%
77	백문이 불여일견	8	0	3	11	27.3%
78	원숭이도 나무에서 떨어진다	8	0	3	11	27.3%
79	재수가 옴 붙었다	0	1	10	11	90.9%
80	팔이 안으로 굽지 밖으로 굽나	3	2	6	11	54.5%
81	호랑이도 제 말 하면 온다	10	0	1	11	9.1%
82	호랑이에게 물려 가도 정신만 차리면 산다	4	2	5	11	45.5%

〈표 19〉에 따르면 빈도수가 11~20회인 속담은 총 63개가 있다. 이 중에 '발 없는 말이 천 리 간다'와 '호랑이도 제 말 하면 온다'는 코퍼스에 각 1회만 나타났으며 코퍼스의 빈도수가 총 빈도수에서 차지한 비중이 5.3%와 9.1%에 불과하다. 이와 반대로 한국어 교육 자료에 1회만 나타나고 코퍼스 자료에 많이 나타나 코퍼스의 빈도수가 총 빈도수에서 차지한 비중이 90%를 넘은 속담에는 '목구멍이 포도청', '엎질러진 물', '눈에는 눈 이에는 이', '속 빈 강정', '제 꾀에 넘어간다', '눈 가리고 아웅', '모난 돌이 정 맞는다' 일곱 개의 속담이 있으며 한국어 교육 자료에 제시되어 있지 않고 국어 교과서에 1회 제시되어 코퍼스에 나타난 빈도수의 비중이 90%를 넘은 속담에는 '빛 좋은 개살구'

와 '재수가 옴 붙었다'가 있다.

〈표 20〉은 전체적인 빈도수가 6~10회 나타난 속담인데 총 86
개가 있다.

〈표 20〉 한국어 속담의 사용 빈도(6~10회)

순번	속담 표제어	빈도수				
		한국어 교육자료	국어 교과서	SJ-RIKS Corpus	합계	코퍼스 비중
83	고양이 앞에 쥐	2	0	8	10	80.0%
84	공든 탑이 무너지랴	4	1	5	10	50.0%
85	꿩 대신 닭	5	0	5	10	50.0%
86	누워서 침 뱉기	5	0	5	10	50.0%
87	벼 이삭은 익을수록 고개를 숙인다	8	1	1	10	10.0%
88	불난 집에 부채질한다	4	0	6	10	60.0%
89	약방에 감초	1	0	9	10	90.0%
90	재주는 곰이 넘고 돈은 주인이 받는다	1	0	9	10	90.0%
91	제 코가 석 자	3	1	6	10	60.0%
92	쥐구멍에도 볕 들 날 있다	7	0	3	10	30.0%
93	가지 많은 나무에 바람 잘 날이 없다	4	0	5	9	55.6%
94	개 발에 편자	1	0	8	9	88.9%
95	개가 웃을 일이다	1	0	8	9	88.9%
96	개같이 벌어서 정승같이 산다	4	0	5	9	55.6%
97	개천에서 용 난다	3	1	5	9	55.6%
98	고생 끝에 낙이 온다	6	1	2	9	22.2%
99	귀에 걸면 귀걸이 코에 걸면 코걸이	5	1	3	9	33.3%
100	달걀로 바위 치기	5	0	4	9	44.4%
101	모르면 약이요 아는 게 병	5	1	3	9	33.3%

순번	속담 표제어	빈도수				
		한국어 교육자료	국어 교과서	SJ-RIKS Corpus	합계	코퍼스 비중
102	민심은 천심	0	1	8	9	88.9%
103	믿는 도끼에 발등 찍힌다	6	0	3	9	33.3%
104	비 온 뒤에 땅이 굳어진다	4	1	4	9	44.4%
105	사공이 많으면 배가 산으로 간다	7	1	1	9	11.1%
106	사촌이 땅을 사면 배가 아프다	1	2	6	9	66.7%
107	산 입에 거미줄 치랴	2	0	7	9	77.8%
108	선무당이 사람 잡는다	3	0	6	9	66.7%
109	열 번 찍어 아니 넘어가는 나무 없다	7	0	2	9	22.2%
110	웃는 낯에 침 못 뱉는다	4	0	5	9	55.6%
111	장님 코끼리 만지는 격	2	0	7	9	77.8%
112	제 살 깎아 먹기	1	0	8	9	88.9%
113	종로에서 뺨 맞고 한강에서 눈 흘긴다	4	0	5	9	55.6%
114	지렁이도 밟으면 꿈틀한다	2	1	6	9	66.7%
115	핑계 없는 무덤이 없다	6	0	3	9	33.3%
116	가재는 게 편	4	0	4	8	50.0%
117	고양이한테 생선을 맡기다	1	0	7	8	87.5%
118	꼬리가 길면 밟힌다	2	0	6	8	75.0%
119	나는 새도 떨어뜨린다	0	1	7	8	87.5%
120	남의 손의 떡은 커 보인다	6	0	2	8	25.0%
121	늦게 배운 도둑이 날 새는 줄 모른다	2	0	6	8	75.0%
122	단맛 쓴맛 다 보았다	1	0	7	8	87.5%
123	떡 본 김에 제사 지낸다	5	0	3	8	37.5%
124	무소식이 희소식	3	1	4	8	50.0%
125	바늘 가는 데 실 간다	3	2	3	8	37.5%
126	번갯불에 콩 볶아 먹겠다	1	1	6	8	75.0%
127	병 주고 약 준다	3	0	5	8	62.5%
128	옷이 날개라	3	2	3	8	37.5%
129	우물에 가 숭늉 찾는다	4	1	3	8	37.5%

순번	속담 표제어	빈도수				
		한국어 교육자료	국어 교과서	SJ-RIKS Corpus	합계	코퍼스 비중
130	우물을 파도 한 우물을 파라	3	0	5	8	62.5%
131	작은 고추가 더 맵다	2	0	6	8	75.0%
132	지성이면 감천	3	0	5	8	62.5%
133	친구 따라 강남 간다	4	0	4	8	50.0%
134	하늘은 스스로 돕는 자를 돕는다	1	1	6	8	75.0%
135	구렁이 담 넘어가듯	1	0	6	7	85.7%
136	닭 쫓던 개 지붕 쳐다보듯	3	0	4	7	57.1%
137	더도 말고 덜도 말고 늘 가윗날만 같아라	3	0	4	7	57.1%
138	도둑이 제 발 저리다	2	0	5	7	71.4%
139	되로 주고 말로 받는다	4	1	2	7	28.6%
140	될성부른 나무는 떡잎부터 알아본다	2	0	5	7	71.4%
141	똥 묻은 개가 겨 묻은 개 나무란다	2	1	4	7	57.1%
142	마른하늘에 날벼락	3	0	4	7	57.1%
143	밑져야 본전	2	0	5	7	71.4%
144	보기 좋은 떡이 먹기도 좋다	4	0	3	7	42.9%
145	빈대 잡으려고 초가삼간 태운다	2	0	5	7	71.4%
146	십 년이면 강산도 변한다	1	0	6	7	85.7%
147	어느 장단에 춤추랴	0	1	6	7	85.7%
148	엎어지면 코 닿을 데	3	0	4	7	57.1%
149	열 길 물속은 알아도 한 길 사람의 속은 모른다	6	0	1	7	14.3%
150	자라 보고 놀란 가슴 솥뚜껑 보고 놀란다	3	0	4	7	57.1%
151	고양이 목에 방울 달기	2	0	4	6	66.7%
152	귀머거리 삼 년이요 벙어리 삼 년	1	1	4	6	66.7%
153	길고 짧은 것은 대어 보아야 안다	3	0	3	6	50.0%
154	까마귀 고기를 먹었나	2	0	4	6	66.7%
155	꿈보다 해몽이 좋다	3	0	3	6	50.0%
156	모로 가도 서울만 가면 된다	3	0	3	6	50.0%

순번	속담 표제어	빈도수				
		한국어 교육자료	국어 교과서	SJ-RIKS Corpus	합계	코퍼스 비중
157	목마른 사람이 우물 판다	2	0	4	6	66.7%
158	못된 송아지 엉덩이에 뿔이 난다	3	0	3	6	50.0%
159	미운 아이 떡 하나 더 준다	5	0	1	6	16.7%
160	뱁새가 황새를 따라가면 다리가 찢어진다	2	2	2	6	33.3%
161	벼룩의 간을 내어 먹는다	2	0	4	6	66.7%
162	사돈 남 나무란다	3	0	3	6	50.0%
163	언 발에 오줌 누기	2	0	4	6	66.7%
164	열 손가락 깨물어 안 아픈 손가락이 없다	1	1	4	6	66.7%
165	적을 잘 알고 자신을 잘 아는 자는 백 번 싸워 백 번 이긴다	0	2	4	6	66.7%
166	피는 물보다 진하다	2	0	4	6	66.7%
167	하나를 보고 열을 안다	3	1	2	6	33.3%
168	하룻강아지 범 무서운 줄 모른다	3	0	3	6	50.0%

〈표 20〉 중에 '벼 이삭은 익을수록 고개를 숙인다'는 한국어 교육 자료와 국어 교과서에 총 9회 제시되어 있으나 코퍼스에 1회밖에 안 나타났다. 이와 같이 코퍼스 빈도수 비중이 비교적으로 낮은 속담에는 '사공이 많으면 배가 산으로 간다'(11.1%), '열 길 물속은 알아도 한 길 사람의 속은 모른다'(14.3%), '미운 아이 떡 하나 더 준다'(16.7%) 등도 있다. 이와 반대로 코퍼스 빈도수가 전체 빈도수의 90%를 차지한 속담에는 '약방에 감초', '재주는 곰이 넘고 돈은 주인이 받는다'가 있다. '개 발에 편자', '개가 웃을 일이다', '제 살 깎아 먹기', '고양이한테 생선을 맡기

다', '단맛 쓴맛 다 보았다', '구렁이 담 넘어가듯', '십 년이면 강산도 변한다' 등 속담은 국어교과서에 제시되어 있지 않고 한국어 교육 자료에 1회만 제시되어 있으나 코퍼스에 비교적으로 많이 제시되어 있어 코퍼스의 빈도수 비중이 85.7%를 넘었다. '민심은 천심', '나는 새도 떨어뜨린다', '어느 장단에 춤추랴' 등은 한국어 교육 자료에 제시되어 있지 않고 국어교과서에 1회만 제시되어 있고 코퍼스의 빈도수 비중이 85.7%를 넘은 속담이다.

1~5회의 비교적 낮은 빈도수로 나타난 속담 항목은 다음 〈표 21〉과 같다.

〈표 21〉 한국어 속담의 사용 빈도(1~5회)

순번	속담 표제어	빈도수				
		한국어 교육자료	국어 교과서	SJ-RIKS Corpus	합계	코퍼스 비중
169	간에 붙었다 쓸개에 붙었다 한다	1	0	4	5	80.0%
170	검은 머리 파뿌리 되도록	3	0	2	5	40.0%
171	꿩 구워 먹은 소식	1	0	4	5	80.0%
172	냉수 먹고 이 쑤시기	2	0	3	5	60.0%
173	달면 삼키고 쓰면 뱉는다	2	0	3	5	60.0%
174	뚝배기보다 장맛이 좋다	1	1	3	5	60.0%
175	마파람에 게 눈 감추듯	3	0	2	5	40.0%
176	바람 앞의 등불	1	0	4	5	80.0%
177	소문난 잔치에 먹을 거 없다	2	0	3	5	60.0%
178	송충이는 솔잎을 먹어야 한다	2	0	3	5	60.0%
179	염불에는 마음이 없고 잿밥에만 마음이 있다	1	0	4	5	80.0%

순번	속담 표제어	빈도수				
		한국어 교육자료	국어 교과서	SJ-RIKS Corpus	합계	코퍼스 비중
180	오르지 못할 나무는 쳐다보지도 마라	2	0	3	5	60.0%
181	자빠져도 코가 깨진다	1	0	4	5	80.0%
182	초록은 동색	1	0	4	5	80.0%
183	개 팔자가 상팔자	2	0	2	4	50.0%
184	개밥에 도토리	1	0	3	4	75.0%
185	굴러 온 돌이 박힌 돌 뺀다	2	0	2	4	50.0%
186	긴병에 효자 없다	1	0	3	4	75.0%
187	눈 감으면 코 베어 먹을 세상	1	0	3	4	75.0%
188	닭 잡아먹고 오리발 내놓기	2	0	2	4	50.0%
189	대추나무에 연 걸리듯 하다	1	0	3	4	75.0%
190	돈이 돈을 벌다	1	0	3	4	75.0%
191	돼지에 진주	2	0	2	4	50.0%
192	뛰어 보았자 부처님 손바닥	1	0	3	4	75.0%
193	먼 사촌보다 가까운 이웃이 낫다	3	0	1	4	25.0%
194	물 부어 샐 틈 없다	0	1	3	4	75.0%
195	물에 빠진 놈 건져 놓으니까 내 봇짐 내 놓으라 한다	1	0	3	4	75.0%
196	범굴에 들어가야 범을 잡는다	2	0	2	4	50.0%
197	빈 수레가 요란하다	1	0	3	4	75.0%
198	사람은 죽으면 이름을 남기고 범은 죽으면 가죽을 남긴다	1	0	3	4	75.0%
199	사후 약방문	0	1	3	4	75.0%
200	손톱 밑의 가시	1	0	3	4	75.0%
201	손바닥을 뒤집는 것처럼 쉽다	0	1	3	4	75.0%
202	앓던 이 빠진 것 같다	1	0	3	4	75.0%
203	원수는 외나무다리에서 만난다	1	0	3	4	75.0%
204	일각이 삼추(三秋)같다	0	1	3	4	75.0%
205	제 논에 물 대기	1	0	3	4	75.0%
206	짚신도 제 짝이 있다	2	0	2	4	50.0%

순번	속담 표제어	빈도수				
		한국어 교육자료	국어 교과서	SJ-RIKS Corpus	합계	코퍼스 비중
207	콩으로 메주를 쑨다 하여도 곧이 듣지 않다	1	0	3	4	75.0%
208	혹 떼러 갔다 혹 붙여 온다	1	0	3	4	75.0%
209	가랑비에 옷 젖는 줄 모른다	2	0	1	3	33.3%
210	개 눈에는 똥만 보인다	1	0	2	3	66.7%
211	개 보름 쇠듯	1	0	2	3	66.7%
212	고기는 씹어야 맛이요, 말은 해야 맛이라	2	1	0	3	0.0%
213	고슴도치도 제 새끼가 제일 곱다 고 한다	2	0	1	3	33.3%
214	고양이 쥐 생각	2	0	1	3	33.3%
215	고인 물이 썩는다	1	0	2	3	66.7%
216	곶감 꼬치에서 곶감 빼 먹듯	1	0	2	3	66.7%
217	구관이 명관이다	2	0	1	3	33.3%
218	궁지에 빠진 쥐가 고양이를 문다	1	0	2	3	66.7%
219	귀가 보배라	1	0	2	3	66.7%
220	그 아버지에 그 아들	1	0	2	3	66.7%
221	급하면 바늘허리에 실 매어 쓸까	2	0	1	3	33.3%
222	내리사랑은 있어도 치사랑은 없다	1	0	2	3	66.7%
223	눈에 콩깍지가 씌었다	1	0	2	3	66.7%
224	듣기 좋은 꽃노래도 한두 번이지	2	0	1	3	33.3%
225	뛰는 놈 위에 나는 놈 있다	2	0	1	3	33.3%
226	말 속에 뜻이 있고 뼈가 있다	1	0	2	3	66.7%
227	매도 먼저 맞는 놈이 낫다	1	0	2	3	66.7%
228	바늘 도둑이 소도둑 된다	3	0	0	3	0.0%
229	방귀 뀐 놈이 성낸다	1	0	2	3	66.7%
230	범에게 날개	0	2	1	3	33.3%
231	부부 싸움은 칼로 물 베기	1	0	2	3	66.7%
232	산에 가야 범을 잡지	2	0	1	3	33.3%
233	산이 높아야 골이 깊다	1	0	2	3	66.7%
234	서울 가서 김 서방 찾는다	3	0	0	3	0.0%

순번	속담 표제어	빈도수				
		한국어 교육자료	국어 교과서	SJ-RIKS Corpus	합계	코퍼스 비중
235	설마가 사람 잡는다	2	0	1	3	33.3%
236	손가락에 장을 지지겠다	1	0	2	3	66.7%
237	얌전한 고양이가 부뚜막에 먼저 올라간다	1	0	2	3	66.7%
238	엎드려 절 받기	1	0	2	3	66.7%
239	오다가다 옷깃만 스쳐도 전세의 인연이다	1	0	2	3	66.7%
240	우는 아이 젖 준다	3	0	0	3	0.0%
241	의가 좋으면 처갓집 말뚝에도 절 한다	0	1	2	3	66.7%
242	입은 비뚤어져도 말은 바로 하라	2	1	0	3	0.0%
243	잘되면 제 탓 못되면 조상 탓	1	0	2	3	66.7%
244	죽 쑤어 개 좋은 일 하였다	1	0	2	3	66.7%
245	하던 지랄도 멍석 펴 놓으면 안 한다	1	0	2	3	66.7%
246	가는 방망이 오는 홍두깨	1	0	1	2	50.0%
247	개똥도 약에 쓰려면 없다	2	0	0	2	0.0%
248	공자 앞에서 문자 쓴다	0	1	1	2	50.0%
249	굴러 온 호박	1	0	1	2	50.0%
250	남의 염병이 내 고뿔만 못하다	0	1	1	2	50.0%
251	냉수 먹고 속 차려라	1	0	1	2	50.0%
252	넘어진 김에 쉬어 간다	1	0	1	2	50.0%
253	느릿느릿 걸어도 황소걸음	1	0	1	2	50.0%
254	다 된 죽에 코풀기	1	0	1	2	50.0%
255	달걀도 굴러 가다가 서는 모가 있다	0	2	0	2	0.0%
256	달도 차면 기운다	1	0	1	2	50.0%
257	달리는 말에 채찍질	1	0	1	2	50.0%
258	동냥은 안 주고 쪽박만 깬다	1	0	1	2	50.0%
259	둘이 먹다 하나 죽어도 모르겠다	2	0	0	2	0.0%
260	말 잘하고 징역 가랴	0	2	0	2	0.0%

순번	속담 표제어	빈도수				
		한국어 교육자료	국어 교과서	SJ-RIKS Corpus	합계	코퍼스 비중
261	며느리가 미우면 발뒤축이 달걀 같다고 나무란다	0	1	1	2	50.0%
262	문둥이 콧구멍에 박힌 마늘씨도 파 먹겠다	1	0	1	2	50.0%
263	물이 너무 맑으면 고기가 아니 모인다	0	1	1	2	50.0%
264	미꾸라짓국 먹고 용트림한다	1	0	1	2	50.0%
265	석새짚신에 구슬 감기	1	0	1	2	50.0%
266	시앗을 보면 길가의 돌부처도 돌아앉는다	0	1	1	2	50.0%
267	쌀독에서 인심 난다	1	0	1	2	50.0%
268	쌀은 쏟고 주워도 말은 하고 못 줍는다	2	0	0	2	0.0%
269	양반은 얼어 죽어도 겻불은 안 쬔다	0	2	0	2	0.0%
270	어물전 망신은 꼴뚜기가 시킨다	0	2	0	2	0.0%
271	외상이면 소도 잡아먹는다	1	0	1	2	50.0%
272	외손뼉이 못 울고 한 다리로 가지 못한다	0	1	1	2	50.0%
273	외손뼉이 소리 날까	0	1	1	2	50.0%
274	원님 덕에 나팔 분다	1	0	1	2	50.0%
275	이 빠진 강아지 언 똥에 덤빈다	1	0	1	2	50.0%
276	자다가 봉창 두드린다	1	0	1	2	50.0%
277	장부의 한 말이 천금같이 무겁다	0	1	1	2	50.0%
278	정이월에 대독 터진다	1	1	0	2	0.0%
279	주머니 털어 먼지 안 나오는 사람 없다	1	0	1	2	50.0%
280	죽은 자식 나이 세기	1	1	0	2	0.0%
281	지리산 포수	1	0	1	2	50.0%
282	찬물도 위아래가 있다	2	0	0	2	0.0%
283	평안 감사도 저 싫으면 그만이다	2	0	0	2	0.0%
284	하루가 열흘 맞잡이	0	2	0	2	0.0%

순번	속담 표제어	빈도수 한국어 교육자료	국어 교과서	SJ-RIKS Corpus	합계	코퍼스 비중
285	혀 아래 도끼 들었다	1	0	1	2	50.0%
286	흉년의 떡도 많이 나면 싸다	1	0	1	2	50.0%
287	㉾노루도 악이 나면 뒤다리를 문다	1	0	1	2	50.0%
288	㉾독수리가 병아리 채가듯	0	1	1	2	50.0%
289	㉾밥이 약보다 낫다	1	0	1	2	50.0%
290	㉾세방살이군이 주인집 마누라 속곳 걱정한다	1	0	1	2	50.0%
291	가는 떡이 커야 오는 떡이 크다	1	0	0	1	0.0%
292	가랑잎이 솔잎더러 바스락거린다고 한다	0	1	0	1	0.0%
293	가루는 칠수록 고와지고 말은 할수록 거칠어진다	0	1	0	1	0.0%
294	가마솥 밑이 노구솥 밑을 검다고 한다	0	1	0	1	0.0%
295	가시나무에 가시가 난다	1	0	0	1	0.0%
296	감기는 밥상머리에 내려앉는다	1	0	0	1	0.0%
297	갓 사러 갔다가 망건 산다	1	0	0	1	0.0%
298	개 못된 것은 들에 가서 짖는다	1	0	0	1	0.0%
299	개가 똥을 마다한다	1	0	0	1	0.0%
300	개도 나갈 구멍을 보고 쫓아라	1	0	0	1	0.0%
301	개도 닷새가 되면 주인을 안다	1	0	0	1	0.0%
302	개하고 똥 다투랴	1	0	0	1	0.0%
303	거미도 줄을 쳐야 벌레를 잡는다	1	0	0	1	0.0%
304	경주돌이면 다 옥석인가	0	1	0	1	0.0%
305	고양이 달걀 굴리듯	0	1	0	1	0.0%
306	고양이 보고 반찬 가게 지키라는 격	1	0	0	1	0.0%
307	고양이 앞에 고기반찬	1	0	0	1	0.0%
308	고운 사람 미운 데 없고 미운 사람 고운 데 없다	1	0	0	1	0.0%
309	과물전 망신은 모과가 시킨다	0	1	0	1	0.0%

순번	속담 표제어	빈도수				
		한국어 교육자료	국어 교과서	SJ-RIKS Corpus	합계	코퍼스 비중
310	구운 게도 다리를 떼고 먹는다	1	0	0	1	0.0%
311	굶어 보아야 세상을 안다	1	0	0	1	0.0%
312	귀신 듣는 데 떡 소리 한다	1	0	0	1	0.0%
313	귀한 자식 매로 키워라	1	0	0	1	0.0%
314	그물을 벗어난 새	0	1	0	1	0.0%
315	까마귀가 검어도 살은 희다	1	0	0	1	0.0%
316	남의 떡으로 조상 제 지낸다	1	0	0	1	0.0%
317	남의 말 하기는 식은 죽 먹기	1	0	0	1	0.0%
318	남의 잔치에 감 놓아라 배 놓아라 한다	1	0	0	1	0.0%
319	낳은 정보다 기른 정이 더 크다	0	1	0	1	0.0%
320	눈 먼 고양이 달걀 어르듯	0	1	0	1	0.0%
321	눈썹 새에 내 천(川) 자를 누빈다	0	1	0	1	0.0%
322	눈이 보배다	1	0	0	1	0.0%
323	달걀 섬 다루듯	0	1	0	1	0.0%
324	달걀 지고 성(城) 밑으로 못 가겠다	0	1	0	1	0.0%
325	달걀에도 뼈가 있다	0	1	0	1	0.0%
326	말로 온 공(功)을 갚는다	0	1	0	1	0.0%
327	말만 잘하면 천 냥 빚도 가린다	0	1	0	1	0.0%
328	말이 고마우면 비지 사러 갔다가 두부 사온다	0	1	0	1	0.0%
329	머리카락 뒤에서 숨바꼭질한다	0	1	0	1	0.0%
330	목수가 많으면 집을 무너뜨린다	1	0	0	1	0.0%
331	물 밖에 난 고기	0	1	0	1	0.0%
332	물은 건너보아야 알고 사람은 지내보아야 안다	0	1	0	1	0.0%
333	물이 깊을수록 소리가 없다	0	1	0	1	0.0%
334	범 무서워 산에 못 가랴	1	0	0	1	0.0%
335	부뚜막의 소금도 집어넣어야 짜다	1	0	0	1	0.0%
336	부모가 온효자 되어야 자식이 반효자	1	0	0	1	0.0%

순번	속담 표제어	빈도수				
		한국어 교육자료	국어 교과서	SJ-RIKS Corpus	합계	코퍼스 비중
337	뺨을 맞아도 은가락지 낀 손에 맞는 것이 좋다	0	1	0	1	0.0%
338	사람 나고 돈 났지 돈 나고 사람 났나	1	0	0	1	0.0%
339	살은 쏘고 주워도 말은 하고 못 줍는다	0	1	0	1	0.0%
340	삼 년 가뭄에는 살아도 석 달 장마에는 못 산다	0	1	0	1	0.0%
341	새우 싸움에 고래 등 터진다	0	1	0	1	0.0%
342	세 치 혀가 사람 잡는다	1	0	0	1	0.0%
343	소나무가 무성하면 잣나무도 기뻐한다	0	1	0	1	0.0%
344	숨은 내쉬고 말은 내하지 말라	0	1	0	1	0.0%
345	시어머니에게 역정 나서 개 배때기 친다	0	1	0	1	0.0%
346	신선놀음에 도끼 자루 썩는 줄 모른다	1	0	0	1	0.0%
347	십 년 세도(勢道) 없고 열흘 붉은 꽃 없다	0	1	0	1	0.0%
348	양반은 물에 빠져도 개헤엄은 안 한다	0	1	0	1	0.0%
349	업은 아이 삼 년 찾는다	1	0	0	1	0.0%
350	여름비는 더워야 오고 가을비는 추워야 온다	1	0	0	1	0.0%
351	열의 한 술 밥이 한 그릇 푼푼하다	0	1	0	1	0.0%
352	오래 살면 도랑 새우 무엇 하는 것을 보겠다	0	1	0	1	0.0%
353	외갓집 들어가듯	1	0	0	1	0.0%
354	우수 경칩에 대동강 물이 풀린다	1	0	0	1	0.0%
355	입은 거지는 얻어먹어도 벗은 거지는 못 얻어먹는다	0	1	0	1	0.0%
356	입춘 거꾸로 붙였나	1	0	0	1	0.0%

순번	속담 표제어	빈도수				
		한국어 교육자료	국어 교과서	SJ-RIKS Corpus	합계	코퍼스 비중
357	전어 굽는 냄새에 나가던 며느리 다시 돌아온다	1	0	0	1	0.0%
358	정들자 이별	1	0	0	1	0.0%
359	제비는 작아도 강남 간다	0	1	0	1	0.0%
360	종이도 네 귀를 잡아야 바르다	0	1	0	1	0.0%
361	죽은 나무에 꽃이 핀다	1	0	0	1	0.0%
362	죽은 자식 눈 열어보기	0	1	0	1	0.0%
363	죽이 끓는지 밥이 끓는지 모른다	0	1	0	1	0.0%
364	중 절 보기 싫으면 떠나야지	1	0	0	1	0.0%
365	중이 제 머리를 못 깎는다	1	0	0	1	0.0%
366	질러가는 길이 먼 길이다	1	0	0	1	0.0%
367	참깨가 기니 짧으니 한다	1	0	0	1	0.0%
368	참새가 방앗간을 그냥 지나가랴	1	0	0	1	0.0%
369	하나를 알면 백을 안다	0	1	0	1	0.0%
370	한라산이 금덩어리라도 쓸 놈 없으면 못 쓴다	1	0	0	1	0.0%
371	효성이 지극하면 돌 위에 풀이 난다	1	0	0	1	0.0%
372	힘센 아이 낳지 말고 말 잘하는 아이 낳아라	0	1	0	1	0.0%
373	㉕고인 물도 밟으면 솟구친다	1	0	0	1	0.0%
374	㉕무른 메주 밟듯	0	1	0	1	0.0%
375	㉕열 번 재고 가위질은 한 번하라	1	0	0	1	0.0%
376	㉕재물을 잃은 것은 작은 것을 잃은 것이고 벗을 잃은 것은 큰 것을 잃은 것이다	1	0	0	1	0.0%

전체적인 빈도수가 1~5회 나타난 속담은 총 208개가 있다. ⟨표 21⟩에 따르면 전체적인 빈도수가 1회 나타난 86개의 속담은

코퍼스에 제시되지 않았다. 총 빈도수가 2회 나타난 속담 중에 '개똥도 약에 쓰려면 없다', '달걀도 굴러 가다가 서는 모가 있다', '둘이 먹다가 하나 죽어도 모르겠다', '말 잘하고 징역 가랴', '쌀은 쏟고 주워도 말은 하고 못 줍는다', '양반은 얼어 죽어도 겻불은 안 쬔다', '어물전 망신은 꼴뚜기가 시킨다', '정이월에 대독 터진다', '죽은 자식 나이 세기', '찬물도 위아래가 있다', '평안 감사도 저 싫으면 그만이다', '하루가 열흘 맞잡이' 등 열두 개의 속담이 코퍼스에 제시되어 있지 않고 나머지 2회 나타난 속담은 코퍼스에 각 1회 제시되었다. 총 빈도수가 3회 나타난 속담 중에 '고기는 씹어야 맛이요, 말은 해야 맛이라', '바늘 도둑이 소도둑 된다', '서울 가서 김 서방 찾는다', '우는 아이 젖 준다', '입은 비뚤어져도 말은 바로 하라' 등 5개의 속담은 코퍼스에 제시되지 않았다.

〈표 21〉에 따르면 1~5회 나타난 속담 중에 코퍼스의 빈도수가 전체적인 빈도수의 90% 이상을 차지한 경우가 없으며 80~90%를 차지하는 경우도 많지 않고 대부분은 50~75%를 차지하였다.

전체적인 분석 결과에 따르면 한국어 교육 자료나 국어교과서에 제시된 속담의 빈도가 실생활 속에서의 사용 빈도와 비교적 큰 차이가 있다. 이 책에서 필자는 이 분석 결과에 따라 다음 〈그림 3〉과 같이 속담의 빈도수 단계를 설정하여 실생활 속에서의 사용 빈도를 반영할 수 있는 교육용 속담 목록을 추출한다.

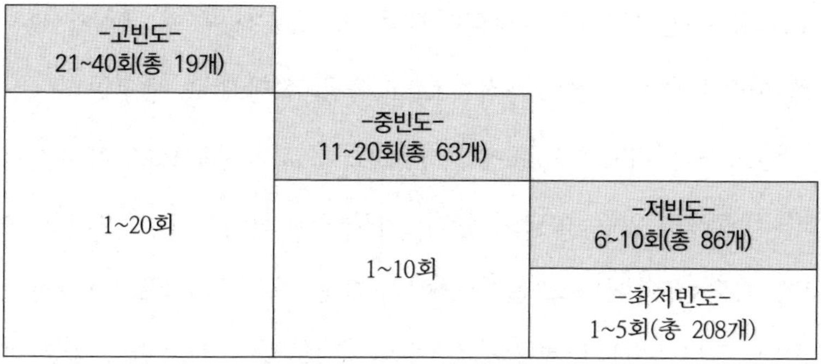

-고빈도-
21~40회(총 19개)

1~20회

-중빈도-
11~20회(총 63개)

1~10회

-저빈도-
6~10회(총 86개)

-최저빈도-
1~5회(총 208개)

〈그림 3〉 빈도수 단계의 구분

지금까지 한국어 통합 교재, 한국어능력시험, 한국어 속담 교재, 국어 교과서, SJ-RIKS Corpus 등 다섯 개의 분석 항목을 통해서 속담의 빈도수를 분석하였다. 통계 결과에 따르면 속담의 전체적인 사용 빈도가 1~40회 나타났다. 이 책에서는 전체적인 빈도수에 따라 〈그림 3〉처럼 속담을 고빈도, 중빈도, 저빈도, 최저빈도로 나눴다. 〈그림 3〉과 같이 전체 속담 빈도수의 상위 50%, 즉 총 빈도수가 20회 이상(21~40회)의 속담을 고빈도 속담으로 보고, 1~20회 나타난 속담 빈도수의 상위 50%, 즉 총 빈도수가 11~20회인 속담을 중빈도 속담으로 보고, 1~10회 나타난 속담 빈도수의 상위 50%, 즉 총 빈도수가 6~10회인 속담을 저빈도 속담으로 보고 1~5회 나타난 속담은 최저빈도 속담으로 본다. 이 책에서는 총 다섯 개의 분석 항목을 활용하고 있어 1~5회 나타난 최저빈도의 속담은 항목별 빈도 평균치≦1이기 때문에 교육용 속담 목록에서 제외시킨다. 즉, 〈표 18〉~〈표 20〉에 제시한 168개의 속담을 1차적으로 교육용 속담으로 선정한다.

빈도수가 비교적으로 높게 나왔으나 교육항목으로 가르치기가 적절하지 않은 속담이 있다. 너무 소극적이거나 부정적인 속담, 저속한 단어나 표현이 들어가 있는 속담, 여성을 비하하는 속담 등은 여기에 해당된다. 물론 이런 속담에도 한국 문화와 한국인의 사고방식이 담겨 있다. 학습자가 관심이 있어서 물어보는 경우에 가르쳐 줄 수 있으나 공식적인 교육용 속담으로 선정하기가 적절하지 않다. 따라서 1차적으로 선정된 속담 중에 '암탉이 울면 집안이 망한다'(43번), '개가 웃을 일이다'(95번), '똥 묻은 개가 겨 묻은 개 나무란다'(141번), '언 발에 오줌 누기'(163번) 네 개의 속담을 속담 교육 목록에서 제외시켜 나머지 164개(고빈도 속담 19개, 중빈도 속담 62개, 저빈도 속담 83개)의 속담을 교육용 속담으로 2차적으로 선정한다.

조현용(2007: 443~444)에서 현재 한국어 속담 교육에서는 이해와 표현의 구별이 이루어지지 않고 있어서 모두 표현까지 필요한 항목으로 받아들이게 되고 있고 속담은 모국어 화자 간의 결속감을 주는 요소이기 때문에 외국인이 속담을 사용하면 어색한 경우가 많아 속담은 이해의 차원에서는 필요하지만 표현의 차원에서는 교육의 필요성은 낮아지게 되므로 표현을 위한 속담의 목록을 엄밀히 제한할 필요성을 강조하였다. 필자도 이와 같은 생각으로 표현용 속담인지 이해용 속담인지를 구별해서 제시한다. 속담의 사용 빈도가 높을수록 학습자에게 더 높은 속담 활용능력을 요구한다. 따라서 고빈도로 나타난 19개의 속담을 표현용 속담으로, 중빈도로 나타난 62개의 속담을 표현·이해용 속담으로, 저빈도로 나타난 83개의 속담을 이해용 속담으로 본다. 이 중에 중빈도로 나타난 62개의 속담을 표현·이해용 속담으로 설정한 것은 학습자의 학습 단계에 따라, 한국어 교육 현장의 교육 내용과 결합하여 표현용 속담으로 가르칠 수 있으며 이해용 속담으로도 가르칠 수 있다는 뜻이다. 예를 들면, 중급 학습자에게는 이해용 속담으로 가르쳐도 되는 속담은 고급 학습자에게는 표현까지 할 수 있도록 가르칠 수도 있다.12)

4. 교육용 속담의 등급 설정

이 절에서는 난이도 기준과 빈도수 분석 결과를 바탕으로 하

---

12) 조현용(2007: 444~452)에서는 한국어 교육용 속담으로 표현용 속담 99개, 이해용 속담 111개, 총 210개의 속담을 선정하였다. 속담을 선정하는 기준, 절차와 방법이 다르므로 이 책과 양적인 차이가 조금 있다.

여 3절에서 선정된 164개의 속담의 등급을 설정하여 중국어권 학습자를 대상으로 교육용 속담 목록을 단계별로 작성한다. 여기서 속담을 구성하는 어휘와 문법 요소, 속담과 대조되는 중국어 숙어의 유무에 따라 중국어권 학습자가 속담 의미를 파악하는 데의 난이도, 문화 교육 요소 등을 종합하여 어휘·문법 측면, 형태·의미 측면, 문화 요소 측면으로 나누어 속담의 난이도를 파악하고 이를 빈도수 분석 결과와 결합시켜 중국어권 학습자를 대상으로 교육용 속담의 등급을 설정한다.13)

4.1. 어휘·문법

속담의 어휘·문법 측면의 난이도를 속담을 구성하는 어휘의 난이도와 문법의 난이도를 통해서 산정한다. 어휘와 문법의 난이도를 판정할 때 한국어능력시험 홈페이지 자료실에서 제시한 한국어능력시험 초급과 중급 어휘·문법 목록을 분석기준으로 하며 목록 외에 나온 어휘와 문법은 조남호(2003)를 참고한다.14)

---

13) 김정아(2002: 64~65)에서는 한국어 교육용 속담 선정과정에 대해서 제안하였다. 제안 중의 하나가 "문장의 구조가 정확한 주어와 서술어를 갖춘 속담부터 중급 단계로"이다. 문장 구조의 측면에서 볼 때 정확한 구조를 가진 속담이 더 쉬울 수 있으나 속담의 구조가 고정되어 있으므로 학습자에게 속담을 교육할 때 통째로 제시하는 것이 더 효과적일 수 있어 이 책에서 문장 구조 측면의 난이도를 분석하지 않는다. 또한 속담의 실생활 중에 주로 인용하기 등 방식으로 사용되어 이와 관련되는 문형이 실제 한국어 교육 현장에서 문법이나 표현을 교육할 때 다루게 되어 이 책에서는 이에 관한 난이도를 분석하지 않는다.

조남호(2003)에도 제시되어 있지 않은 어휘와 문법의 난이도는 고급 단계로 한다. 어휘와 문법이 제시된 단계에 따라서 난이도 수치(數値)를 각 1(초급 단계), 2(중급 단계), 3(고급 단계)으로 표시한다. 예를 들면, '가죽', '벙어리', '팔자'는 한국어능력시험 초급과 중급 어휘 목록에 제시되어 있지 않으나 조남호(2003)에서는 '가죽'은 B단계(중급 단계)에 제시되고 '벙어리'는 C단계(고급 단계)에 제시되었다. 따라서 '가죽'의 난이도는 중급 단계에 해당되어 2로 표시하고 '벙어리'의 난이도는 고급 단계에 해당되어 3으로 표시한다. '팔자'는 조남호(2003)에도 제시되어 있지 않기 때문에 난이도가 고급 단계에 해당되어 3으로 표시한다.

분석할 때 먼저 앞에서 2차적으로 선정되어 〈표 18〉~〈표 20〉에 제시된 164개의 속담(표에서 교육하기에 적절하지 않은 43, 95, 141, 163번의 속담을 제외함)을 국립국어원 표준국어대사전에 근거해 형태소로 분리시켜 난이도 수치(數値)를 표시한다. 초급과 중급 문법 목록 중에 제시된 복합표현이 있는 경우에는 해당되는 여러 형태소를 하나의 복합표현으로 묶어서 난이도 수치를 표시한다. 복합어가 어휘 목록에 제시되어 있지 않은 경우에 복

---

14) 조남호(2003)의 『한국어 학습용 어휘 선정 결과보고서』는 먼저 현대 국어 사용 빈도 조사를 수행하여 그 결과를 이용해서 일선에서 한국어 교육을 담당하고 있는 경험 많은 자를 선정에 참여하게 하였다. 학습자의 학습 단계를 3단계로 나누어 A단계(1단계)는 982개, B단계(2단계)는 2,111개, C단계(3단계)는 2,872개, 총 5,965개의 학습용 어휘를 제시하였다.

합어를 구성하는 형태소가 형태 변화가 없고 복합어의 의미도 형태소의 합친 의미 외에 새로운 의미가 부가되지 않는 경우이면 복합어를 구성하는 난이도가 가장 높은 형태소의 수치를 복합어의 난이도 수치로 본다.15) 예를 들면, 어휘 목록에 '목구멍'이 제시되어 있지 않으나 '목'은 초급 단계(난이도 수치 1)에 제시되어 있고 '구멍'은 중급 단계(난이도 수치 2)에 제시되어 있다. 두 형태소 '목'과 '구멍'이 합쳐서 생긴 의미는 '목구멍'의 기본 의미 외에 새로 부가된 의미가 없기 때문에 '목구멍'의 난이도 수치를 2로 표시한다.16)

어휘·문법 목록에 제시되어 있는 항목의 준말인 경우에 해당 항목과 같은 난이도로 본다. 예를 들면 '-듯이'의 난이도 수치는 2이며 '-듯'의 난이도 수치도 2로 본다.

하나의 어휘나 문법 항목에 여러 가지 의미나 용법이 담겨 있는 경우가 있다. 어휘·문법 목록에 제시된 의미와 용법 외의 다른 의미와 용법을 나타내는 경우에 난이도 수치를 3으로 표시한다. 예를 들면 '굽다'는 초급 어휘 목록에 '굽다01(동사, 고기를 굽다)'로 제시되어 있으나 '팔이 안으로 굽지 밖으로 굽나' 중의

---

15) 복합어인 경우에 단어를 구성하는 형태소가 형태상의 변화가 없고 단순한 결합이면 해당 형태소를 알고 있는 학습자가 쉽게 복합어의 의미를 파악할 수 있다.

16) 형태소의 합친 의미 외에 제3의 의미가 부가되는 복합어가 있다. '검은 머리 파뿌리 되도록' 중의 '파뿌리'인 경우에 '파'와 '뿌리'의 합친 의미 외에 '백발'이라는 제3의 의미가 부가된다.

'굽다'는 어휘 목록에 제시되어 있지 않기 때문에 난이도 수치를 3으로 표시한다.[17]

속담을 구성하는 어휘나 문법 요소 중의 최고 난이도 수치를 속담의 어휘적이나 문법적인 난이도 수치로 보며 어휘적인 난이도 수치와 문법적인 난이도 수치를 합친 결과를 속담의 전체적인 어휘·문법 난이도 수치로 본다. 예를 들면, '가지 많은 나무에 바람 잘 날이 없다'는 '가지, 많다, 나무, 바람, 자다, 날, 없다' 등 어휘 중에 '가지'는 2등급(중급)에 해당되어 나머지 어휘는 1등급(초급)에 해당되며 '-은, -ㄹ, 에, 이' 등 문법 항목은 모두 1등급(초급)에 해당된다. 따라서 이 속담의 어휘적인 난이도 수치는 2이고 문법적인 난이도 수치는 1이고 전체적인 어휘·문법 난이도 수치는 3이다.[18]

---

17) 국립국어원 표준국어대사전에 의하면 격조사로 쓰인 '에'의 용법은 총 15가지이나 한국어 교재에 '에'에 관련된 문법은 초급 단계 외에 따로 제시되어 있지 않고 대개 복합표현으로 제시되어 있기 때문에 여기서 속담에서 나온 '에'의 난이도를 어휘·문법 목록에 따라 초급 단계 1로 본다.

18) 속담이 실제생활 중에 변형하여 사용되는 경우가 많기 때문에 속담 어휘·문법 측면의 난이도를 판정하는 데에 종결어미의 영향을 최대한 줄이기 위해 어휘 원형과 일치하지 않는 경우에만 문법항목으로 보아 따로 분석한다. 따라서 이 속담에 문법 항목 '-다'(난이도는 2단계에 해당됨)도 있으나 형태상 볼 때 '없다'의 원형과 일치하기 때문에 따로 분석하지 않는다. 또한 '이다'(서술격조사)는 문법 항목에 따로 제시되어 있지 않으나 초급 문법 항목에 복합표현인 '-(으)ㄹ 것이다'가 제시되어 있다. '이다'(서술격조사)는 초급 단계에 충분이 학습될 것이어서 '이다'의 문법적인 난이도 수치를 1로 본다. 부분 속담의 문법적인 난이도 수치가 0인 경우도 있다. 예를 들면, '꿩 대신 닭'은 어휘로만 구성되어 있어 문법적인 난이도 수치가 0이다. 물론 문법적인 요소가 생략되었다고 볼 수 있으나 여기서 속담을 구성하는 형태소 별로 분석하기 때문에 이런 속담의 문법적인 난이도를 0으로 본다.

분석 결과에 따르면 어휘·문법 난이도 수치가 2에 해당된 속담은 총 7개(표현용 속담 2개, 표현·이해용 3개, 이해용 속담 2개), 3에 해당된 속담은 총 19개(표현용 속담 3개, 표현·이해용 6개, 이해용 속담 10개), 4에 해당된 속담은 총 66개(표현용 속담 7개, 표현·이해용 28개, 이해용 속담 31개), 5에 해당된 속담은 총 60개(표현용 속담 6개, 표현·이해용 22개, 이해용 속담 32개), 6에 해당된 속담은 총 12개(표현용 속담 1개, 표현·이해용 3개, 이해용 속담 8개)가 있다. 전체적으로 볼 때 다른 어휘·문법 난이도 수치보다는 수치가 4와 5인 속담의 수가 훨씬 많다. 이것은 '부스럼, 꿩, 쳇바퀴' 등 속담에 쓰이나 일상생활에서 자주 안 쓰이는 어휘와 '-랴, -았/었다' 등 문법 요소 때문이다. 어휘적인 난이도 수치와 문법적인 난이도 수치가 모두 낮게 나타나거나 높게 나타난 2와 6인 속담이 많지 않다.[19]

4.2. 형태·의미

이 책은 중국어권 학습자를 대상으로 하는 속담 교육 연구이므로 형태·의미 측면의 난이도 분석은 한국어 속담을 중국어 숙어와 대조 분석을 통해서 한다. 한국어 속담과 관련되는 중국어

---

19) 속담 항목별 어휘·문법 난이도 수치는 〈표 27〉에 제시되어 있다.

숙어를 추출하는 데에 다음과 같은 절차를 거쳤다.

한국어 속담을 중국어 숙어와 대조 분석을 하려면 속담과 대조되는 숙어 자료부터 구축해야 한다. 이 책에서는 姜信道(2005), 金玉蘭(2007), 方學哲(2001) 세 가지 한중속담사전을 바탕으로 속담과 관련되는 숙어 자료를 1차적으로 선정하였다. 한중속담사전에서 한국어 속담을 잘못 해석하는 경우가 있어 1차적으로 선정된 숙어 자료의 정확성을 확인할 필요가 있어 劉銀鍾(2007)이 주필한『중한 속담 사전』(中韓諺語辭典), 고려대학교 민족문화연구원에서 편찬한『중한사전』, 네이버 중국어사전,『현대한어사전』(現代漢語詞典),『한문대전』(翰文大典)20) 등을 활용해서 선정된 중국어 숙어의 의미를 2차적으로 확인하고 한중속담사전의 해석 오류를 수정하였다. 한중속담사전에 의해 선정된 숙어가 실생활 속에서 잘 사용되지 않을 수도 있고 같은 속담과 대조되는 숙어 표현이 여러 개가 있는 경우도 있으므로 실생활에서 자주 사용되는 숙어를 분석용 자료로 하고 劉乃琴·劉麗麗(2008)의 중국어『헐후어 언어 사전(歇後語諺語詞典)』, 북경대학 중국언어학연구중심(北京大學中國語言學硏究中心)에서 제공한『현대한어말뭉치(現代漢語語料庫)』, 바이두(百度) 웹 사이트 등을 통해서 선정된

---

20) '한문대전(翰文大典)'은 온라인 중국어사전이며 한자(漢字) 24,461개, 단어(詞語) 352,901개, 성어(成語) 33,322개, 유의어와 반의어(近反義詞) 25,867쌍, 수수께끼(謎語) 22,154개, 명언경구(名言警句) 17,034개, 헐후어(歇後語) 19,777개, 고대와 현대 시문(古今詩詞) 91,850편을 수록하고 있다.

숙어의 실제 사용 양상을 파악하여 최종적으로 분석용 숙어를 선정하였다.21) 웹 사이트를 통해서 숙어의 실제 사용 양상을 파악하는 데에 한중 속담 사전적인 해석을 제시하는 용례를 제외시켰다. 한중속담사전에 숙어 형태로 제시되어 있으나 실제 언어 사용에 용례가 없고 중국어속담사전에도 수록되어 있지 않은 경우에 대조 분석 자료로 보지 않았다. 예를 들면, '같은 값이면 다홍치마'를 한중속담사전에 '有紅裝不要素裝,有月亮不要星星'으로 해석하고 있으나 실제 사용 용례가 없다. 중국어권 학습자에게 제시하면 학습자가 숙어의 축자 의미 [빨간 옷이 있으면 하얀 옷을 안 가져가고 달이 있으면 별을 안 가져간다]를 통해서 관용 의미를 추측할 수 있으나 숙어 의미를 직접 인지하고 있는 상태가 아니므로 이 책에서 이런 숙어를 분석 자료에서 제외시켰다.

같은 의미를 표현하는 속담이 한 개 이상이 있기 마련이다. 이 책에서는 속담과 숙어의 형태·의미를 최대한 대조시키면서 표현의 다양성을 감안한다. 예를 들면, '누워서 떡 먹기', '땅 짚

---

21) 북경대학 중국언어학연구중심에서 제공하는 말뭉치(CCL 말뭉치)는 현대한어 말뭉치(現代漢語語料庫), 고대한어말뭉치(古代漢語語料庫), 한영쌍어말뭉치(漢英雙語語料庫)를 포함하며 한어말뭉치는 총 783,463,175자로 구성되어 있다 (2015년 8월 8일 CCL말뭉치 홈페이지 소개자료 참조). 바이두(百度) 웹 사이트는 중국 내에서 널리 사용되어 있는 웹 사이트이며 이 사이트를 통해 실제적인 중국어 사용 양상을 엿볼 수 있다. 이밖에도 한국어 속담과 유사하나 의미가 다른 숙어, 학습자 오류 유발하기 쉬운 숙어 등을 선정할 때 한중 속담을 연구하는 학술 논문도 참고하였다.

고 헤엄치기', '식은 죽 먹기' 등 속담과 '不費吹灰之力[먼지 날릴
힘도 들이지 않다]', '輕而易擧[가벼워서 쉽게 들 수 있다]', '小菜
一碟[한 작은 접시의 반찬]' 등 숙어는 모두 [일이 아주 쉽다]는
의미를 가지고 있어 형태의 유사성을 고려하면서 속담마다 대
조되는 숙어를 서로 다르게 제시한다.22)

한국어 속담과 중국어 숙어를 대조 분석할 때 형태와 의미의
차이에 따라 크게 대조되는 경우와 대조되지 않는 경우로 나눌
수 있다. 중국어 숙어와 대조되는 경우는 또 의미가 일치하는
경우, 유사한 경우, 다른 경우로 나눌 수 있다.23)

---

22) 같거나 비슷한 의미를 나타내는 한 개 이상의 속담이 있듯이 중국어에도 이런
숙어가 있다. 같은 상황을 표현하는 데에도 학습자가 개인 습관에 따라 선호하
는 숙어 표현이 다른 경우가 있다. 따라서 같거나 비슷한 의미를 나타내는 속담
을 제시할 때 하나의 숙어로 통일해서 제시하지 않고 해당 속담과 대조 분석을
통해 학습자가 더 쉽게, 빠르게 속담을 이해할 수 있는 숙어를 선정하였다. 여
기서 제시하는 숙어가 같거나 비슷한 의미를 나타내며 중국어에서 모두 흔히
사용되는 숙어이다. '누워서 떡 먹기' 중의 '떡 먹기'와 '不費吹灰之力' 중의 '먼
지 날리기'는 '목적어+술어'식으로 구성되어 있기 때문에 한 쌍으로 제시하고
'땅 짚고 헤엄치기' 중의 '헤엄치기'와 '輕而易擧' 중의 '들기'는 다 동작이므로
한 쌍으로 보고 '식은 죽 먹기' 중의 '죽'과 '小菜一碟' 중의 '반찬'은 모두 음식물
이어 한 쌍으로 본다. 이 중에 '누워서 떡 먹기'와 '不費吹灰之力', '輕而易擧'는
[일이 아주 쉽다]는 뜻만 가지고 있으나 '땅 짚고 헤엄치기'는 [일이 의심할 여
지가 없이 확실하다]는 의미도 있으며 '小菜一碟'은 [하찮은 일]도 가리킨다.
난이도를 측정하는 데에 이런 의미 차이 때문에 대응 쌍으로 묶어 준 결과에
따라 난이도 수치가 조금 다르게 나온다.
23) 한국어와 중국어의 특성을 감안하여 이 책에서는 형태를 축자 의미와 결합시
켜 넓게 본다.

4.2.1. 중국어 숙어와 대조되는 경우

이 절에서 관용 의미가 중국어 숙어와 같은 속담, 유사한 속담, 형태가 유사하나 관용 의미가 다른 속담을 숙어와 비교하여 분석한다.

(1) 관용 의미: 한국어 속담=중국어 숙어

중국어 숙어와 관용 의미가 같은 한국어 속담은 총 67개가 있다. 이 중에 중국어 숙어와 형태가 일치하는 속담은 12개, 형태가 유사한 속담은 26개, 형태가 다른 속담은 29개가 있다.[24]

A. 형태: 한국어 속담=중국어 숙어

중국어 숙어와 관용 의미가 같고 형태도 같은 속담은 다음과 같은 12개가 있다.

(28) a. ①. ㄱ. 백문이 불여일견

ㄴ. 百聞不如一見

②. ㄱ. 지성이면 감천

---

24) 한국어 속담의 형태가 중국어 숙어와 유사한 경우는 속담과 숙어에 나타난 주제가 일치하나 표현이 다를 경우, 속담과 숙어에 나타난 주제가 유사하고 표현 방법도 유사한 경우를 포함한다.

ㄴ. 至誠感天

b. ①. ㄱ. 고생 끝에 낙이 온다

　　　ㄴ. 苦盡甘來

②. ㄱ. 마른하늘에 날벼락

　　　ㄴ. 晴天霹靂

③. ㄱ. 적을 잘 알고 자신을 잘 아는 자는 백 번 싸워 백

　　　 번 이긴다

　　　ㄴ. 知己知彼, 百戰百勝

(28a)는 한자어로 표현된 속담이며 중국어에 이와 대조되는 숙어가 있다. (28b)는 고유어로 표현된 속담이나 이와 대조되는 고사성어가 있다. (28b-①-ㄱ)은 '고진감래(苦盡甘來)', (28b-②-ㄱ)은 '청천벽력(靑天霹靂)', (28b-③-ㄱ)은 '지피지기(知彼知己)'의 고사성어로 표현할 수 있으며 중국어 숙어와 대조된다.

중국어 숙어와 달리 한자어로 표현된 속담에는 조사(이, 이다)와 연결어미(-면)가 활용되어 있다. 이것은 한국어와 중국어 두 가지 언어의 자체적인 특성 때문이다. 한국어는 어휘적 요소에 문법적인 요소를 덧붙여 단어나 어절을 만드는 첨가어(교착어)이고 중국어는 어근에 접사나 어미가 붙지 않고 시제나 격이 단어나 어순에 의해 표시되는 고립어이기 때문이다.25)

(28a ②)와 (28b ②)는 다 '하늘'을 소재로 쓰고 있다. 한국어와 중국어 중의 '하늘'이 가지고 있는 의미는 비슷하다. 기본 의미는 (28b ②)와 같이 [지평선이나 수평선 위로 보이는 무한대의 넓은 공간]을 가리킨다. (28a ②) 중의 '하늘'은 불가사의한 능력으로써 선악을 판단하고 길흉화복을 인간에게 내리는 신비스러운 존재이다. 또한 '하늘의 별 따기' 중의 '하늘'은 (28b ②)와 같이 '하늘'의 기본적인 의미가 있고 사람이 실현하기 힘든 일을 나타내는 문화적인 의미도 담겨 있다. 이외에 '하늘'은 신이나 천사가 살고 있고 사람이 죽은 뒤에 그 영혼이 올라가서 머무르는 상상의 공간이라는 의미도 있다. '하늘'은 한국어나 중국어에 비슷한 문화적인 의미를 가지고 있어 중국어권 학습자가 이와 관련되는 속담의 의미를 보다 쉽게 이해할 수 있다.

(29) a. ①. ㄱ. 엎질러진 물

　　　　　 ㄴ. 泼出去的水[26]

b. ①. ㄱ. 무소식이 희소식

　　　　 ㄴ. 沒有消息就是好消息[27]

---

25) 국립국어원(2005가: 24~26) 참조.

26) 같은 뜻을 표현하는 숙어 '覆水難收'도 있다. 축자 의미는 [한 번 엎지른 물은 다시 담지 못한다]이다. '潑出去的水'는 실생활 중에 많이 쓰이고 한국어 속담과 형태가 일치하기 때문에 숙어 표제어로 선정하였다.

②. ㄱ. 고생을 사서 한다

ㄴ. 自討苦吃

③. ㄱ. 하늘은 스스로 돕는 자를 돕는다

ㄴ. 天助自助者[28]

(29a)의 속담은 구형태로 되어 있고 (29b)는 문장형태로 되어 있다. (29a) 중의 중국어 숙어도 한국어 속담과 같이 구형태로 되어 있다. (29b-①-ㄱ)은 '이다'가 생략되어 있으나 중국어 숙어 (29b-①-ㄴ)에 '이다'에 해당되는 '是'가 문장 구성에 필요하므로 추가되었다.

(30) a. ①. ㄱ. 열 손가락 깨물어 안 아픈 손가락이 없다

ㄴ. 十個指頭, 咬著哪一個都疼

②. ㄱ. 피는 물보다 진하다

ㄴ. 血浓于水

b. ①. ㄱ. 입에 쓴 약이 병에는 좋다

ㄴ. 良藥苦口利於病[29]

---

27) 이 숙어는 중국어속담사전에 수록이 되어 있지 않으나 실제 언어생활 하는 데에 비교적으로 널리 쓰이고 있다. 영어 속담 'No news is good news'에서 유래되었다는 설도 있다.

28) '自助者天助[스스로 돕는 자는 하늘이 돕는다]'를 하기도 한다.

(30)은 신체와 관련된 소재를 활용한 속담과 숙어이다. (30a)는 '손가락, 피'로 혈육을 비유하고 있다. (30a ①)과 같이 한국어와 중국어에 '손가락'의 문화적인 의미가 비슷하다. '혈육'을 가리키는 문화적인 의미를 다 가지고 있으며 '손가락질(指指戳戳)'처럼 [얕보거나 흉보다]는 문화적인 의미도 다 가지고 있다. 이외에 중국어에 '指點', '指導', '指正' 등 손가락 '지(指)'로 구성된 단어가 많으며 [지적하다, 가르치다]는 문화적인 의미가 있다.

(30b)는 '쓴 약', '입', '병' 등을 통해서 충고를 잘 받아들여야 된다는 의미를 나타낸다. 중국어 숙어도 마찬가지다.

B. 형태: 한국어 속담≒중국어 숙어

중국어 숙어와 의미가 같고 형태가 유사한 한국어 속담은 다음의 26개가 있다. 속담과 숙어에 쓰이는 소재가 많은 유사성을 띠고 있다.

(31) a. ①. ㄱ. 고양이 앞에 쥐

　　　　ㄴ. 老鼠見了貓 [쥐가 고양이를 만났다]

　　b. ①. ㄱ. 눈에는 눈 이에는 이

---

29) '良藥苦口利於病,忠言逆耳利於行[좋은 약은 써도 병에 이롭고 충고하는 말은 귀에 거슬려도 행실에는 이롭다]'처럼 대구로 쓰기도 한다.

ㄴ. 以眼還眼, 以牙還牙 [이는 이로 갚고 눈은 눈으로 갚는
다]

②. ㄱ. 팔이 안으로 굽지 밖으로 굽나

ㄴ. 胳膊總是朝裡彎30) [팔이 항상 안으로 굽기 마련이다]

c. ①. ㄱ. 바늘 가는 데 실 간다

ㄴ. 針不離線, 線不離針31) [바늘은 실과 떨어질 수 없고
실은 바늘과 떨어질 수 없다.]

②. ㄱ. 사공이 많으면 배가 산으로 간다

ㄴ. 艄公多了打爛船 [사공이 많으면 배를 망가뜨린다]

③. ㄱ. 세월이 약

ㄴ. 時間是最好的良藥 [시간은 가장 좋은 약이다]

d. ①. ㄱ. 십년공부 도로 아미타불

ㄴ. 十年之功, 廢于一旦 [십년의 공은 한 순간에 허사가
된다]

②. ㄱ. 민심은 천심

ㄴ. 民心天意不可違 [민심과 하늘의 뜻을 어기면 안 된다]

---

30) 중국어에 이와 반대로 '胳膊肘往外拐[팔이 밖으로 굽다]'도 있다. [자기 사람 대
신에 다른 사람 편들다]는 뜻이다.

31) [대단히 사이 좋아 늘 붙어 있다]는 뜻을 표현하는 '形影不離[형체와 그림자는
떨어지지 않는다]'도 있다.

(31)에서 제시한 속담과 숙어에는 같은 소재가 쓰이고 있다. (31a)는 동물과 관련된 소재, (31b)는 신체와 관련된 소재, (31c)는 생활과 관련된 소재, (31d)는 정신신앙과 관련된 소재가 쓰이고 있다.

(31a ①)은 고양이와 쥐를 소재로 쓰고 있으며 (31a-①-ㄴ)은 (31a-①-ㄱ)과 달리 '앞'을 쓰지 않고 동사 '만나다'를 쓰고 있다.

(31b ①)은 눈과 이를 소재로 쓰고 있고 (31b-①-ㄱ)은 조사 '에'와 '는'을 통해 뜻을 나타내고 (31b-①-ㄴ)은 동사 '갚다'로 의미를 표현한다. (31b ②)는 팔을 소재로 쓰고 있다. (31b-②-ㄱ)은 의문문으로 표현하고 있고 (31b-②-ㄴ)은 평서문으로 표현하고 있다.

(31c) 중의 속담과 숙어의 소재가 같고 술어나 표현 방법이 다르다. (31c ①~②)는 '간다-떨어지지 않는다, 산으로 간다-망가뜨린다'와 같이 문장의 중심인 술어 부분의 표현법이 다르다. (31c-③-ㄴ)은 (31c-③-ㄱ)과 달리 '가장 좋다'는 의미를 강조하고 있다.

(31d-①-ㄱ)은 '도로'를 강조하는 것과 달리 (31d-①-ㄴ)은 '순간에 허사가 된다'에 초점을 두고 있다. (31d-②-ㄱ)은 민심과 천심이 같다는 것을 직설적으로 표현하고 있으며 (31d-②-ㄴ)은 '어기면 안 된다'는 표현을 통해서 (31d-②-ㄱ)과 같은 의미를 나타낸다.

(32) a. ①. ㄱ. 약방에 감초

ㄴ. 藥里的甘草-總有份 [약에 감초-항상 빠지지는 않는
다]

②. ㄱ. 도둑이 제 발 저리다

ㄴ. 做賊心虛 [도둑이 마음이 켕긴다]

b. ①. ㄱ. 단맛 쓴맛 다 보았다

ㄴ. 嘗遍了酸甜苦辣 [신맛, 단맛, 쓴맛, 매운맛을 다 보았
다]

②. ㄱ. 벼 이삭은 익을수록 고개를 숙인다

ㄴ. 飽穀穗頭往下垂, 癟穀穗頭朝天錐32) [속이 꽉 찬 벼 이
삭은 고개를 숙이고 쪼글쪼글한 벼 이삭은 하늘을
지른다]

(32)에서 제시한 속담과 숙어의 소재가 같은 부류에 속하고
짙은 유사성을 띠고 있다. (32a) 속담과 숙어 소재를 보면, '약방
과 감초-약과 감초, 도둑의 발-도둑의 마음'처럼 짙은 유사성을

---

32) 이 숙어의 앞부분 '飽穀穗頭往下垂'가 [교양이 있는 사람이 겸손하고 자기를 내
세우려 하지 않다]는 뜻이며 뒷부분 '癟穀穗頭朝天錐'가 [무식한 사람이 오히려
더 우쭐댄다]는 뜻이다. 전체적으로 볼 때는 중국어 숙어 의미가 [벼는 익을수
록 고개를 숙인다]보다 조금 넓으나 '飽穀穗頭往下垂'가 '벼는 익을수록 고개를
숙인다'와 대조되어 관용 의미가 같다.

띠고 있다. (32b)는 숙어 소재가 속담 소재보다 범위가 크거나 세분되어 있다. 속담과 숙어의 소재로 '단맛, 쓴맛-신맛, 단맛, 쓴맛, 매운 맛', '벼 이삭-속이 찬 벼 이삭과 쪼글쪼글한 벼 이삭'이 사용되어 있다.

(33) a. ①. ㄱ. 불난 집에 부채질한다

ㄴ. 火上澆油 [불에 기름을 끼얹는다]

②. ㄱ. 쇠귀에 경 읽기

ㄴ. 對牛彈琴 [소에 거문고 타기]

③. ㄱ. 웃는 낯에 침 못 뱉는다

ㄴ. 伸手不打笑臉人 [웃는 사람을 손을 내밀어 때리지 않는다]

b. ①. ㄱ. 열 길 물속은 알아도 한 길 사람의 속은 모른다

ㄴ. 畫虎畫皮難畫骨, 知人知面不知心 [범은 가죽을 그리기 쉬워도 뼈를 그리기 어려우며 사람은 얼굴을 알아도 마음을 모른다]

②. ㄱ. 콩 심은 데 콩 나고 팥 심은 데 팥 난다

ㄴ. 種瓜得瓜種豆得豆 [오이 심은 데서 오이 나고 콩 심은 데서 콩 난다]

③. ㄱ. 열 번 찍어 아니 넘어가는 나무 없다

ㄴ. 柴經不起百斧, 人經不起百語 [백 번 찍어 안 넘어가는 나무가 없으며 백 번 설득하여 안 넘어가는 사람이 없다]

c. ①. ㄱ. 빈대 잡으려고 초가삼간 태운다

ㄴ. 恨虱子燒棉襖-不值得 [이가 미워 솜저고리를 불에 태운다-그렇게 할 가치가 없다]

②. ㄱ. 티끌 모아 태산

ㄴ. 聚沙成塔³³⁾ [모래가 모아 탑을 이룬다]

d. ①. ㄱ. 고래 싸움에 새우 등 터진다

ㄴ. 龍虎相鬥, 魚蝦遭殃³⁴⁾ [용과 호랑이 싸움에 물고기와 새우가 재난을 입는다]

②. ㄱ. 하늘의 별 따기

ㄴ. 難如登天 [하늘에 올라가는 것처럼 어렵다]

③. ㄱ. 하늘이 무너져도 솟아날 구멍이 있다

ㄴ. 天無絶人之路³⁵⁾ [하늘은 사람이 살아갈 길을 끊어 놓

---

33) '集腋成裘[적은 양의 백여우 겨드랑이 가죽을 모아서 갖옷을 만든다]'도 같은 의미를 나타낼 수 있는데 '티끌'과 '모래'의 유사성을 감안해서 '聚沙成塔'을 숙어 표제어로 한다.

34) '城門失火, 殃及池魚[성문에 불이 나니 그 화가 못 속의 고기에 미친다]'로 '고래 싸움에 새우 등 터진다'를 해석하는 경우도 있다. '龍虎相鬥, 魚蝦遭殃'은 한국어 속담과 더 많은 형태적인 유사성을 가지고 있기 때문에 표제어로 선정하였다.

지 않는다]

  e. ①. ㄱ. 낫 놓고 기역 자도 모른다

       ㄴ. 目不识丁 [눈이 정 (丁)자도 모른다]

    ②. ㄱ. 싼 것이 비지떡

       ㄴ. 便宜沒好貨 [값이 싸면 좋은 물건이 없다]

    ③. ㄱ. 옷이 날개라

       ㄴ. 人是衣裳, 馬是鞍36) [사람은 옷이요, 말은 안장이라]

  (33)은 속담과 숙어의 소재가 비슷하다. (33a)는 속담과 숙어에 제시된 배경과 행위가 비슷하다. 배경은 '불난집-불, 쇠귀에-소에, 웃는 낯에-웃는 사람'과 같이 비슷하고 행위도 '부채질하기-기름 끼얹기, 경 읽기-거문고 타기, 침 뱉기-때리기'와 같이 유사하다.

  (33b ①~②)는 속담과 숙어가 다 대구법으로 표현하고 있으며 (33b ③)은 숙어가 대구법으로 표현하고 있다. (33b) 중의 속담과 숙어에 쓰인 일부 소재는 같고 일부 소재는 다르다. 예를 들

---

35) '天塌下來有高個子頂[하늘이 무너져도 키가 큰 사람이 받칠 것이다]'도 있는데 [어떠한 재난이 닥쳐도 그 것을 감당할 사람이 있으니 걱정할 필요가 없다]는 뜻이다.

36) 같은 뜻을 나타내는 '人靠衣裝, 佛靠金裝[사람은 옷차림에 달려 있고 불상은 금 장식에 날려 있다]'도 있으나 '人是衣裳馬是鞍'은 더 많이 쓰이기 때문에 숙어 표제어로 선정하였다.

면, '사람의 속(마음)을 모른다', '콩 심은 데 콩 난다', '열(백) 번 찍어 안 넘어가는 나무 없다' 등 문장 성분이 같으며 소재도 같다. (33b ①~②) 중에 쓰인 '물속-호랑이', '팥-오이'처럼 소재가 다르며 (33b-③-ㄴ)은 복문이며 '사람'을 소재로도 쓰고 있으나 (33b-③-ㄱ)은 단문이므로 이와 대조되는 소재가 없다.

(33c)는 속담과 숙어의 소재가 유사하며 표현법이 같다. (33d ①~②)는 '빈대-이', '초가삼간-솜저고리', '티끌-모래', '태산-탑' 등 유사한 소재를 쓰고 있으며 '태운다, 모아' 등 같은 표현법을 쓰고 있다.

(33d)는 속담과 숙어가 유사한 소재와 표현법을 쓰고 있다. '고래 싸움-용과 호랑이 싸움', '새우-물고기와 새우', '등 터진다-재난을 입는다', '하늘의 별 따기-하늘에 오르기'처럼 유사한 소재와 표현법이 속담과 숙어에 쓰이고 있다. (33d ③)은 속담과 숙어가 다 '하늘'을 소재로 쓰고 있으나 속담은 '솟아날 구멍'으로 표현하고 있으며 숙어는 '살아갈 길을 끊어 놓지 않는다'로 표현하고 있다.

(33e)는 속담과 숙어가 유사하거나 같은 소재를 써서 다른 표현법으로 관용 의미를 나타내고 있다. (33e ①)은 '기역 자-정(丁) 자'가 글자에 속하고, (33e ②)는 '싼 것이-값이 싸다'가 가격과 관련하고, (33e ③)은 같은 소재 '옷'을 쓰고 있다. 표현법을 보면 (33e-①-ㄱ)은 '기역 자' 모양과 비슷한 '낫'으로 (33e-②-ㄱ)은

'비지떡'으로, (33e-③-ㄱ)은 '날개'로 관용 의미를 나타내는 반면에 (33e-①~③-ㄴ)은 직설적인 표현법을 사용하고 있다.

(33e-①-ㄱ)은 농경생활 도구인 낫의 모양과 기역 자 모양의 유사성을 이용하여 '무식하다'는 의미를 나타낸다. 중국어에는 낫은 농사할 때의 도구이며 노동인민을 상징하기도 한다. 낫에 관한 문화적인 의미가 조금 다르지만 중국어 숙어 (33e-①-ㄴ)은 속담과 같이 글자 '정(丁) 자'를 활용하여 의미를 나타내고 있기 때문에 중국어권 학습자가 이 속담을 쉽게 이해할 수 있다.

C. 형태: 한국어 속담≒중국어 숙어

중국어 숙어와 의미가 같고 형태가 다른 한국어 속담은 다음의 29개가 있다. 속담에 쓰인 소재를 동식물, 신체 부위, 생활과 관련된 소재로 나눌 수 있다.

(34) a. ①. ㄱ. 가는 토끼 잡으려다 잡은 토끼 놓친다

ㄴ. 打了林中鳥, 丟了籠中雞 [숲에 있는 새를 잡고자 닭장에 있는 닭을 잃었다]

②. ㄱ. 원숭이도 나무에서 떨어진다

ㄴ. 人有失手, 馬有失蹄 [사람은 실수할 때가 있고 말은 실족할 때가 있다]

③. ㄱ. 꿩 먹고 알 먹는다

ㄴ. 一箭双雕37) [한 개의 화살로 두 마리 독수리를 맞춘다]

④. ㄱ. 가재는 게 편

ㄴ. 魚找魚, 蝦找蝦, 王八找個鼈親家[물고기는 물고기 찾고 새우는 새우 찾고 거북이는 자라와 사돈을 맺는다]

⑤. ㄱ. 자라 보고 놀란 가슴 솥뚜껑 보고 놀란다

ㄴ. 一朝被蛇咬, 十年怕井繩 [하루아침에 뱀한테 물리더 니 십 년 동안 두레박줄을 무서워한다]

⑥. ㄱ. 벼룩의 간을 내어 먹는다

ㄴ. 蚊子屁股里掏蛆吃 [모기 엉덩이에서 구더기를 꺼내 먹는다]

b. ①. ㄱ. 서당 개 삼 년에 풍월 읊는다

ㄴ. 跟著瓦匠睡三天, 不會蓋房也會搬磚38) [미장이를 삼일 만 따라다니면서 같이 자면 집은 못 지어도 벽돌은 나를 줄 안다]

②. ㄱ. 소 잃고 외양간 고친다

---

37) Shaojuan(2010: 62)에서 논술한 바에 의하면 중국어권 학습자가 '꿩 먹고 알 먹는다'를 직역을 통해서 추측한 의미가 '殺雞取卵[닭을 죽여 뱃속의 달걀을 꺼낸다]'이다. 이 숙어는 [눈앞의 이익만을 탐하다가 앞날의 큰 이익을 놓친다] 는 뜻이다.

38) 같은 의미를 표현하는 숙어로 '挨著鐵匠會打釘, 挨著木匠會拉鋸[대장장이 옆에 있으면 못을 만들 줄 알고 목수 옆에 있으면 톱질을 할 줄 안다]', '耳濡目染[자 주 듣고 자주 보게 되면 몰래 영향을 받게 된다]'도 있다.

ㄴ. 賊走關門39) [도둑이 훔쳐 간 뒤에 문을 잠근다]

③. ㄱ. 고양이 목에 방울 달기

ㄴ. 紙上談兵 [지면상으로 군사 전략을 논하다]

④. ㄱ. 개구리 올챙이 적 생각 못한다

ㄴ. 丟掉討飯棍, 忘記叫街時 [걸식할 때 쓰는 막대기를 버리자 길거리에서 구걸하던 시절을 잊는다]

⑤. ㄱ. 다람쥐 쳇바퀴 돌듯

ㄴ. 原地打轉 [원래 있던 자리에서 맴돈다]

⑥. ㄱ. 구더기 무서워 장 못 담글까

ㄴ. 怕噎了嗓子不吃飯 [목이 멜까봐 밥을 먹지 않는다]

⑦. ㄱ. 꼬리가 길면 밟힌다

ㄴ. 久走夜路必撞鬼40) [밤길을 오래 걸으면 귀신과 맞다들기 마련이다]

---

39) '소 잃고 외양간 고친다'를 중국어로 '亡羊補牢[양 잃고 울타리를 고친다]'로 해석하는 사전이나 연구물이 있다. 1장에서도 언급하였듯이 '소 잃고 외양간 고친다'와 '亡羊補牢'는 형태가 유사하나 전혀 다른 의미를 가지고 있다. '소 잃고 외양간 고친다'는 [일이 이미 잘못 된 뒤에는 손을 써도 소용이 없다]는 뜻이며 '亡羊補牢'는 [손실을 입거나 문제가 발생한 후에 서둘러 보완하여 유사한 상황이 재차 발생하지 않도록 한다]는 뜻이다. 가축으로 기르는 소의 수량이 보통 한 마리이고 양의 수량이 보다 많기 때문에 이런 의미 차이가 생겼다는 가능성이 있다. 이 속담을 중국어권 학습자에게 제시할 때 '亡羊補牢'와의 의미 차이도 설명해 줄 필요가 있다.

40) '多行不義必自斃[나쁜 짓을 많이 저지르면 끝내는 죽음을 자조하게 된다]'로 이 속담을 해석하는 연구도 있는데, 이 책에서는 한국어 속담과 같은 뜻을 나타내는 '久走夜路必撞鬼'를 쓴다.

c. ①. ㄱ. 빛 좋은 개살구

　　ㄴ. 繡花枕頭[41] [수놓은 베개]

(34)에서 제시된 속담의 소재가 동식물과 관련된다. (34a)는 속담과 숙어가 다 동물을 소재로 표현하고 있다. '토끼-새와 닭', '원숭이-말', '꿩-독수리', '가재, 게-물고기, 새우, 거북이, 자라', '자라-뱀', '벼룩-모기'와 같이 속담과 숙어에 쓰이는 구체적인 소재가 다르지만 다 동물 소재를 쓰고 있다.

(34b)와 (34c) 중의 한국어 속담은 동물이나 식물을 소재로 쓰고 있고 중국어 숙어는 다른 소재를 쓰고 있다. (34b-①~⑦-ㄱ) 처럼 속담에서는 '개, 소, 고양이, 개구리와 올챙이, 다람쥐, 구더기, 꼬리' 등 동물이나 동물과 관련된 소재가 쓰여 있는 것과 달리 (34b-①~⑦-ㄴ)에는 동물과 관련이 없는 '미장이, 도둑, 군사전략, 행위(걸식한다, 맴돈다), 목과 밥, 귀신' 등 소재가 쓰여 있다. (34c-①-ㄱ)은 '개살구'를 소재로 쓰고 있고 (34c-①-ㄴ) 은 생활용품인 '베개'를 쓰고 있다.

(35) a. ①. ㄱ. 사촌이 땅을 사면 배가 아프다

---

41) 중국어에 '金玉其外, 敗絮其中[겉은 금과 옥으로 만들었는데 안은 낡은 솜이다]' 가 있는데 [(사람이나 사물이) 겉보기는 화려하지만 안은 형편이 없다]는 뜻이 다. 형태상의 유사성을 감안해서 '繡花枕頭'를 숙어 표제어로 선정하였다.

ㄴ. 犯紅眼病 [빨간 눈병에 걸렸다]

b. ①. ㄱ. 제 살 깎아 먹기

ㄴ. 搬起石頭砸自己的脚 [돌을 들어 제 발을 깐다]

②. ㄱ. 제 코가 석자

ㄴ. 泥菩萨过河-自身难保 [진흙으로 빚은 보살이 강을 건

넌다-제 몸을 보전하기 힘들다]

(35a)와 (35b)는 속담과 숙어에 쓰인 소재가 다 신체 부위와
관련되어 있다. (35a ①)은 아픈 부위인 '아픈 배-빨간 눈병'을
통해서 시기심을 나타내며 (35b ①)와 (35b ②)는 '제 살-제 발',
'제 코-제 몸' 등 신체 부위와 관련된 소재로 관용 의미를 표현
하고 있다.

(36) a. ①. ㄱ. 가뭄에 콩 나듯

ㄴ. 寥若晨星 [새벽의 별같이 드물다]

②. ㄱ. 밑 빠진 독에 물 붓기

ㄴ. 挑雪填井42) [눈을 메어 날라 우물을 메운다]

③. ㄱ. 우물을 파도 한 우물을 파라

---

42) 같은 의미를 나타내는 '竹籃子打水一場空[대바구니로 물을 길으니 헛수고만 한
다]'도 있는데 '挑雪填井'의 형태가 '밑 빠진 독에 물 붓기'와 더 유사하여 숙어
표제어로 선정하였다.

ㄴ. 莫學籮筐千隻眼, 要學紅燭一條心 [구멍이 숭숭한 광주
리를 배우지 말고 한 가닥 심지를 가진 붉은 초를 배
우라]

④. ㄱ. 윗물이 맑아야 아랫물이 맑다

ㄴ. 上樑不正下樑歪 [윗대들보가 바르지 못하면 아래들보
가 비뚤어진다]

b. ①. ㄱ. 누워서 떡 먹기

ㄴ. 不費吹灰之力 [먼지 날릴 힘도 들이지 않는다]

②. ㄱ. 우물에 가 숭늉 찾는다

ㄴ. 吃蛋等不得鴨子落屁股-操之过急 [알을 먹는데 오리
내려앉는 것도 기다리지 못한다-너무 성급하게 일
처리를 한다]

③. ㄱ. 아니 땐 굴뚝에 연기 날까

ㄴ. 無風不起浪 [바람이 없이는 파도가 일지 않는다]

④. ㄱ. 병 주고 약 준다

ㄴ. 打一巴掌揉三揉43) [뺨 한 대 치고는 세 번 문질러 준다]

c. ①. ㄱ. 누이 좋고 매부 좋다

---

43) 같은 의미를 나타내는 '打一巴掌給個甛棗吃[따귀를 때리고는 대추를 먹으라고
하나 준다]'도 있으나 '打一巴掌揉三揉'의 실생활 사용 빈도가 더 높게 나타난다.

ㄴ. 兩全其美 [양쪽이 모두 원만하고 좋게 한다]

②. ㄱ. 따 놓은 당상

ㄴ. 十拿九穩 [열 번(개) 잡으면 아홉 번(개)은 온당히 잡
는다]

③. ㄱ. 길고 짧은 것은 대어 보아야 안다

ㄴ. 是騾子是馬拉出去溜溜 [노새인지 말인지는 끌고 나와
걷게 해 보면 안다]

d. ①. ㄱ. 공든 탑이 무너지랴

ㄴ. 皇天不負苦心人 [하늘은 고심하는 사람을 저버리지
않는다]

(36)에서 제시한 속담은 생활과 관련된 소재를 쓰고 있다.
(36a)는 농경생활과 관련된 소재, (36b)는 일상생활과 관련된 소
재, (36c)는 사회생활과 관련된 소재, (36d)는 정신생활과 관련된
소재를 활용하고 있다.

(36a) 중의 속담은 기후인 '가뭄', 도구인 '독', '우물', '윗물과
아랫물' 등 소재를 활용하고 있으며 이와 대조되는 숙어가 '별,
우물, 광주리, 윗대들보와 아래들보' 등 소재를 활용하고 있다.
(36b-①~②-ㄱ)은 식생활과 관련된 '떡, 숭늉', (36b-③-ㄱ)은
주생활과 관련된 '굴뚝', (36b-④-ㄱ)은 건강과 관련된 '병과 약

을 활용하고 있다. (36b-①~④-ㄴ)은 '먼지, 오리 알, 바람과 파도, 뺨' 등 소재를 활용하고 있다. (36c-①-ㄱ)은 '누이, 매부' 등 친족 호칭어를 소재로 쓰고 있으며 (36c-②-ㄱ)은 관직명 '당상'을 소재로 쓰고 있다. (36c-③-ㄱ)은 '길고 짧은 것을 대 보아야 안다'는 경험을 나타내고 있다. (36c-①-ㄴ)의 관용 의미가 축자 의미와 같다. (36c-②-ㄴ)은 '잡다'의 행위를 통해서 관용 의미를 표현하고 있으며 (36c-③-ㄴ)은 (36c-③-ㄱ)의 '긴 것과 짧은 것'을 비교하는 것과 같이 '노새와 말'을 소재로 쓰고 있다. (36d)는 속담과 숙어가 다 정신신앙과 관련된 소재를 쓰고 있다. (36d-①-ㄱ)은 불교와 관련된 '탑'을 소재로 쓰고 있으며 (36d-①-ㄴ)은 전지전능한 '하늘'을 소재로 활용하고 있다.

(2) 관용 의미: 한국어 속담≒중국어 숙어

중국어 숙어와 관용 의미가 비슷한 한국어 속담은 총 54개가 있다. 이 중에 한국어 속담과 형태가 일치하는 속담은 3개, 형태가 유사한 속담은 20개, 형태가 다른 속담은 31개가 있다.

A. 형태: 한국어 속담=중국어 숙어

중국어 숙어와 형태가 일치하고 관용 의미가 유사한 속담은 세 개가 있다. 의미 범주에 따라서 숙어보다 의미 범주가 큰 속담과 작은 속담으로 나눌 수 있으며 인지 초점이 다르므로 속담과 숙어의 관용 의미가 다르게 나타난 경우도 있다.

(37) a. ①. ㄱ. 장님 코끼리 만지는 격

ㄴ. 盲人摸象

b. ①. ㄱ. 겉 다르고 속 다르다

ㄴ. 表裡不一

c. ①. ㄱ. 달걀로 바위치기

ㄴ. 以卵擊石

(37a) 속담의 관용 의미 범주가 숙어보다 넓다. (37a-①-ㄱ)은 [일부분을 알면서도 전체를 아는 것처럼 여기는 어리석음을 이르는 말]과 [능력이 없는 자가 분에 넘치는 큰일을 이야기함을 비유적으로 이르는 말] 두 가지 의미가 있으며 (37a-①-ㄴ)은 [부분만 알고 전체를 알지 못하고 단편적인 이해에 근거하여 멋대로 추측한다]는 의미이다.

(37b)는 속담의 관용 의미 범주가 숙어보다 좁다. (37b-①-ㄱ)은 [겉으로 드러나는 행동과 마음속으로 품고 있는 생각이 서로 달라서 사람의 됨됨이가 바르지 못한다]는 의미와 [마음속으로는 좋지 않게 생각하면서 겉으로는 좋은 것처럼 꾸며서 행동한

다]는 의미가 있다. (37b-①-ㄴ)은 속담의 두 가지 의미 외에 [겉으로 드러나는 것과 내용물이 다르다]는 의미도 있다.

(37c)는 속담과 숙어의 관용 의미가 유사하나 초점이 다르다. (37c-①-ㄱ)은 [대항해도 도저히 이길 수 없는 경우를 비유적으로 이르는 말]이고 이길 수 없는 상황에 초점을 두고 있고 (37c-①-ㄴ)은 [자신의 능력을 정확하게 헤아리지 못하면 실패하게 마련이다]는 의미이고 자신의 능력에 대한 인식과 실패한다는 결과에 초점을 두고 있다.

B. 형태: 한국어 속담≒중국어 숙어

숙어와 형태가 유사하고 관용 의미가 유사한 속담은 20개가 있다. 의미 범주에 따라 속담과 숙어가 비교되며 소재와 표현법에 따라서도 비교된다.

(38) a. ①. ㄱ. 우물 안 개구리

　　　　ㄴ. 井底之蛙 [우물 밑의 개구리]

　b. ①. ㄱ. 꿀 먹은 벙어리

　　　　ㄴ. 啞巴吃黃連-有苦說不出 [벙어리가 깽깽이 풀을 먹는다-쓰다는 말을 못한다]

　　②. ㄱ. 옥에도 티가 있다

ㄴ. 人無完人, 金無足赤[44) [사람은 완벽한 사람이 없고
　　금은 순금이 없다]

(38)은 속담의 의미 범주가 숙어보다 크다. (38a)는 속담과 숙어가 같은 소재인 '개구리'를 쓰고 있고 방위를 나타내는 명사 '안'과 '밑'을 다르게 쓰고 있다. (38a-①-ㄱ)은 [넓은 세상의 형편을 알지 못하는 사람을 비유적으로 이르는 말]이며 [견식이 좁아 저만 잘난 줄로 아는 사람을 비꼬는 말]이다. (38a-①-ㄴ)은 [견식이 좁은 사람]만 가리킨다. (38b) 중의 속담과 숙어가 '꿀과 벙어리-깽깽이풀과 벙어리', '옥과 티-금과 순금' 등 유사한 소재를 쓰고 있다. (38b-①-ㄴ)은 [괴로운 일을 당해도 말하지 못하고 혼자서 애를 태우며 걱정한다]는 의미이고 (38b-①-ㄱ)은 더 넓은 의미로 [속에 있는 생각을 나타내지 못하는 사람]을 가리키며 북한 속담에서 [남몰래 일을 저지르고도 모르는 체 시치미를 떼는 사람]을 가리키기도 한다. (38b-②-ㄴ)은 [사람은 누구나 다 잘못이나 결점이 있기 마련이다]는 의미이며 (38b-②-ㄱ)은 [아무리 훌륭한 사람 또는 좋은 물건이라 하여도 자세히 따지고 보면 사소한 흠은 있다]는 의미이며 사람뿐만 아니라 물건에도 쓰인다.

---

44) 중국어에 '白璧微瑕'가 있다. 한국어 속담 [옥에 티]의 형태·의미와 같다.

(39) a. ①. ㄱ. 하룻강아지 범 무서운 줄 모른다

　　　　　ㄴ. 初生牛犢不怕虎 [갓 난 송아지 범 무서운 줄 모른다]

(39)는 속담의 의미 범주가 숙어보다 작다. (39a) 중의 속담과 숙어에 쓰인 소재와 표현법이 비슷하다. 같은 소재인 '범'과 유사한 소재인 '하룻강아지-갓 난 송아지'를 쓰고 있다. (39a-①-ㄱ)은 [철없이 함부로 덤비는 경우를 비유적으로 이르는 말]이며 (39a-①-ㄴ)은 이와 같은 부정적인 의미 외에 [청년들은 용감하고 대담하며 곤란을 두려워하지 않고 새 것을 창조해 나간다]는 긍정적인 의미도 있다.

(40) a. ①. ㄱ. 하나를 보고 열을 안다

　　　　　ㄴ. 聞一知十45) [하나를 듣고 열을 안다]

　　b. ①. ㄱ. 물에 빠지면 지푸라기라도 잡는다

　　　　　ㄴ. 救命稻草 [(물에 빠진 사람이) 목숨을 구하는 물건으로 여기는 지푸라기]

　　　②. ㄱ. 시작이 반이다

---

45) 중국어에 '見微知著[미세하고 희미한 것을 보고 분명한 것을 안다]'는 숙어도 있다. [조그마한 조짐을 보고 전체의 본질이나 추세를 꿰뚫어 본다]는 의미이고 '하나를 보고 열 안다'와 형태 차이가 크다.

ㄴ. 好的開始是成功的一半46) [좋은 시작은 성공의 절반이다]

③. ㄱ. 귀신이 곡할 노릇

　　ㄴ. 活見鬼 [살아서 귀신을 본다]

　(40)은 속담과 숙어가 같은 소재를 쓰고 있으며 같거나 유사한 표현법을 쓰고 있으나 관용 의미의 초점이 다르다.

　(40a ①)은 '하나'와 '열'을 소재로 쓰고 있으며 속담과 숙어 형태상의 차이점이 '보다'와 '듣다'에 있다. (40a-①-ㄱ)은 [일부만 보고 전체를 미루어 안다]는 뜻이고 초점이 '앎'에 있으며 (40a-①-ㄴ)은 [조금만 들어도 많이 이해할 수 있다는 뜻으로 유추능력이 강하다, 대단히 총명하다]는 뜻이고 초점이 '유추능력'과 '총명하다'에 있다.

　(40b)는 속담과 숙어가 '지푸라기, 시작, 귀신' 등 같은 소재를 쓰고 있다. (40b ①) 중의 속담은 숙어와 달리 '잡는다'는 동작까지 표현하고 있고 (40b ②) 중의 숙어는 속담에 없는 '좋은(시작)', '성공'을 통해서 쓰고 있으며 (40b ③) 중의 속담은 '곡하다'를 술어로 쓰고 숙어는 '만나다'를 술어로 쓰고 있다. (40b-①-ㄱ)은 [위급한 때를 당하면 무엇이나 닥치는 대로 잡고 늘어지게 된다]는 의미이고 (40b-①-ㄴ)은 [매우 어려운 처지에 있을 때

---

46) [일의 시작이 어렵다]는 의미를 나타내는 '萬事開頭難[만사는 시작이 어렵다]' 도 있다.

유용한 물건으로 여기는 보잘것없는 물건]이라는 뜻이므로 축자 의미에 따라 관용 의미의 초점도 다르다. (40b-②-ㄱ)은 [무슨 일이든지 시작하기가 어렵지 일단 시작하면 일을 끝마치기는 그리 어렵지 않다]는 의미로 '시작하기가 어렵다'에 초점을 두고 있으며 (40b-②-ㄴ)은 [시작이 좋으면 절반 성공한 것이라는 뜻으로서 일의 시작이 중요함을 비겨 이르는 말]이어 '시작의 중요함'에 초점을 두고 있다. (40b-③-ㄱ)은 [신기하고 기묘하여 그 속내를 알 수 없다]는 의미이고 '신기하고 기묘하다'에 초점을 두고 있으며 (40b-③-ㄴ) [참으로 이상하다, 정말로 뚱딴지같다]는 의미이고 '이상하다'에 초점을 두고 있다.

(41) a. ①. ㄱ. 십 년이면 강산도 변한다

ㄴ. 三十年河東, 三十年河西 [삼십 년 동안 강의 동쪽에 있다가 삼십 년 동안 강의 서쪽에 있다]

(41) 중의 속담과 숙어가 다 자연과 관련된 소재를 쓰고 있다. (41a) '십 년'과 '삼십 년', '강산'과 '강'을 소재로 쓰고 있다. (41a-①-ㄱ)은 [세월이 흐르게 되면 모든 것이 다 변하게 된다]는 의미이고 '세월의 흐름'이라는 전제를 제시하고 있다. (41a-①-ㄴ)은 [세상사의 흥망성쇠가 변화무상하다]는 의미이고 축자 의미와 달리 '세월'과의 관계를 강조하고 있지 않다.

(41a-①-ㄱ)중의 '강산'은 강과 산이라는 뜻으로 자연의 경치와 나라의 영토를 이른다. 중국어에는 이런 의미 외에 '打江山難, 坐江山更難[정권을 취득하는 것이 어렵지만 정권을 유지하는 것이 더 어렵다]' 중의 '강산'처럼 정권이나 통치자의 지위를 가리키는 문화적인 의미도 있다.

(42) a. ①. ㄱ. 뱁새가 황새를 따라가면 다리가 찢어진다

ㄴ. 麻雀莫跟大雁飛 [참새는 기러기를 따라 날지 마라]

②. ㄱ. 개천에서 용 난다

ㄴ. 山窩裡飛出了金鳳凰 [두메산골에서 금봉황이 났다]

③. ㄱ. 고양이한테 생선을 맡기다

ㄴ. 让猫看肉, 让獾守田47) [고양이한테 고기를 맡기고 오소리한테 밭을 맡기다]

b. ①. ㄱ. 산 입에 거미줄 치랴

ㄴ. 活人嘴裡不能長青草 [산 입에 풀이 자라지 않는다]

(42) 중의 속담은 다 동물 소재를 쓰고 있다. (42a) 중의 숙어도 동물 소재를 쓰고 있으며 (42b) 중의 숙어는 식물 소재를 쓰

---

47) '別讓狗看肉, 別讓獾守田[개더러 고기를 지키라고 하지 말고 오소리한테 밭을 지키라고 하지 마라]'도 있다.

고 있다. (42) 중의 속담과 숙어는 관용 의미의 초점이 다르다.

(42a-①-ㄱ)은 [힘에 겨운 일을 억지로 하면 도리어 해만 입는다]는 의미이고 안 좋은 결과에 초점을 두고 있으며 (42a-①-ㄴ)은 [자기 힘과 능력을 타산할 줄 알아야 한다]는 의미이고 자기인식에 초점을 두고 있다. (42a-②-ㄱ)은 [미천한 집안이나 변변하지 못한 부모에게서 훌륭한 인물이 나는 경우를 이르는 말]이고 집안이나 부모와 관련되어 있고 (42a-②-ㄴ)은 [미천한 집안이나 외진 지역에서 훌륭한 인물이 나는 경우를 이르는 말]이고 집안이나 지역과 관련되어 있다. (42a-③-ㄱ)은 [어떤 일이나 사물을 믿지 못 할 사람에게 맡겨 놓고 마음이 놓이지 않아 걱정한다]는 의미로 '마음이 놓이지 않다'에 초점을 두고 있으며 (42a-③-ㄴ)은 [일을 그르칠 것을 뻔히 알면서 맡기는 어리석은 행동을 핀잔조로 이르는 말]이고 '어리석은 행동'에 초점을 두고 있다.

(42b-①-ㄱ)은 '거미줄'을 소재로 쓰고 [아무리 살림이 어려워 식량이 떨어져도 사람은 그럭저럭 죽지 않고 먹고 살아가기 마련이다]는 의미이고 '살림의 어려움'을 배경으로 제시하고 있으며 (42b-①-ㄴ)은 '풀'을 소재로 쓰고 [아무리 큰 어려움이 닥치더라도 살아 나갈 길은 있다]는 의미로 특정하지 않은 '큰 어려움'을 배경으로 제시하고 있다.

(43) a. ①. ㄱ. 속 빈 강정

ㄴ. 空心汤团[48] [속 빈 경단]

②. ㄱ. 울며 겨자 먹기

ㄴ. 恨病吃苦藥[49] [병이 싫어서 쓴 약을 먹는다]

③. ㄱ. 세 살 적 버릇이 여든까지 간다

ㄴ. 三歲定八十, 八歲定終身 [세 살이 여든 살까지 결정하고 여덟 살이 평생을 결정한다]

b. ①. ㄱ. 아 해 다르고 어 해 다르다

ㄴ. 會說的惹人笑, 不會說的惹人跳 [말을 할 줄 아는 사람은 사람을 웃게 하고 말을 할 줄 모르는 사람은 사람을 화내게 한다]

②. ㄱ. 말이 씨가 된다

ㄴ. 烏鴉嘴 [까마귀 주둥이]

③. ㄱ. 제 꾀에 넘어간다

ㄴ. 聰明反被聰明誤 [총명은 도리어 총명으로 그르친다]

④. ㄱ. 천 리 길도 한 걸음부터

---

48) [실속이 없는 사람]을 가리킬 때 '空心萝卜[속 빈 무]'를 쓰기도 한다.

49) 『盐城方言大詞典(염성방언대사전)』에 '恨病吃苦藥'를 [사람이 아플 때 아무리 쓴 약이라도 다 먹을 수 있다는 뜻으로서 사람이 일정한 부담감이 느끼게 되면 한계를 넘어서 일을 할 수 있다는 것을 비유적으로 이르는 말(指人在生病的時候, 不管什麼苦藥都能吃下去。喻指人在有一定压力的情況下, 是可以超极限地作为的。)]로 해석하고 있으나 실제 언어 사용 용례를 보면 대개 축자 의미대로 쓰는 경우가 많다.

ㄴ. 千里之行始于足下 [천 리 길은 발밑에서 시작한다]

  (43)은 속담이 생활과 관련된 소재를 쓰고 있다. (43a)는 식생활과 관련된 '강정, 겨자', 품행과 관련된 '버릇' 등 일상생활과 관련된 소재를 쓰고 있으며 (43b)는 '언어, 세상과 인심, 꾀, 경험과 신념' 등 사회생활과 관련된 소재를 활용하고 있다.

  (43a) 중의 속담과 숙어가 '강정-경단, 울음과 겨자-병과 쓴약, 세 살-세 살과 여덟 살' 등 비슷한 소재를 쓰고 있다. (43a-①-ㄱ)은 [겉만 그럴듯하고 실속이 없다]는 의미이고 '실속'에 초점을 두고 있으며 (43a-①-ㄴ)은 [이름뿐이고 쓸모없는 것]을 의미하며 '쓸모'에 초점을 두고 있다. 또한 (43a-①-ㄴ)은 [실현할 수 없는 약속]을 가리키기도 한다. (43a-②-ㄱ)은 [싫은 일을 억지로 마지못하여 한다]는 의미이고 (43a-②-ㄴ)은 흔히 [쓴약을 먹기 싫어도 병을 치료하기 위해 먹어야 한다]는 의미로 쓰인다. [하기 싫은 것을 해야 한다]는 의미가 같으나 (43a-②-ㄱ)은 '일'에 초점을 두고 (43a-②-ㄴ)은 축자 의미대로 많이 사용되어 '병'에 초점을 둔다. (43a-③-ㄱ)은 [어릴 때 몸에 밴 버릇은 늙어 죽을 때까지 고치기 힘들다는 뜻으로, 어릴 때부터 나쁜 버릇이 들지 않도록 잘 가르쳐야 한다]는 의미이고 어릴 때 버릇 교육의 중요성을 강조하고 있으며 (43a-③-ㄴ)은 [어릴 때 이루어진 성격과 습관은 커서 어른이 되어도 잘 고쳐지지 않

고 평생을 결정하게 된다]는 의미로 어릴 때의 성격과 습관의 평생에 대한 영향을 강조하고 있다.

　(43b)의 속담과 숙어는 '언어, 말과 씨-까마귀 주둥이, 꾀-총명, 천리 길' 등 같거나 유사한 소재를 쓰고 있다. (43b-①-ㄱ)은 [같은 내용의 이야기라도 이렇게 말하여 다르고 저렇게 말하여 다르다]는 뜻이고 결과에 초점을 두고 있으며 (43b-①-ㄴ)은 [같은 내용이라도 말을 하는 방식에 따라 다른 효과를 얻을 수 있으니 말을 잘해야 된다]는 의미이고 말을 잘 해야 한다는 데에 초점을 두고 있다. (43b-②-ㄱ)은 [늘 말하던 것이 마침내 사실대로 되었을 때를 이르는 말]이고 (43b-②-ㄴ)은 [안 좋은 일이 말하던 것처럼 사실대로 되었을 때를 이르는 말]이어 속담과 달리 의미초점이 '안 좋은 일'에 있다. 또한 [불길한 말을 잘하는 사람]을 가리키기도 한다. 이런 관용 의미는 '까마귀'가 중국어에 '불길과 죽음'을 상징하는 문화적인 의미와 관련되어 있다. (43b ③) 중의 속담과 숙어가 다 [자기가 해를 입는다]는 의미를 가지고 있다. (43b-③-ㄱ)은 [꾀를 내어 남을 속이려다 도리어 자기가 그 꾀에 속아 넘어간다]는 의미이고 '남을 속이려다'는 전제가 있으며 (43b-③-ㄴ)은 [지나치게 똑똑해서 실수하거나 오히려 자기 자신을 해친다]는 의미로 '자신을 해친다'는 결과를 강조하고 있다. (43b-④-ㄱ)은 [무슨 일이나 그 일의 시작이 중요하다]는 의미로 '시작의 중요성'에 초점을 두고 있으며 (43b-④-ㄴ)은 [무슨 일이

든 단번에 이루어지고 만족한 결과를 가져오는 것이 아니라 첫 시작부터 한 걸음 한걸음 해 나가면서 성공한다]는 의미로 '첫 시작부터 노력하는 과정'에 초점을 두고 있다.

C. 형태: 한국어 속담≠중국어 숙어

중국어 숙어와 형태가 다르고 관용 의미가 비슷한 속담은 총 31개가 있다. 이 중에 의미 범주가 숙어보다 큰 속담이 있으며 의미 범주가 숙어보다 작은 속담도 있다. 또한 관용 의미가 비슷하나 초점이 다른 속담도 있다.

(44) a. ①. ㄱ. 새 발의 피

　　　　ㄴ. 九牛一毛 [아홉 마리 소의 몸에 난 수많은 털 중의 한 가닥]

　　②. ㄱ. 호랑이도 제 말하면 온다

　　　　ㄴ. 說曹操, 曹操就到 [조조에 대한 말을 하니 조조가 온다]

　　③. ㄱ. 낮말은 새가 듣고 밤말은 쥐가 듣는다

　　　　ㄴ. 沒有不透風的墻-隔墻有耳[50] [바람이 새지 않는 벽이 없다-벽을 사이에 두고도 귀가 있다]

---

50) 여기서 제시한 두 개 숙어의 뜻을 합치면 한국어 속담의 의미와 같으나 따로따로 볼 때 숙어의 의미가 속담과 유사하다. 이 두 가지 숙어는 중국어에 모두 잘 쓰이는 숙어이므로 같이 제시한다.

b. ①. ㄱ. 눈 가리고 아웅

ㄴ. 掩耳盜铃 [귀를 막고 방울을 훔친다]

②. ㄱ. 도토리 키 재기

ㄴ. 半斤八兩51) [반 근이자 여덟 량]

c. ①. ㄱ. 모난 돌이 정 맞는다

ㄴ. 枪打出头鸟52) [총은 머리를 내민 새를 쏜다]

②. ㄱ. 땅 짚고 헤엄치기

ㄴ. 輕而易擧 [가벼워서 쉽게 들 수 있다]

(44) 중의 속담은 의미 범주가 숙어보다 크다. (44a)는 동물 소재, (44b)는 신체와 관련된 소재, (44c)는 생활과 관련된 소재를 쓰고 있는 속담이다.

(44a-①-ㄴ)은 '소와 털'을 소재로 쓰고 [많은 가운데 극히 적은(미미한) 부분]을 나타내며 (44a-①-ㄱ)은 '새와 피'를 소재로 쓰고 [극히 적은 분량]외에 [아주 하찮은 일]도 의미한다. (44a-②-ㄴ)은 중국 역사 인물 '조조(曹操)'를 소재로 쓰고 [그 자리에

---

51) 지난날 중국에서는 1근이 16냥이었다.

52) 비슷한 숙어 '人怕出名豬怕壯[사람은 이름이 나는 것을 두려워하고 돼지는 살찌는 것을 두려워한다]'는 [돼지가 살찌면 잡혀 먹게 되고 사람이 이름나면 질투와 시기를 받게 된다]는 뜻으로서 두 가지 관용 의미를 가지고 있다.
(1) 사람은 일정한 직위까지 올라 이름이 나게 되면 화가 쉽게 미칠 수 있다.
(2) 사람은 이름이 나면 흔히 쓸데없는 시비를 일으킨다.

없는 사람에 대한 이야기를 하는 순간에 공교롭게도 화제에 오른 사람이 왔을 경우에 하는 말]이다. (44a-②-ㄱ)은 '호랑이'를 소재로 쓰고 (44a-②-ㄴ)의 관용 의미 외에 [어느 곳에서나 그 자리에 없다고 남을 흉보아서는 안 된다]는 의미도 있다. (44a-③-ㄱ)은 '새와 쥐'를 소재로 쓰고 [아무도 안 듣는 데서라도 말조심해야 한다]는 의미와 [아무리 비밀히 한 말이라도 반드시 남의 귀에 들어가게 된다]는 의미가 있다. (44a-③-ㄴ)에서 제시된 두 개의 숙어가 '바람, 벽, 귀'를 소재로 쓰고 있으며 '没有不透风的墙'은 [비밀은 시간문제이지 새 나가기 마련이다]는 의미이고 '隔牆有耳'는 [비밀리에 한 말도 새 나갈 수가 있다. 말을 조심해야 한다]는 의미이다. '낮말은 새가 듣고 밤말은 쥐가 듣는다'의 의미 범주가 '没有不透风的墙'이나 '隔牆有耳'보다 넓다.

(44b) 중의 속담은 '눈, 키' 등 신체와 관련된 소재를 쓰고 있다. 숙어는 '귀'와 '무게'를 소재로 쓰고 있다. (44b-①-ㄴ)은 [졸렬하고 얕은 방법으로 남을 속이려 하면서 저만 알고 남은 모르려니 하고 어리석게 행동하는 짓을 이르는 말]이고 (44b-①-ㄱ)은 이와 같이 [얕은 수로 남을 속이려 한다]는 의미가 있으며 [실제로 보람도 없을 일을 공연히 형식적으로 하는 체하며 부질없는 짓을 한다]는 의미도 있다. (44b-②-ㄴ)은 [별반 차이가 없이 엇비슷하다]는 의미만 있고 (44b-②-ㄱ)은 [정도가 고만고만한 사람끼리 서로 다툰다]는 의미와 [비슷비슷하여 견주어 볼

필요가 없다]는 의미가 있다.

(44c) 중의 속담은 도구인 '정', 행위인 '헤엄치기' 등 소재를 활용하고 있으며 숙어는 동물인 '새', 행위인 '들기' 등 소재를 쓰고 있다. (44c-①-ㄴ)은 [먼저 나타나거나 앞장선 사람이 먼저 피해를 받기 쉽다]는 의미이고 (44c-①-ㄱ)은 [두각을 나타내는 사람이 남에게 미움을 받게 된다]와 [강직한 사람은 남의 공박을 받는다]는 두 가지 의미가 있으며 (44c-①-ㄴ)보다 의미 범주가 크다. (44c-②) 중의 속담과 숙어가 [매우 수월하다]는 의미를 다 나타내고 있으며 (44c-②-ㄱ)은 [일이 의심할 여지가 없이 확실하다]는 의미도 있다.

(45) a. ①. ㄱ. 나는 새도 떨어뜨린다

ㄴ. 一手遮天 [한 손으로 하늘을 가린다]

②. ㄱ. 될성부른 나무는 떡잎부터 알아본다

ㄴ. 三歲看大, 七歲看老53) [세 살이면 다 클 때까지 다 보이고 일곱 살이면 늙을 때까지 보인다]

b. ①. ㄱ. 엎어지면 코 닿을 데

ㄴ. 近在眼前 [눈앞에 가까이 있다]

---

53) 앞에서 제시한 '세 살 적 버릇이 여든까지 간다'와 대조되는 '三歲定八十, 八歲定終身'은 이 숙어와 같은 상황에서 쓰이는 경우가 많다.

c. ①. ㄱ. 식은 죽 먹기

ㄴ. 小菜一碟 [한 작은 접시의 반찬]

②. ㄱ. 작은 고추가 더 맵다

ㄴ. 浓缩的都是精华 [농축된 것은 다 정화다]

③. ㄱ. 어느 장단에 춤추랴

ㄴ. 無所適從 [어느 것을 따라야 할지 모른다]

④. ㄱ. 발 없는 말이 천 리 간다

ㄴ. 隔牆有耳 [벽을 사이에 두고도 귀가 있다]

(45) 중의 속담은 숙어보다 의미 범주가 작다. 소재별로 볼 때 (45a) 중의 속담은 동식물과 관련된 소재, (45b) 중의 속담은 신체 부위와 관련되는 소재, (45c) 중의 속담은 생활과 관련되는 소재를 쓰고 있다.

(45a-①-ㄱ)은 '새'를 소재로 쓰고 있으며 [권세가 대단하여 모든 일을 제 마음대로 할 수 있는 상태를 비유적으로 이르는 말]이고 (45a-①-ㄴ)은 신체 부위 '손'을 소재로 쓰고 (45a-①-ㄱ)과 유사한 [혼자 권력을 쥐고 마음대로 하다]는 의미가 있고 [세력을 믿고 전횡하며 윗사람을 속이고 아랫사람을 업신여긴다]는 의미도 있다. (45a-②-ㄱ)은 '나무'를 소재로 하고 [잘될 사람은 어려서부터 남달리 장래성이 엿보인다]는 의미를 나타낸다. 이와 대조되는 (45a-②-ㄴ)은 '나이'를 소재로 하고 [어린

아이의 성격이나 습관만 봐도 앞으로의 장래성을 엿볼 수 있다]
는 의미를 나타내기도 하고 [어릴 때의 성격은 커서 어른이 되어
도 잘 고쳐지지 않는다]는 의미도 있다.

(45b) 중의 속담과 숙어가 신체 부위인 '코'와 '눈'을 소재로
쓰고 있다. (45b-①-ㄱ)과 (45b-①-ㄴ)은 모두 [매운 가까운 거
리]를 이르며 (45b-①-ㄴ)은 [어떤 일이 코앞에 닥친다]는 의미
도 있다.

(45c) 중의 속담은 '죽, 고추, 춤, 말(언어)' 등 소재를 쓰고 있으
며 숙어는 '반찬, 농축된 것, 따라야 할 것, 귀' 등 소재를 쓰고
있다. (45c-①-ㄱ)은 [일이 매우 헐하고 쉽다]는 의미이고 (45c-
①-ㄴ)은 [아주 쉬운 일]과 [하찮은 일] 두 가지 의미가 있다.
(45c-②-ㄱ)은 [몸집이 작은 사람이 큰 사람보다 재주가 뛰어나
고 야무지다]는 의미이고 (45c-②-ㄴ)은 '큰 사람'과 비교 없이
[몸집이 작은 사람이 재주가 뛰어난 경우를 비겨 이르는 말]과
[분량이나 부피가 작은 사물이 가치가 많이 담겨 있는 경우를
비겨 이르는 말]의 의미가 있다. (45c-③-ㄱ)은 [어떤 일을 주관
하는 사람이 많아 누구의 말을 따라야 할지 알 수 없다]는 의미
이고 (45c-③-ㄴ)은 (45c-③-ㄱ)의 의미를 포함하는 [어느 것을
따라야 할지 모른다]는 뜻이 있고 [어떻게 해야 할지 모른다]는
의미도 있다. (45c-④-ㄱ)과 (45c-④-ㄴ)은 [말을 조심해야 한
다]는 의미를 다 가지고 있고 (45c-④-ㄴ)은 [비밀리에 한 말도

새나갈 수가 있다]는 의미도 있다.

(46) a. ①. ㄱ. 모로 가도 서울만 가면 된다

　　　ㄴ. 黑貓白貓, 抓住耗子就是好貓 [검은 고양이건 흰 고양

　　　이건 쥐 잡는 게 좋은 고양이다]

(46) 중의 속담은 지명 '서울'을 소재로 쓰고 있으며 숙어는
동물 '고양이'를 소재로 쓰고 있다. 속담과 숙어의 의미 초점이
다르다. (46a-①-ㄱ)은 [수단이나 방법은 어찌 되었든 간에 목적
만 이루면 된다]는 의미이고 '목적'에 초점을 두고 있으며 (46a-
①-ㄴ)은 [누구든 관계없이 또 어떤 방법을 쓰든 관계없이 문제
를 실질적으로 해결하는 것이 중요하다]는 의미이고 '문제 해결'
에 초점을 두고 있다.

서울은 행정구역상 한국의 수도이며 전통적인 문화 의미도
가지고 있다. 지금도 서울은 한국의 대표적인 중심지이지만 역
사상 서울은 왕이 거처하는 도시였으며, 과거를 시행하는 곳이
어서 출세를 원하는 사람들이 모이는 곳이었다. 서울은 단순한
지명보다는 사람의 꿈과 기대가 달려 있는 곳이다. (46a-①-ㄱ)
에서의 '서울'은 이런 의미가 담겨 있어 '목적'을 나타낸다. 중국
의 수도인 '북경'은 '서울'처럼 '목적'을 나타내는 문화적인 의미
가 없다. 중국어권 학습자에게 이 속담을 교육할 때 이런 문화적

인 의미 차이를 설명해 줄 필요가 있다.

(47) a. ①. ㄱ. 쇠뿔도 단김에 빼라

ㄴ. 趁熱打鐵 [쇠는 단 김에 두들겨야 한다]

②. ㄱ. 쥐구멍에도 볕 들 날 있다

ㄴ. 瓦片也有翻身日 [기왓장도 뒤집힐 날이 있다]

b. ①. ㄱ. 까마귀 날자 배 떨어진다

ㄴ. 無巧不成書 [기이한 것이 없으면 책이 되지 않는다]

②. ㄱ. 꿩 대신 닭

ㄴ. 無馬狗牽犁54) [말이 없으면 개가 보습을 끈다]

c. ①. ㄱ. 지렁이도 밟으면 꿈틀한다

ㄴ. 泥人還有土性兒 [흙으로 빚은 인형도 흙의 성미를 가

지고 있다]

(47) 중의 속담은 동물 소재를 쓰고 있다. (47a)는 길짐승 '소, 쥐'를 소재로 쓰고 있고 (47b)는 날짐승 '까마귀, 꿩과 닭'을 소재로 쓰고 있으며 (47c)는 벌레류 '지렁이'를 소재로 쓰고 있다.

(47a-①-ㄱ)은 [어떤 일이든지 하려고 생각했으면 한창 열이

---

54) 이 속담을 '無牛捉了馬耕田[소가 없어서 말을 붙잡아다 밭을 간다]'로 해석하는 속담사전이 있다. 중국어 헐후어사전에서 '無牛捉了馬耕田-大材小用'을 [큰 인재가 작은 일에 쓰인다]로 해석하고 있다. 이 책에서 '無馬狗牽犁'를 숙어 표제어로 선정하였다.

올랐을 때 망설이지 말고 곧 행동으로 옮겨야 한다]는 의미이고 '행동으로 옮긴다'는 데에 초점을 두고 있으며 (47a-①-ㄴ)은 '쇠'를 소재로 [유리한 시기나 조건을 포착하여 신속히 일을 마친다]는 의미를 나타내며 '유리한 시기'와 '일을 마친다'는 데에 초점을 두고 있다. (47a-②-ㄱ)은 [몹시 고생을 하는 삶도 좋은 운수가 터질 날이 있다]는 의미이고 (47a-②-ㄴ)은 '기왓장'을 소재로 하여 [몹시 어렵고 곤란한 조건이나 환경도 유리한 환경이나 조건으로 바뀔 수 있다]는 의미를 나타낸다. 고생과 어려움을 다 표현하고 있으나 (47a-②-ㄱ)은 '좋은 운수'에 초점을 두고 있으며 (47a-②-ㄴ)은 '유리한 환경이나 조건'에 초점을 두고 있다.

(47b-①-ㄱ)은 [아무 관계없이 한 일이 공교롭게도 때가 같아 어떤 관계가 있는 것처럼 의심을 받게 됨을 비유적으로 이르는 말]이고 (47b-①-ㄴ)은 '책'을 소재로 쓰고 [사건이 공교롭다는 뜻으로서 흔히 일이 우연하고 기묘하게 되었음을 비겨 이르는 말]이다. (47b-①-ㄱ)과 (47b-①-ㄴ)은 '공교롭다'는 의미를 다 가지고 있으나 (47b-①-ㄱ)은 (47b-①-ㄴ)과 달리 '의심을 받게 된다'는 것을 강조한다. (47b-②-ㄱ)은 '꿩과 닭'을 소재로 쓰고 '꿩'을 '닭'과 비슷한 존재로 보고 있으며 [꼭 적당한 것이 없을 때 그와 비슷한 것으로 대신하는 경우를 비유적으로 이르는 말]이다. (47b-②-ㄴ)은 '말과 개'를 소재로 쓰고 있고 '말'을 '개'보

다 좋은 존재로 보고 있으며 [부득이한 경우에는 그만 못한 것도 대신 찾아 쓰게 됨을 비겨 이르는 말]이다. (47b-②-ㄱ)은 '비슷한 것으로 대신하다'는 데에 초점을 두고 있으며 (47b-②-ㄴ)은 '그만 못 한 것이라도 대신하다'는 데에 초점을 두고 있다.

(47c-①-ㄱ)은 '지렁이'를 소재로 [아무리 눌려 지내는 미천한 사람이나, 순하고 좋은 사람이라도 너무 업신여기면 가만있지 아니한다]는 의미를 나타낸다. (47c-①-ㄴ)은 [흙 인형도 흙의 성질을 가지고 있는데 사람은 더욱 자기의 성미와 개성을 가지고 있다]는 의미이다. (47c-①-ㄱ)은 '밟으면'을 통해서 '너무 업신여기면'의 전제를 제시하고 있는 반면에 (47c-①-ㄴ)은 일반적인 설명이며 전제를 제시하고 있지 않다.

(48) a. ①. ㄱ. 귀에 걸면 귀걸이 코에 걸면 코걸이

ㄴ. 人嘴兩層皮, 反正都是理 [사람 입은 두 장의 가죽이며 좌우간에 다 도리가 있다]

②. ㄱ. 배보다 배꼽이 더 크다

ㄴ. 三寸鳥, 七寸嘴 [3치 되는 새가 부리는 7치라]

b. ①. ㄱ. 누워서 침 뱉기

ㄴ. 自作自受 [자기가 한 짓을 자기가 (그 결과를) 감당한다]

(48) 중의 속담은 신체와 관련된 소재를 쓰고 있다. (48a)는 '귀와 코, 배와 배꼽' 등 신체 부위와 관련된 소재를 쓰고 있으며 (48b)는 '침'을 소재로 쓰고 있다. (48a ①) 중의 숙어도 신체 부위 '입'을 소재로 활용하고 있으며 (48a ②) 중의 숙어는 동물과 관련된 소재 '새와 부리'를 쓰고 있다.

(48a-①-ㄱ)은 [어떤 원칙이 정해져 있는 것이 아니라 둘러대기에 따라 이렇게도 되고 저렇게도 될 수 있다]는 의미와 [어떤 사물은 보는 관점에 따라 이렇게도 될 수 있고 저렇게도 될 수 있다]는 의미가 있다. (48a-①-ㄴ)은 [이렇게 말해도 도리가 있고 저렇게 말해도 도리가 있다]는 의미이다. (48a-①-ㄱ)과 (48a-①-ㄴ)은 [이렇게도 되고 저렇게도 된다]는 의미를 다 가지고 있으나 (48a-①-ㄱ)은 '원칙'과 '관점'에 초점을 두고 있으며 (48a-①-ㄴ)은 '도리'에 초점을 두고 있다.

(48a-②-ㄱ)과 (48-②-ㄴ)은 [기본이 되는 것보다 덧붙이는 것이 더 많거나 크다]는 의미를 가지고 있다. 이외에 (48a-②-ㄱ)은 [일이 도리와 반대가 되는 경우를 비유적으로 이르는 말]이기도 하고 (48a-②-ㄴ)은 '새 부리'를 소재로 하여 [입만 까서 말재간을 잘 피는 사람을 비꼬아 이르는 말]의 의미도 있다. (48a-②-ㄱ)은 '도리와 반대가 되다'는 점에 초점을 두고 있으며 (48a-②-ㄴ)은 '말재간'에 초점을 두고 있다.

(48b-①-ㄱ)은 [남을 해치려고 하다가 도리어 자기가 해를 입

게 된다]는 의미와 [자기에게 해가 돌아올 짓을 한다]는 의미가 있다. (48b-①-ㄴ)은 [자업자득이다]는 의미이다. (48b-①-ㄱ)은 [자업자득이다]는 의미도 있으나 (48b-①-ㄴ)과 달리 [남을 해치려고 한다]는 배경이 있다.

(49) a. ①. ㄱ. 떡 본 김에 제사 지낸다

ㄴ. 趁水和泥 [물이 있는 것을 이용해서 진흙을 이긴다]

②. ㄱ. 떡 줄 사람은 꿈도 안 꾸는데 김칫국부터 마신다

ㄴ. 老虎還在山上, 就把皮子賣了 [범은 아직 산 속에 있는데 가죽부터 판다]

③. ㄱ. 남의 손의 떡은 커 보인다

ㄴ. 這山望著那山高 [이 산에서 보면 저 산이 더 높아 보인다]

b. ①. ㄱ. 긁어 부스럼

ㄴ. 沒事找事 [일이 없었는데 일을 만든다]

②. ㄱ. 모르면 약이요 아는 게 병

ㄴ. 知事少時煩惱少, 識人多處是非多 [일을 조금 알 때는 번뇌가 적고 사람을 많이 아는 데는 사비가 많다]

c. ①. ㄱ. 백지장도 맞들면 낫다

ㄴ. 衆人拾柴火焰高 [여러 사람이 땔나무를 주우면 불길
이 높아진다]

②. ㄱ. 돌다리도 두들겨 보고 건너라

ㄴ. 小心沒大差 [조심하면 큰 실수가 없다]

d. ①. ㄱ. 걱정도 팔자다

ㄴ. 天下本無事, 庸人自擾之 [천하에 본래 아무 일도 없는
데 어리석은 사람들이 저절로 근심을 한다]

(49) 중의 속담은 생활과 관련된 소재를 쓰고 있다. (49a)는
'떡, 김칫국' 등 식생활과 관련된 소재, (49b)는 '부스럼, 약과 병'
등 건강과 관련된 소재, (49c)는 '백지장, 돌다리' 등 일상생활과
관련된 소재, (49d) 민속신앙과 관련된 소재 '팔자'를 활용하고
있다.

(49a-①-ㄱ)은 [우연히 운 좋은 기회에 하려던 일을 해치운다]
는 의미이고 (49a-①-ㄴ)은 [기회를 틈타 일을 한다]는 의미이
다. 모두 [기회를 이용한다]는 의미가 있으나 (49a-①-ㄱ)은 '하
려던 일'을 강조하고 있으며 (49a-①-ㄴ)은 '일'을 강조하고 있
다. (49a-①-ㄴ) 관용 의미 중의 '일'은 '하려던 일'도 될 수 있다.
(49a-②-ㄱ)은 [해 줄 사람은 생각지도 않는데 미리부터 다 된
일로 알고 행동한다]는 의미이고 (49a-②-ㄴ)은 [아직 될지 안

될지 모를 일을 가지고 미리부터 이익을 보려고 한다]는 의미를 가지고 있으며 [허풍을 쳐서 남을 속여 넘기는 자를 욕으로 이르는 말]의 의미도 있다. (49a-②-ㄱ)과 (49a-②-ㄴ)은 다 [미리부터 어떤 일을 한다]는 의미를 가지고 있으나 (49a-②-ㄱ)은 '행동'에 초점을 두고 있으며 (49a-②-ㄴ)은 '이익'에 초점을 두고 있다. (49a-③-ㄱ)은 [물건은 남의 것이 제 것보다 더 좋아 보이고 일은 남의 일이 제 일보다 더 쉬워 보임을 비유적으로 이르는 말]이고 (49a-③-ㄴ)은 [남이 가지고 있는 조건을 부러워함과 자기 직업에 안착되지 못함을 비겨 이르는 말]이다. (49a-③-ㄱ)과 (49a-③-ㄴ)은 다 [남이 가지고 있는 것이 좋다]는 의미를 가지고 있으나 (49a-③-ㄱ)은 '물건과 일'에 초점을 두고 있으며 (49a-③-ㄴ)은 '조건과 직업'에 초점을 두고 있다.

(49a)를 통해서 볼 수 있듯이 떡은 한국 사람에게 중요한 음식이다. 한국과 중국은 다 떡을 만들어 먹지만 떡이 가지고 있는 문화 의미가 다르다. 중국에서는 떡을 일반적인 음식 중의 하나로 보고 있으나 한국 사람에게는 떡은 명절이나 잔치, 제사를 할 때 빠지면 안 되는 음식이며 음식 문화에 중요한 자리를 잡고 있다. 따라서 '떡'에 '좋은 일'이라는 문화 의미가 담겨 있다. '이게 웬 떡이냐?'는 바로 이런 문화 의미를 나타내는 표현이다. 중국에는 명절 때나 제사할 때 餃子가 많이 등장하나 떡처럼 '뜻밖의 좋은 일'이라는 의미가 없다.[55] 떡의 문화적인 의미를 학습

자에게 제시하면 속담을 이해하여 활용하는 데에 도움이 된다.

(49b-①-ㄱ)은 [아무렇지도 않은 일을 공연히 건드려서 걱정을 일으킨 경우를 비유적으로 이르는 말]이고 (49b-①-ㄴ)은 [쓸데없이 일을 만들거나 괜히 문제를 일으킨다]는 의미와 [괜히 흠을 잡는다]는 의미가 있다. (49b-②-ㄱ)은 (49b-①-ㄴ)과 달리 관용 의미에 [아무렇지도 않은 일을 공연히 건드리다]는 전제가 있다. (49b-②-ㄱ)은 [아무것도 모르면 차라리 마음이 편하여 좋으나 무엇이나 좀 알고 있으면 걱정거리가 많아 도리어 해롭다]는 의미이고 (49b-②-ㄴ)은 [일과 사람을 많이 알수록 걱정거리가 많고 시비가 많다]는 의미이다. (49b-②-ㄱ)과 (49b-②-ㄴ)은 다 '알다'를 통해서 표현하고 있으며 [알면 걱정거리가 많다]는 의미가 같으나 (49b-②-ㄱ)은 [도리어 해롭다]는 데에 초점을 두고 있으며 (49b-②-ㄴ)은 [많이 알면 걱정거리가 많다]는 의미 외에 [많이 알면 시비가 많다]는 의미도 있다.

(49c-①-ㄱ)은 [쉬운 일이라도 협력하여 하면 훨씬 쉽다]는 의미이고 (49c-①-ㄴ)은 [여러 사람이 한마음으로 단합하면 일을 잘 해 나갈 수 있다]는 의미이다. (49c-①-ㄱ)과 (49c-①-ㄴ)은 다 '협력'의 의미를 나타내고 있으나 (49c-①-ㄱ)은 '백지장'을 소재로 하여 '쉬운 일'이 협력하면 더 쉽다는 점을 통해서 표현

---

55) 중국어에 '뜻밖의 좋은 일'을 나타낼 때 음식인 '韶餠'을 통해서 표현하기도 한다.

하고 있고 (49c-①-ㄴ)은 이와 달리 '불길'을 소재로 하여 '일을 잘 해나갈 수 있다'는 점을 통해서 관용 의미를 나타낸다. (49c-②-ㄱ)은 [잘 아는 일이라도 세심하게 주의를 하라는 말]이고 (49c-②-ㄴ)은 [조심하고 삼가면 나쁠 것이 없고 실수가 생기지 않는다]는 의미이다. (49c-②-ㄱ)과 (49c-②-ㄴ)은 다 '조심성'을 강조하고 있다. (49c-②-ㄱ)은 (49c-②-ㄴ)과 달리 '돌다리'를 소재로 하여 '잘 아는 일'을 관용 의미의 배경으로 제시하여 표현하고 있다.

(49d-①-ㄱ)은 [하지 않아도 될 걱정을 하거나 관계도 없는 남의 일에 참견하는 사람에게 놀림조로 이르는 말]이고 (49d-①-ㄴ)은 [스스로 걱정거리나 재화를 만들어서 고생함을 비겨 이르는 말]이다. (49d-①-ㄱ)과 (49d-①-ㄴ)은 [쓸데없는 걱정을 한다]는 의미가 같다. 이외에 (49d-①-ㄱ)은 [남의 일에 참견한다]는 의미도 있다. (49d-①-ㄴ)은 걱정뿐만이 아니라 [재화를 만든다]는 의미도 있으며 [고생한다]는 결과에 초점을 두고 있다.

(3) 관용 의미: 한국어 속담≠중국어 숙어
　　형태: 한국어 속담≒중국어 숙어

중국어 숙어와 형태가 유사하고 관용 의미가 다른 속담은 총 13개가 있다. 앞에서 제시한 숙어와 관용 의미가 같거나 유사한 속담보다 적다. 그러나 모국어 간섭 때문에 중국어권 학습자의 오류를 쉽게 유발할 수 있는 부분이다. 이 부분의 속담에도 자연물, 동식물, 신체 부위, 생활과 관련된 소재가 쓰이고 있다.

(50) a. ①. ㄱ. 산 넘어 산이다

ㄴ. 山外有山, 人外有人56) [산 밖에 산이 있고 사람 밖에 사람이 있다]

(50a) 중의 속담은 자연물 '산'을 소재로 쓰고 있으며 숙어는 '산'과 '인물'을 소재로 쓰고 있다.

[산 밖에 산이 있다]는 축자 의미 때문에 (50a-①-ㄴ)의 관용 의미가 (50a-①-ㄱ)의 관용 의미와 같다고 잘못 생각하기가 쉽다. (50a-①-ㄱ)은 [갈수록 더욱 어려운 지경에 처하게 되는 경우를 비유적으로 이르는 말]이고 (50a-①-ㄴ)은 [뛰어난 사람 위에 더 뛰어난 사람이 있으니 교만하지 말라고 이르는 말]이어 전혀 다른 관용 의미를 가지고 있다.

(51) a. ①. ㄱ. 개 발에 편자

ㄴ. 狗頭上揷花-不配57) [개머리에 꽃을 단다-걸맞지 않다]

---

56) 산과 관련하여 이 숙어와 같은 뜻을 나타내는 '一山更比一山高[한 산이 다른 한 산보다 더 높다]', '山外靑山樓外樓[산 밖에 청산이 있고 누각 밖에 누각이 있다]'도 있다.

57) '不配'에 관한 사전적인 해석을 보면 [(1) 어울리지 않다, 걸맞지 않다. (2) 자격

b. ①. ㄱ. 가지 많은 나무에 바람 잘 날이 없다

ㄴ. 樹大招風 [나무가 너무 크면 바람도 세게 맞는다]

(51) 중의 속담은 동식물 소재를 쓰고 있다. (51a) 중의 속담과 숙어가 동물 '개'를 소재로 쓰고 있으며 (51b) 중의 속담과 숙어가 식물 '나무'를 소재로 쓰고 있다.

(51a) 중의 속담과 숙어는 '개 발-개머리', '편자-꽃'과 같이 비슷한 소재를 쓰고 형태가 유사하나 관용 의미가 다르다. (51a-①-ㄱ)은 [옷차림이나 지닌 물건 따위가 제 격에 맞지 아니하여 어울리지 않다]는 의미이고 (51a-①-ㄴ)은 [자격이나 등급이 부족하다]는 의미와 [부합하지 않는다]는 의미를 가지고 있다.

(51b) 중의 속담과 숙어는 '가지 많은 나무-큰 나무', '바람 잘 날 없다-바람 세게 맞는다'와 같이 같은 소재를 사용하고 있으며 표현 방법도 비슷하다. (51b-①-ㄱ)은 나무를 가정으로 비유하여 [자식을 많이 둔 어버이에게는 근심과 걱정이 끊일 날이 없다]는 의미이며 (51b-①-ㄴ)은 [명성이 높을수록 남의 시기를 받고 시비를 불러일으키기 쉽다]는 의미이다.

이 부족하다, (무엇을) 할 자격이 없다고 설명되어 있다. 劉麗麗(2008: 158)에서는 이 숙어를 [자격이나 등급이 부족하다, 부합하지 않는다(形容資格、品級等夠不上, 不符合。)]로 해석하고 있고, 이 책에서는 이 견해를 따른다.

한국어에 나무가 (51b-①-ㄱ)처럼 가정이나 부모를 상징하는 문화 의미가 있는데 중국어에 이런 문화 의미가 없으며 '큰 나무'를 [명성이 높은 사람, 권력자]를 상징하는 문화 의미가 있다. 예를 들면 '大樹底下好乘涼[큰 나무 밑은 땀들이기 좋다]'가 있다. [권세 있는 사람에게 의거하면 신세를 지고 덕을 볼 수 있다]는 관용 의미를 나타낸다. 이런 문화적인 의미 차이가 학습자의 속담 사용 오류를 유발할 수 있으므로 속담을 교육할 때 학습자에게 설명하는 것이 좋다.

(52) a. ①. ㄱ. 배가 남산만 하다

　　　　　ㄴ. 大腹便便 [배가 불룩하게 나온다]

(52a) 중의 속담과 숙어가 신체 부위 '배'를 소재로 쓰고 있다. (52a-①-ㄱ)과 (52a-①-ㄴ)은 [배가 크다]는 축자 의미가 다 있다. 그러나 (52a-①-ㄱ)은 [임신부의 배가 부름을 비유적으로 이르는 말]과 [되지 못하게 거만하고 떵떵거림을 놀림조로 이르는 말] 두 가지 의미가 있다. (52a-①-ㄴ)은 [살찐 모습을 묘사하는 말]이며 착취자, 관료(官僚), 부호(富豪), 임산부의 배를 묘사할 때 자주 쓰인다.58) 부정적인 감정으로 표현하는 경우가 많다.

---

58) '大腹便便'과 '배가 남산만 하다'는 임산부의 배를 묘사할 때 모두 쓰일 수 있어 관용 의미가 유사해 보이나 '大腹便便'의 관용 의미가 [살 찐 모습]에 초점을

(53) a. ①. ㄱ. 번갯불에 콩 볶아 먹겠다

ㄴ. 迅雷不及掩耳 [귀를 막을 틈도 없이 천둥소리가 울린다]

②. ㄱ. 수박 겉 핥기

ㄴ. 隔皮猜瓜, 難知好壞59) [껍질을 두고 맞추자니 좋은 수박인지 아닌지를 알기 힘들다]

③. ㄱ. 첫술에 배부르랴

ㄴ. 一口吃不成胖子 [한술을 먹고 뚱보가 되지 않는다]

b. ①. ㄱ. 등잔 밑이 어둡다

ㄴ. 燈檯照人不照己 [등잔불은 남은 비쳐도 자기는 못 비춘다]

②. ㄱ. 구슬이 서 말이라도 꿰어야 보배

ㄴ. 玉不琢不成器 [아무리 아름다운 옥도 다듬지 않으면 그릇이 되지 않는다]

c. ①. ㄱ. 귀머거리 삼 년이요 벙어리 삼 년

ㄴ. 裝聾作啞 [귀머거리인 척하고 벙어리인 척한다]

두고 있으며 숙어 자체만을 통해서 [임신부의 배가 부름]을 나타낼 수 없으므로 '배가 남산만 하다'의 관용 의미와 다르다.

59) '수박 겉 핥기'를 '隔靴搔癢[신을 신은 위로 가려운 곳을 긁는다]'로 해석하는 연구도 있으나 '隔靴搔癢'은 [(말·작문·일처리에 있어서) 징곡을 씨르지 못한다]는 뜻이며 한국어 속담 '신 신고 발바닥 긁기'[요긴한 곳에 직접 미치지 못하여 안타까운 경우를 비유적으로 이르는 말]과 대조된다.

262

②. ㄱ. 가는 날이 장날

　　ㄴ. 來得早不如來得巧 [일찍 오기보다 때맞게 오는 것이
　　　　낫다]

③. ㄱ. 가는 말이 고와야 오는 말이 곱다

　　ㄴ. 你不说他头秃, 他不说你眼瞎 [네가 그를 대머리라고
　　　　말하지 않으면 그도 너를 소경이라고 말하지 않는다]

④. ㄱ. 말 한마디에 천 냥 빚도 갚는다

　　ㄴ. 一語值千金 [말 한마디가 천금의 가치가 있다]

　(53) 중의 속담은 생활과 관련된 소재를 쓰고 있다. (53a) 중의
속담은 식생활과 관련된 소재 '콩, 수박, 첫술'을 쓰고 있고 (53b)
중의 속담은 생활용품과 관련된 소재 '등잔, 구슬'을 쓰고 있으
며 (53c) 중의 속담은 사회생활과 관련된 소재 '귀머거리와 벙어
리, 장날, 말'을 쓰고 있다. (53) 중의 숙어는 속담과 형태가 유사
하고 같거나 비슷한 소재를 쓰고 있다.

　(53a ①) 중의 속담과 숙어는 '번갯불-천둥소리', '콩 볶아 먹
다-귀를 막다'와 같이 유사한 소재와 표현 방법을 쓰고 있다.
(53a-①-ㄱ)은 [행동이 매우 민첩하다]는 의미가 있고 [어떤 행
동을 당장 해치우지 못하여 안달하는 조급한 성질을 이르는 말]
이다. (53a-①-ㄴ)은 [(행동이나 사건 발생이) 너무 빨라서 미처
손 쓸 틈이 없다]는 뜻이다. (53a ②) 중의 속담과 숙어는 '수박

겉'을 소재로 쓰고 있으며 (53a-②-ㄱ)은 '겉 핥기'를 통해서 [사물의 속 내용은 모르고 겉만 건드리는 일을 비유적으로 이르는 말]이라는 관용 의미를 나타내고 (53a-②-ㄴ)은 '좋은 수박인지 아닌지를 알기 힘들다'는 표현을 통해서 [가리는 것이 있어서 내막을 알 수 없다]는 관용 의미를 나타낸다. (53a ③) 중의 속담과 숙어는 '첫술-한술', '배부르다-뚱보가 되다'를 쓰고 있어 형태가 비슷하나 관용 의미가 다르다. (53a-③-ㄱ)은 [어떤 일이든지 단번에 만족할 수는 없다]는 의미이고 (53a-③-ㄴ)은 [무슨 일이나 첫 시작부터 만족스러운 결과를 가져올 수 없다는 뜻으로서 성과를 조급하게 바라지 말고 참을성이 있어야 함을 비겨 이르는 말]이다.

(53b ①) 중의 속담과 숙어는 '등잔'을 소재로 쓰고 있으며 표현이 '등잔불의 빛'과 관련된다. (53b-①-ㄱ)은 [대상에서 가까이 있는 사람이 도리어 대상에 대하여 잘 알기 어렵다]는 의미이고 (53b-①-ㄴ)은 [남의 허물은 볼 줄 알지만 제 허물은 볼 줄 모르는 사람을 비겨 이르는 말]이고 [자기비판정신이 부족한 사람을 핀잔조로 비겨 이르는 말]이다. (53b-①-ㄱ)은 '밑'을 통해서 '가까이 있는 사람'을 가리켜 관용 의미를 나타내며 (53b-①-ㄴ)은 '照人不照己[남은 비쳐도 자기는 못 비춘다]'에 의미 중심을 두고 있다. (53b ②) 중의 속담과 숙어는 '구슬-옥', '보배-그릇', '꿰다-다듬다'와 같이 비슷한 소재를 쓰고 있어 형태가 비

264

슷하다. (53b-②-ㄱ)은 [아무리 훌륭하고 좋은 것이라도 다듬고 정리하여 쓸모 있게 만들어 놓아야 값어치가 있다]는 의미이고 물건을 다듬는 중요성을 나타내고 있으며 (53b-②-ㄴ)은 [사람이 가르치지 않고 배우지 않으면 필요한 인재가 될 수 없다]는 의미이고 교육의 중요성을 강조하고 있다.

(53c ①) 중의 속담과 숙어는 축자 의미가 다 [귀머거리와 벙어리인 척한다]는 것이나 관용 의미가 다르다. (53c-①-ㄱ)은 [시집살이의 어려움을 비유적으로 이르는 말]이고 (53c-①-ㄴ)은 [고의로 모르는 체하다]는 뜻이다. 이런 차이는 한국의 전통 결혼 문화와 관련된다. (53c ②) 중의 속담과 숙어는 다 행동하는 시기를 나타낸다. (53c-②-ㄱ)은 [어떤 일을 하려고 하는데 뜻하지 않은 일을 공교롭게 당함을 비유적으로 이르는 말]이고 부정적인 의미가 강하며 (53c-②-ㄴ)은 [뜻밖의 일이 우연히 잘 들어맞는 경우를 비겨 이르는 말]이고 긍정적인 의미가 강하다. (53c ③) 중의 속담과 숙어는 '말'을 소재로 쓰고 있으며 문장 구성이 비슷하다. (53c-③-ㄱ)은 '곱다'를 통해서 [자기가 남에게 말이나 행동을 좋게 하여야 남도 자기에게 좋게 한다]는 의미를 나타내고 (53c-③-ㄴ)은 '대머리와 소경'을 통해서 [다 허점을 가지고 있으니 서로 남의 허물을 말할 필요가 없다]는 뜻을 나타낸다. (53c ④) 중의 속담과 숙어는 같은 소재 '말 한마디'를 쓰고 있으며 그의 가치를 '천 냥'과 '천 금'을 통해서 표현하고 있다. (53c-

④-ㄱ)과 (53c-④-ㄴ)은 형태가 유사하나 관용 의미가 다르다. (53c-④-ㄱ)은 [말만 잘하면 어려운 일이나 불가능해 보이는 일도 해결할 수 있다]는 의미이고 (53c-④-ㄴ)은 [하는 말이 가치가 있다]는 의미와 [신용이 있다]는 의미를 가지고 있다.

여기서 제시하는 18개의 속담을 언뜻 보면 속담과 숙어의 관용 의미를 같은 것으로 착각하기 쉽다. 부분 속담사전에도 잘못 해석하는 경우가 있다. 이런 속담을 교육할 때 중국어권 학습자가 오류를 쉽게 범할 수 있기 때문에 속담의 관용 의미에 대해서는 자세한 설명이 필요하다.

위의 분석 결과를 보면 이 책에서 교육용 속담으로 선정하지 않았으나 형태와 관용 의미가 여기서 제시한 중국어 숙어와 같거나 비슷한 속담이 있다. 예를 들면, '눈 가리고 아웅'을 분석할 때, 이와 대조되는 숙어 '掩耳盜鈴[귀를 막고 방울을 훔친다]'를 제시하였다. 한국어에 '귀 막고 방울 도둑질한다'는 속담도 있다. 이런 속담은 한국어 교육할 때 보충 자료로 제시할 수 있다.[60]

---

60) 김도환(1995: 119, 417)에 '불난 집에 부채질한다'와 대조되는 '火上澆油', '밑 빠진 독에 물 붓기'와 대조되는 '挑雪塡井'과 같은 형태와 의미를 가지는 '불난 데 기름 붓는다', '눈으로 우물 메우기다' 등 속담이 수록되어 있다.

4.2.2. 중국어 숙어와 대조되지 않는 경우

중국어 숙어와 대조되지 않는 한국어 속담은 총 30개가 있고 자연, 동물, 농경생활, 일상생활, 사회생활, 정신생활 등과 관련된 소재를 활용하고 있다.

(54) a. 비 온 뒤에 땅이 굳어진다

　　b. 금강산도 식후경

　　　종로에서 뺨 맞고 한강에서 눈 흘긴다

　　　친구 따라 강남 간다

　　　갈수록 태산

(54)에 제시된 속담은 자연물과 지명을 소재로 쓰고 있다. (54a)는 '비, 땅'을 소재로 쓰고 있고 (54b)는 지명 '금강산, 종로, 강남, 태산'을 소재로 쓰고 있다.

(55) a. 닭 쫓던 개 지붕 쳐다보듯

　　　닭 소 보듯, 소 닭 보듯

　　　못된 송아지 엉덩이에 뿔이 난다61)

---

61) 중국어 숙어 중에 '狗頭上長角-洋(羊)相[개머리에 뿔이 난다-양의 몰골이다]'가 있다. [꼴 보기 싫게 추태를 부림을 비웃어 이르는 말]이다. 이 숙어는 '羊相'(양

재주는 곰이 넘고 돈은 주인이 받는다

까마귀 고기를 먹었나

b. 구렁이 담 넘어가듯

(55)에 제시된 속담은 동물 소재를 쓰고 있다. (55a)는 '개, 닭, 송아지, 곰, 까마귀' 등 길짐승과 날짐승을 소재로 쓰고 있으며 (55b)는 '구렁이'를 소재로 쓰고 있다.

(56) a. 되로 주고 말로 받는다

믿는 도끼에 발등 찍힌다

b. 목마른 사람이 우물 판다

(56)에 제시된 속담은 농경생활과 관련된 소재를 쓰고 있다. (56a)는 도구 '되, 말, 도끼'를 소재로 쓰고 있으며 (56b)는 '우물'을 소재로 쓰고 있다.

(57) a. 보기 좋은 떡이 먹기도 좋다[62)]

의 몰골)과 '洋相'(웃을 거리가 될 만한 행동이나 모양)의 발음이 같다는 점을 이용하여 만들어진 것이다. 이를 '못된 송아지 엉덩이에 뿔이 난다'와 형태가 유사하고 의미가 다른 속담으로 분류할 수 있겠으나 뿔은 개의 신체 부위가 아니며 이 숙어의 구성 특징을 감안해서 이 책에서는 속담과 대조되지 않는 것으로 분류한다.

62) 중국어에 '秀外慧中'라는 성어(成語)가 있는데 [외모도 준수하고 자질도 총명하

b. 아닌 밤중에 홍두깨

c. 더도 말고 덜도 말고 늘 가윗날만 같아라

평계 없는 무덤이 없다

(57)에 제시된 속담은 일상생활과 관련된 소재를 쓰고 있다. (57a)는 음식물 '떡'을 소재로 쓰고 있으며 (57b)는 생활용품 '홍두깨'를 소재로 쓰고 있고 (57c)는 명절인 '가윗날'과 '무덤'을 소재로 쓰고 있다.

(58) a. 사돈 남 나무란다

b. 늦게 배운 도둑이 날 새는 줄 모른다

c. 같은 값이면 다홍치마

밑져야 본전

d. 목구멍이 포도청

개같이 벌어서 정승같이 산다

e. 미운 아이 떡 하나 더 준다[63]

f. 호랑이에게 물려가도 정신만 차리면 산다

다)는 뜻이고 사람에 쓰이고 '보기 좋은 떡이 먹기도 좋다'와 관련짓기 힘들다.

[63] 이 속담은 [미운 사람일수록 잘 해 주고 감정을 쌓지 않아야 한다는 말]이며 중국어에 '化敵爲友'라는 성어(成語)가 있는데 [적을 친구로 만들어 화해한다]는 뜻이다. 형태와 관용 의미가 서로 다르기 때문에 대조되지 않는 것으로 분류한다.

(58)에 제시된 속담은 사회생활과 관련된 소재를 쓰고 있다. (58a)는 친족 '사돈'을 쓰고 있고 (58b)는 특정 부류인 '도둑'을 쓰고 있고 (58c)는 경제와 관련된 소재 '값, 본전'을 쓰고 있다. (58d)는 사회제도와 관련된 소재 '포도청, 정승'을 쓰고 있고 (58e)는 '인심'을 소재로 쓰고 있으며 (58f)는 '경험'을 통해서 의미를 나타내고 있다.

(59) a. 굿이나 보고 떡이나 먹지[64]

　　　선무당이 사람 잡는다

　　　꿈보다 해몽이 좋다

　　　재수가 옴 붙었다

(59a)에 제시된 속담은 정신생활과 관련된 '굿, 무당, 꿈과 해몽, 재수, 팔자' 등 소재를 쓰고 있다. 중국어에 이런 민속신앙과 관련된 소재도 있으나 한국 속담과 대조되는 숙어가 없다.

이와 같이 한국어 속담과 관련된 숙어의 형태·의미를 대조 분

---

[64] 한중속담사전을 보면 이를 '袖手旁觀, 坐享其成'으로 해석한 경우가 있다. '袖手旁觀'는 [팔짱을 끼고 방관만 한다]는 의미이고 '坐享其成'은 [가만히 앉아서 남이 거둔 성과를 누린다]는 뜻이며 의미가 다른 두 개의 성어이다. 이는 '굿이나 보고 떡이나 먹지'의 관용 의미 [남의 일에 쓸데없는 간섭을 하지 말고 되어가는 형편을 보고 있다가 이익이나 얻도록 하라는 말]과 대조되지 않는 것으로 분류한다.

석해 보았다. 분석 결과에 따라 속담의 형태·의미 난이도 수치를 다음 〈표 22〉와 같이 부여한다.

〈표 22〉 형태·의미 난이도 수치(數値) 부여 기준

관용 의미	형태	난이도 수치
속담=숙어	속담=숙어	1
	속담≒숙어	2
	속담≠숙어	3
속담≒숙어	속담=숙어	4
	속담≒숙어	5
	속담≠숙어	6
한국어 특유의 속담		7
속담≠숙어	속담≒숙어	8

　속담의 의미를 정확하게 파악하고서야 속담을 상황에 맞게 올바르게 사용할 수 있다. 축자 의미만 보고서는 속담의 관용 의미를 추측하지 못 하는 경우가 많다. Shao Juan(2010: 57~68)에서는 선정된 속담의 뜻을 중국어로 직역하여 제시하고 대응하는 중국어 숙어를 찾도록 40명 중국어권 학습자를 대상으로 설문조사를 하였다. 조사 결과에 따르면 대조되는 중국어 숙어가 존재하는 속담에 대한 정답률은 90%이며 직역에 이해하기 어려운 문화 요소가 포함되는 속담에 대한 정답률은 30%에도 미치지 못했다. 따라서 이 책에서는 관용 의미 대조를 기본으로 하고 형태 대조를 참고하여 난이도 수치를 부여한다. 〈표 22〉와 같이

속담과 숙어의 관용 의미가 같거나 유사성이 많을수록 학습자가 속담을 쉽게 이해할 수 있다. 또한 중국어 숙어와 형태가 유사하나 의미가 전혀 다른 속담이 한국어 특유의 속담과 비교할 때 중국어권 학습자에게는 모국어 간섭 때문에 혼란을 일으킬 수 있어 더 어렵게 느껴질 것이어 숙어의 관용 의미와 같은 속담의 난이도 수치가 가장 낮고, 이어서 숙어의 관용 의미와 비슷한 속담, 한국어 특유의 속담, 숙어와 관용 의미가 다르나 형태가 유사한 속담의 난이도 수치가 가장 높은 것으로 설정한다.

숙어의 관용 의미와 같거나 유사한 속담은 숙어의 형태와 비교를 통해서 다시 숙어의 형태와 같은 속담, 비슷한 속담, 다른 속담으로 분류할 수 있다. 속담은 숙어의 형태와 유사성이 많을수록 학습자가 속담을 더 쉽게 받아들일 수 있어 분석 결과에 따라 속담의 형태·의미 난이도 수치를 〈표 22〉와 같이 부여한다.

숙어와 대조되지 않는 속담은 한국인의 특유한 문화 배경, 사고방식, 표현 방법 등을 나타내고 있다. 이 중에 속담의 축자 의미를 통해서 관용 의미를 추측할 수 있는 속담이 있으며 축자 의미를 통해서 관용 의미를 파악하기 힘든 속담도 있다. 또한 속담에 쓰이는 소재가 중국어 숙어에도 쓰이더라도 소재에 대한 인식이 달라서 이해하기 어려운 경우가 있다. 속담에 담겨 있는 문화 요소가 학습자가 일상생활이나 한국어 학습하는 과정 중에 쉽게 접촉하여 이해할 수 있는 것이면 속담도 보다 쉽게 이해할 수 있다. 따라서 다음 절에서는 속담과 관련지을 수 있는 문화 요소를 정리하여 이를 학습하기에 적절한 단계에 따라 속담의 문화 요소 측면의 난이도를 분석한다.

4.3. 문화 요소

이 절에서는 문화 요소 측면을 통해서 한국어 속담 항목의 난이도를 분석한다. 우선 선정된 한국어 속담과 관련지을 수 있는 문화 요소를 추출하여 해당 문화 요소가 어느 학습 단계에 제시되는 것이 가장 적절한지를 확인하고 제시단계에 따라 한국어 속담의 문화 요소 측면의 난이도 수치(數值)를 1(초급), 2(중급), 3(고급)으로 부여한다.

문화 교육에 관해서 박영순(2003: 70)에서는 문화 교육의 내용을 정신문화, 언어문화, 생활문화, 예술문화, 제도문화, 과학기술문화 등으로 크게 분류하였으며 민현식(2003: 447)에서는 '당대문화-전통문화', '현상문화-가치문화'의 영역기준에 따라 당대문화, 현상문화를 먼저 제시하고 전통문화, 가치문화를 나중에 제시한다는 기준을 한국어 문화 교육에 반영할 필요성을 논술하며 '기본 영역(신체어, 의식주 관련어, 친족어, 자연 사물어) → 일반 영역(가정생활, 학교생활, 직장생활, 사교생활, 남녀생활, 취미생활) → 특수영역(한글문화, 한국인의 사유 구조, 한국인의 정치 경제

종교생활, 한국사, 국민성)'과 같이 추상적 정신문화 항목으로 확대하면서 문화 관련 표현어를 선정 배열하는 것을 주장하였다.

단계별 문화 교육의 주제에 관해서는 한상미(2005: 407~411)에서는 초급 단계에는 '공적인 혹은 사적인 인사, 공손성의 표현 양식, 화계, 호칭, 화폐 및 숫자의 사용법, 휴일, 전화, 컴퓨터, 약국과 병원, 약속과 예약, 초대와 방문, 데이트, 교통, 물건 사기, 음식, 주생활, 개인적 이동 수단, 스포츠, 대중매체, 취미, 편지와 메일, 가족 식사, 외식, 술, 간식, 운동, 가족 관계, 모임' 등 주제를 제시하고 중급 단계에는 '민간요법, 민속, 축제나 잔치, 놀이나 게임, 전통 놀이, 인쇄물, 문학, 규율, 음악, 부탁, 요청과 거절, 칭찬, 애완동물, 동료 관계, 청결, 화장품, 담배와 흡연, 가전제품, 영화·연극, 전시회·공연, 도시와 시골생활, 휴가보내기, 숙박시설, 저축과 경제생활, 공중도덕' 등 주제를 제시하고 고급 단계에는 '취업, 직장생활, 업무, 미신, 타부, 과학, 예술과 문학, 역사, 정치, 경제, 사회, 학교 제도, 병역 제도, 공적인 대화 및 토론 방식, 발표, 고정관념, 문화충격, 환경, 위인 및 주요 인물, 농담이나 유모어, 만화, 광고, 담화표지, 통신 용어, 동작학' 등 세부 주제를 제시하였다. 조항록 외(2007: 116~118)에서는 기존 한국어 교재에서 다룬 문화 요소를 재분류하여 대영역 주제와 하위 주제를 단계별로 제시하였다. 초급 단계의 대영역 주제로 '현대 한국인의 의식주생활, 생활예절, 현대 사회생활,

한국인의 몸짓언어, 한국 개관'을 제시하고 중급 단계의 대영역 주제로 '전통예술, 신화·전설·민담, 세시 풍속, 현대 사회생활 2, 대중예술, 속담·관용표현, 한국인의 사고방식'을 제시하고 고급 단계의 대영역 주제로 '사회제도, 한국의 역사, 한국의 경제, 한국의 정치, 한국의 문학 작품, 동양(한국) 사상·철학·종교'를 제시하였다.

이와 같은 선행연구 결과물에 의하면 학습자에게 한국 문화 요소를 교육할 때 구체적인 '언어문화, 생활문화, 예술문화'부터 추상적인 '정신문화, 제도문화'로 교육하는 것이 바람직하다. 이 책에서는 선행연구 결과물을 바탕으로 하여 단계별로 속담과 관련지을 수 있는 문화 요소를 다음과 같은 절차를 거쳐 추출하였다.

먼저 속담 소재에 반영된 세부적이고 구체적인 문화 요소부터 추출하고 단계에 맞게 분류하여 속담 소재를 문화 요소와 직접 관련짓기 힘든 경우에 '한국인의 사고방식, 가치관, 신념, 경험담' 등 문화 요소와 관련짓는다.65) 한국인의 사고방식, 가치관, 신념과 경험을 나타내는 속담에 구체적인 소재가 제시되어 있으면 학습자가 해당 문화 요소를 더 쉽게 이해할 수 있어 속담

---

65) 넓게 볼 때는 대부분의 속담은 한국인의 생각과 사고방식 등을 반영하고 있으나 이 책에서는 우선 세부적이고 구체적인 문화 요소와 최대한 관련을 지어보고 명확하게 관련짓기 어려운 경우에 '한국인의 사고방식·가치관·신념·경험담'으로 분류한다.

의 소재가 구체적이냐 추상적이냐에 따라 관련 속담의 문화 요소 난이도 수치를 중급 단계와 고급 단계로 나누어 부여한다. 즉, 소재가 구체적인 경우에 속담과 관련된 한국인의 사고방식, 가치관, 경험담 등 문화 요소의 난이도를 중급 단계로 보고 소재가 추상적인 경우에 이를 고급 단계로 본다. 또한 속담의 소재가 구체적이나 해당 중국어 소재와 문화적인 의미 차이가 크면 중국어권 학습자에게 받아들이기가 쉽지 않은 문화 요소가 되어 이와 관련되는 속담의 문화 요소 난이도를 고급 단계로 본다. 속담과 관련된 문화 요소의 분석한 결과를 단계별로 정리하면 다음 〈표 23〉~〈표 25〉와 같다.

〈표 23〉 속담과 관련된 문화 요소-초급 단계

순번	속담	문화 요소
1	가는 말이 고와야 오는 말이 곱다	언어생활
2	낫 놓고 기역 자도 모른다	
3	낮말은 새가 듣고 밤말은 쥐가 듣는다	
4	누이 좋고 매부 좋다	
5	말 한마디에 천 냥 빚도 갚는다	
6	말이 씨가 된다	
7	발 없는 말이 천 리 간다	
8	사촌이 땅을 사면 배가 아프다	
9	아 해 다르고 어 해 다르다	
10	옷이 날개라	의생활
11	구더기 무서워 장 못 담글까	식생활
12	꿀 먹은 벙어리	
13	남의 손의 떡은 커 보인다	

순번	속담	문화 요소
14	누워서 떡 먹기	
15	단맛 쓴맛 다 보았다	
16	달걀로 바위치기	
17	떡 본 김에 제사 지낸다	
18	떡 줄 사람은 꿈도 안 꾸는데 김칫국부터 마신다	
19	미운 아이 떡 하나 더 준다	
20	번갯불에 콩 볶아 먹겠다	
21	보기 좋은 떡이 먹기도 좋다	
22	속 빈 강정	
23	수박 겉 핥기	
24	식은 죽 먹기	
25	우물에 가 숭늉 찾는다	
26	울며 겨자 먹기	
27	자라 보고 놀란 가슴 솥뚜껑 보고 놀란다	
28	작은 고추가 더 맵다	
29	첫술에 배부르랴	
30	빈대 잡으려고 초가삼간 태운다	주생활
31	아니 땐 굴뚝에 연기 날까	
32	긁어 부스럼	
33	모르면 약이요 아는 게 병	일상생활
34	병 주고 약 준다	(건강 관련)
35	세월이 약	
36	약방에 감초	
37	입에 쓴 약이 병에는 좋다	
38	산 넘어 산이다	
39	금강산도 식후경	
40	모로 가도 서울만 가면 된다	한국 개관
41	배가 남산만 하다	(지리와 지명)
42	종로에서 뺨 맞고 한강에서 눈 흘긴다	
43	친구 따라 강남 간다	

〈표 23〉과 같이 속담에서 초급 단계에 맞는 문화 요소로 언어
생활, 의식주문화, 건강과 관련되는 일상생활문화, 한국 지리와
지명을 포함하는 한국 개관 등을 추출하였다. 초급 단계의 문화
요소와 관련지을 수 있는 속담은 총 43개가 있다.

언어생활과 관련된 속담 중에 '낫 놓고 기역 자도 모른다'는
한글과 관련되어 있으며 '누이 좋고 매부 좋다', '사촌이 땅을
사면 배가 아프다'는 '누이, 매부, 사촌'을 통해 호칭어와 관련을
지을 수 있다. 다른 언어생활과 관련되는 속담은 다 '말(언어)'와
관련되어 있다.

의식주문화와 관련된 속담 중에 '옷이 날개라'는 의생활문화
와 관련이 있고 11~29번의 속담은 음식물이나 음식물 재료 '장,
떡, 달걀', 음식의 맛, 요리 도구 등을 소재로 하고 있어 식생활문
화와 관련된다. '빈대 잡으려고 초가삼간 태운다' 중의 '초가삼
간', '아니 땐 굴뚝에 연기 날까' 중의 '굴뚝'을 한국의 주생활문
화와 관련지을 수 있다.

건강과 관련되는 일상생활문화 요소를 나타내는 속담은 '약
과 병'을 소재로 쓰고 있으며 한국 개관을 나타내는 속담은 '산',
'금강산'(북한), '서울', '남산', '종로', '한강', '강남' 등 지리나 지
명을 소재로 쓰고 있다.

중급 단계의 문화 요소와 관련지을 수 있는 속담은 다음 〈표
24〉와 같다.

〈표 24〉 속담과 관련된 문화 요소-중급 단계

순번	속담	문화 요소
1	가지 많은 나무에 바람 잘 날이 없다	가정생활 (가족주의·결혼생활)
2	열 손가락 깨물어 안 아픈 손가락이 없다	
3	피는 물보다 진하다	
4	귀머거리 삼 년이요 벙어리 삼 년	
5	사돈 남 나무란다	
6	더도 말고 덜도 말고 늘 가윗날만 같아라	세시풍속
7	어느 장단에 춤추랴	예술문화
8	가뭄에 콩 나듯	전통사회 (농경생활)
9	되로 주고 말로 받는다	
10	목마른 사람이 우물 판다	
11	물에 빠지면 지푸라기라도 잡는다	
12	믿는 도끼에 발등 찍힌다	
13	밑 빠진 독에 물 붓기	
14	벼 이삭은 익을수록 고개를 숙인다	
15	우물 안 개구리	
16	우물을 파도 한 우물을 파라	
17	콩 심은 데 콩 나고 팥 심은 데 팥 난다	
18	가는 토끼 잡으려다 잡은 토끼 놓친다	한국인의 사고방식·가치관· 신념·경험담 (구체적인 소재)
19	가재는 게 편	
20	개 발에 편자	
21	개구리 올챙이 적 생각 못 한다	
22	개천에서 용 난다	
23	고래 싸움에 새우 등 터진다	
24	고양이 목에 방울 달기	
25	고양이 앞에 쥐	
26	고양이한테 생선을 맡기다	
27	구렁이 담 넘어가듯	
28	구슬이 서 말이라도 꿰어야 보배	
29	귀에 걸면 귀걸이 코에 걸면 코걸이	
30	까마귀 고기를 먹었나	
31	까마귀 날자 배 떨어진다	

순번	속담	문화 요소
32	꼬리가 길면 밟힌다	
33	나는 새도 떨어뜨린다	
34	누워서 침 뱉기	
35	눈 가리고 아웅	
36	눈에는 눈 이에는 이	
37	늦게 배운 도둑이 날 새는 줄 모른다	
38	다람쥐 쳇바퀴 돌듯	
39	닭 소 보듯, 소 닭 보듯	
40	닭 쫓던 개 지붕 쳐다보듯	
41	도둑이 제 발 저리다	
42	도토리 키 재기	
43	돌다리도 두들겨 보고 건너라	
44	될성부른 나무는 떡잎부터 알아본다	
45	등잔 밑이 어둡다	
46	땅 짚고 헤엄치기	
47	마른하늘에 날벼락	
48	모난 돌이 정 맞는다	
49	못된 송아지 엉덩이에 뿔이 난다	
50	바늘 가는 데 실 간다	
51	배보다 배꼽이 더 크다	
52	백지장도 맞들면 낫다	
53	뱁새가 황새를 따라가면 다리가 찢어진다	
54	벼룩의 간을 내어 먹는다	
55	불난 집에 부채질한다	
56	비 온 뒤에 땅이 굳어진다	
57	빛 좋은 개살구	
58	사공이 많으면 배가 산으로 간다	
59	산 입에 거미줄 치랴	
60	새 발의 피	
61	소 잃고 외양간 고친다	
62	쇠뿔도 단김에 빼라	
63	십 년이면 강산도 변한다	

순번	속담	문화 요소
64	아닌 밤중에 홍두깨	
65	엎어지면 코 닿을 데	
66	엎질러진 물	
67	열 번 찍어 아니 넘어가는 나무 없다	
68	옥에도 티가 있다	
69	웃는 낯에 침 못 뱉는다	
70	원숭이도 나무에서 떨어진다	
71	윗물이 맑아야 아랫물이 맑다	
72	장님 코끼리 만지는 격	
73	재주는 곰이 넘고 돈은 주인이 받는다	
74	적을 잘 알고 자신을 잘 아는 자는 백 번 싸워 백 번 이긴다	
75	제 살 깎아 먹기	
76	제 코가 석자	
77	쥐구멍에도 볕 들 날 있다	
78	지렁이도 밟으면 꿈틀한다	
79	천 리 길도 한 걸음부터	
80	팔이 안으로 굽지 밖으로 굽나	
81	핑계 없는 무덤이 없다	
82	하늘의 별 따기	
83	하늘이 무너져도 솟아날 구멍이 있다	
84	하룻강아지 범 무서운 줄 모른다	
85	호랑이도 제 말하면 온다	
86	호랑이에게 물려가도 정신만 차리면 산다	

〈표 24〉와 같이 속담에서 중급 단계에 맞는 문화 요소로 가족주의와 결혼생활을 포함하는 가정생활문화, 세시풍속, 예술문화, 농경생활을 포함하는 전통사회 문화를 추출하고 구체적인 소재가 제시되어 있는 속담과 관련지을 수 있는 한국인의 사고방식, 가치

관, 신념, 사회 경험 등 문화 요소를 추출하였다. 이와 같이 중급 단계의 문화 요소와 관련지을 수 있는 속담은 총 86개가 있다.

'가지 많은 나무에 바람 잘 날이 없다', '열 손가락 깨물어 안 아픈 손가락이 없다', '피는 물보다 진하다'는 부모와 자식, 혈연 관계 등 가족주의 문화 요소와 관련이 되며 '귀머거리 삼 년이요 벙어리 삼 년'은 여성의 결혼생활과 관련되어 있으며 '사돈 남 나무란다' 중의 '사돈'이라는 호칭어도 결혼생활과 관련지을 수 있다. '더도 말고 덜도 말고 늘 가윗날만 같아라'는 한국의 세시 풍속인 추석과 관련이 되며 '어느 장단에 춤추랴'는 한국의 예술 문화와 관련이 된다.

8~17번의 속담에 '농작물 관련(벼, 콩, 팥, 지푸라기)', '도구(도끼, 되, 말, 독, 우물)' 등 소재가 쓰여 있다. 이런 소재는 한국의 전통사회의 농경생활문화와 관련된다. 18~86번의 속담은 구체 적인 소재를 쓰고 있으며 한국인의 사고방식, 가치관, 신념, 경험과 관련된다. 이런 속담에 주로 동물 소재(개, 범, 거미, 닭, 소, 새 등), 식물 소재(나무, 개살구, 도토리 등), 인물 소재(도둑, 사공, 적, 자신 등), 신체와 관련된 소재(낯, 눈, 이, 코, 팔 등), 생활용품과 관련된 소재(구슬, 귀걸이, 코걸이, 등잔 등), 자연물 소재(하늘, 별, 벼락) 등을 활용하고 있다.

고급 단계의 문화 요소와 관련지을 수 있는 속담은 다음 〈표 25〉와 같다.

<표 25> 속담과 관련된 문화 요소-고급 단계

순번	속담	문화 요소
1	가는 날이 장날66)	경제생활
2	같은 값이면 다홍치마	
3	밑져야 본전	
4	싼 것이 비지떡	
5	걱정도 팔자다	정신생활 (민속신앙·불교)
6	굿이나 보고 떡이나 먹지	
7	귀신이 곡할 노릇	
8	꿈보다 해몽이 좋다	
9	민심은 천심	
10	선무당이 사람 잡는다	
11	재수가 옴 붙었다	
12	지성이면 감천	
13	하늘은 스스로 돕는 자를 돕는다	
14	공든 탑이 무너지랴	
15	쇠귀에 경 읽기	
16	십년공부 도로 아미타불	
17	개같이 벌어서 정승같이 산다	제도문화
18	따 놓은 당상	
19	목구멍이 포도청	
20	서당 개 삼 년에 풍월 읊는다	
21	꿩 대신 닭	한국인의 사고방식·가치관·신념·경험담 (구체적이나 한중 문화적인 의미 차이가 큰 소재)
22	꿩 먹고 알 먹는다	
23	갈수록 태산	
24	티끌 모아 태산	
25	겉 다르고 속 다르다	한국인의 사고방식·가치관·신념·경험담 (추상적인 소재67))
26	고생 끝에 낙이 온다	
27	고생을 사서 한다	
28	길고 짧은 것은 대어 보아야 안다	
29	무소식이 희소식	
30	백문이 불여일견	
31	세 살 적 버릇이 여든까지 간다	

순번	속담	문화 요소
32	시작이 반이다	
33	열 길 물속은 알아도 한 길 사람의 속은 모른다	
34	제 꾀에 넘어간다	
35	하나를 보고 열을 안다	

〈표 25〉와 같이 속담에서 고급 단계에 맞는 문화 요소로 경제
생활문화, 민속신앙과 불교를 포함하는 정신문화, 제도문화를
추출하였다. 구체적이나 한중 문화적인 의미 차이가 큰 소재가
제시되어 있는 속담, 추상적인 소재가 제시되어 있는 속담과 관
련지을 수 있는 한국인의 사고방식, 가치관, 신념, 사회 경험 등
문화 요소도 추출하였다. 이와 같이 고급 단계의 문화 요소와
관련지을 수 있는 속담은 총 35개가 있다.

경제생활문화 요소와 관련지을 수 있는 속담은 '장날, 값, 본
전' 등 소재를 활용하고 있으며 정신생활문화 요소와 관련지을
수 있는 속담은 '팔자, 굿과 무당, 꿈과 해몽, 귀신, 하늘(신),[68]

---

66) 최창렬(1999: 67)에서 주장한 바에 의하면 '가는 날이 장날' 중의 '장날'은 지금
   일상 쓰는 시골 오일장의 '장날'로 받아들이고 있고 사전에도 이렇게 채록되어
   있지만 근원적인 의미는 [사람이 죽어서 초상을 치르는 장사(葬事)날]이고 청
   각상의 착각 때문에 장(場)날이라는 의미가 일반화되어 버린 것이다. 여기서
   지금 널리 받아들이는 장(場)날로 보아 경제생활과 관련된 것으로 분류한다.
67) 25번의 '겉과 속', 33번의 '물속과 사람의 속'은 구체적인 소재와 추상적인 소재
   로 다 볼 수 있다. 추상적인 의미를 나타내는 경우가 있으므로 여기서 추상적인
   소재로 본다.
68) '민심은 천심', '지성이면 감천' 중의 '천'은 하늘이며 불가사의한 능력으로써
   선악을 판단하고 길흉화복을 인간에게 내리는 신비스러운 존재이다. 따라서

재수' 등 민속신앙과 관련된 소재와 불교와 관련된 소재 '탑, 경, 아미타불'을 쓰고 있다. 제도문화와 관련되는 속담은 '정승, 당상, 포도청, 서당' 등 제도와 관련되는 소재를 활용하고 있다.

21~24번의 속담은 '꿩'과 '태산'을 소재로 쓰고 있고 한국인의 사고방식과 가치관, 신념, 경험을 나타내고 있다. 한국어와 중국어에 '꿩'과 '태산'의 문화적인 의미가 차이가 크므로 관련 속담의 문화 요소 난이도를 고급 단계로 본다.

중국어에 꿩은 기본적인 의미 외에 특수한 문화적인 의미가 별로 없다. 한국어에 꿩은 문화적인 의미를 가지고 있다. '꿩 먹고 알 먹는다'와 '꿩 대신 닭'에서 보여 준 것처럼 한국 사람이 꿩과 꿩알을 선호하고 '꿩'은 '이익'이라는 문화적인 의미를 가지고 있다.

한국어에서 태산에 관하여 '무겁다'는 특성을 바탕으로 부정적인 의미로 쓰는 경우가 많다. '갈수록 태산'처럼 어려운 지경을 나타내며 '걱정이 태산이다, 할 일이 태산이다' 문장 중의 '태산'처럼 부정적인 요소가 많이 쌓이는 상황도 가리킨다. '티끌 모아 태산' 중의 태산에는 [큰 덩어리]라는 문화적인 의미도 담겨 있다. 중국어에서도 이처럼 태산의 '무겁다'의 특성을 통해서 부정적인 의미를 나타내는 경우가 있으며 [의미가 아주 크다]는

여기서 '하늘의 별 따기' 중의 '하늘'과 달리 자연물로 보지 않고 민속신앙을 반영하는 소재로 본다.

긍정적인 의미를 나타내는 경우가 더 많다. 태산은 중국 오악(五嶽) 중의 동악(東嶽)이며 중국 민속신앙에서 아주 중요한 자리를 잡고 있다. 특정한 표현이나 맥락 외에 일반적으로 긍정적이고 특수한 의미로 받아들여진다. 태산의 안정적인 특성을 통해서 [정세나 지위가 견고하다]는 의미를 나타내기고 하고 [권위자, 대가], [유명한 사람이나 위인]의 문화적인 의미를 나타내기도 한다. 이런 의미 차이에 대한 설명 없이는 중국어권 학습자가 속담을 잘못 이해할 수 있다.

　25~35번의 속담은 '겉과 속, 고생과 낙, 비교하기, 소식, 듣기와 보기, 시작, 꾀, 지식' 등 추상적인 소재를 활용하여 한국인의 사고방식, 가치관, 신념과 경험을 나타내고 있다.

　지금까지 속담의 난이도를 어휘·문법 측면, 형태·의미 측면, 문화 요소 측면을 통해서 분석하였다. 난이도 수치에 따라 속담의 난이도 등급을 매길 수 있다. 여기서 각 측면의 난이도 수치를 종합하여 하위 영역, 중간 영역, 상위 영역으로 나눈다. 어휘, 문법, 문화 요소 측면의 난이도는 각 3단계로 나누어 분석하였기 때문에 난이도 수치가 1이면 하위 영역, 2이면 중간 영역, 3이면 상위 영역으로 본다. 형태·의미 측면의 난이도를 8단계로 나누어 분석하였다. 이 중에 수치가 '1~3'이면 숙어의 관용 의미와 같은 속담이며 학습자에게 보다 쉬운 내용이어서 이를 하위 영역으로 보고, 수치가 '4~6'이면 숙어의 관용 의미와 유사한 속 담이며 이를 중간 영역으로 보고, 수치가 '7~8'이면 한국어 특유 의 속담, 숙어와 형태가 유사하나 관용 의미가 다른 속담이며 학습자에게 가장 어려운 부분이므로 이를 상위 영역으로 본다. 이를 바탕으로 하위 영역, 중간 영역, 상위 영역 별로 각 난이도 측면의 수치를 합산하면 다음과 같은 결과가 나온다.

(60) 하위 영역 수치

=1(어휘)+1(문법)+1/2/3(형태·의미)+1(문화 요소)=4/5/6

중간 영역 수치

=2(어휘)+2(문법)+4/5/6(형태·의미)+2(문화 요소)=10/11/12

상위 영역 수치

=3(어휘)+3(문법)+7/8(형태·의미)+3(문화 요소)=16/17

이와 같이 속담의 전체적인 난이도 수치를 하위 영역, 중간 영역, 상위 영역으로 나눌 수 있다. 난이도 수치가 4~6이면 하위 영역에 해당되어 난이도 등급이 초급에 해당되며 난이도 수치 가 하위 영역보다 높고 중간 영역 수치보다 높지 않은 경우, 즉 7~12인 경우에 난이도 등급이 중급에 해당되고 난이도 수치가 중간 영역 수치보다 높고 상위 영역 수치보다 높지 않은 경우, 즉 13~17인 경우에 난이도 등급이 고급에 해당된다. 다음 〈표

26>과 같이 표시할 수 있다.

〈표 26〉 난이도 수치에 따른 난이도 등급 설정 기준

난이도 등급	난이도 수치
초급	4~6
중급	7~12
고급	13~17

지금까지 분석한 결과를 바탕으로 어휘·문법 측면, 형태·의미 측면, 문화 요소 측면의 난이도 수치를 합산하여 산출한 전체적인 난이도 수치를 근거로 〈표 26〉의 기준에 따라 속담의 난이도 등급을 설정할 수 있다. 3장의 빈도수 분석 결과와 결합하여 제시하면 다음 〈표 27〉[69]과 같다.

---

69) 학습자가 속담을 활용하려면 속담의 관용 의미부터 이해해야 한다. 어휘·문법이나 관련된 문화 요소를 잘 알고 있어도 속담의 관용 의미를 잘 모르면 제대로 이해하여 활용할 수 없다. 또한 어휘와 문법은 속담을 구성하는 언어적인 기본 요소이며 속담을 이해하는 데에 아주 중요한 역할을 한다. 속담에 관련된 문화 요소를 이해하면 속담을 이해하거나 활용하는 데에 도움이 된다. 따라서 전체적인 난이도를 측정할 때 이 세 가지 측면 난이도의 중요성은 '형태·의미 난이도 〉어휘·문법 난이도 〉문화 요소 난이도'로 볼 수 있다. 이 책에서는 형태·의미 난이도를 8단계로 나누어 분석하였고, 어휘·문법 난이도를 5단계로 (어휘 난이도와 문법 난이도를 각 3단계로 나눴으며 양자를 합산한 수치는 2~6이기 때문에 총 5단계임) 나누어 분석하였고, 문화 요소 측면의 난이도를 3단계로 나누어 분석하였기 때문에 전체적인 난이도 수치가 각 측면 난의도의 중요성을 반영할 수 있어 속담 항목의 총 난이도 수치를 산정할 때 각 측면의 난이도 수치에 가중치(加重值)를 부여해서 계산하지 않았다.

〈표 27〉 속담 난이도·빈도수 분석결과표

순번	속담	난이도 수치 어휘·문법	난이도 수치 형태·의미	난이도 수치 문화요소	난이도 수치 계	난이도 등급	빈도수 수치	빈도수 단계
1	가는 날이 장날	4	8	3	15	고	11	중
2	가는 말이 고와야 오는 말이 곱다	3	8	1	12	중	29	고
3	가는 토끼 잡으려다 잡은 토끼 놓친다	4	3	2	9	중	19	중
4	가뭄에 콩 나듯	4	3	2	9	중	20	중
5	가재는 게 편	4	3	2	9	중	8	저
6	가지 많은 나무에 바람 잘 날이 없다	3	8	2	13	고	9	저
7	갈수록 태산	5	7	3	15	고	23	고
8	같은 값이면 다홍치마	4	7	3	14	고	15	중
9	개 발에 편자	4	8	2	14	고	9	저
10	개같이 벌어서 정승같이 산다	5	7	3	15	고	9	저
11	개구리 올챙이 적 생각 못 한다	5	3	2	10	중	11	중
12	개천에서 용 난다	5	5	2	12	중	9	저
13	걱정도 팔자다	5	6	3	14	고	11	중
14	겉 다르고 속 다르다	3	4	3	10	중	12	중
15	고래 싸움에 새우 등 터진다	4	2	2	8	중	11	중
16	고생 끝에 낙이 온다	5	1	3	9	중	9	저
17	고생을 사서 한다	4	1	3	8	중	11	중
18	고양이 목에 방울 달기	4	3	2	9	중	6	저
19	고양이 앞에 쥐	3	2	2	7	중	10	저
20	고양이한테 생선을 맡기다	3	5	2	10	중	8	저
21	공든 탑이 무너지랴	6	3	3	12	중	10	저
22	구더기 무서워 장 못 담글까	6	3	1	10	중	11	중
23	구렁이 담 넘어가듯	5	7	2	14	고	7	저
24	구슬이 서 말이라도 꿰어야 보배	5	8	2	15	고	11	중
25	굿이나 보고 떡이나 먹지	4	7	3	14	고	15	중
26	귀머거리 삼 년이요 벙어리 삼 년	6	8	2	16	고	6	저
27	귀신이 곡할 노릇	4	5	3	12	중	12	중

순번	속담	난이도					빈도수	
		수치				등급	수치	단계
		어휘·문법	형태·의미	문화요소	계			
28	귀에 걸면 귀걸이 코에 걸면 코걸이	4	6	2	12	중	9	저
29	긁어 부스럼	6	6	1	13	고	22	고
30	금강산도 식후경	4	7	1	12	중	11	중
31	길고 짧은 것은 대어 보아야 안다	4	3	3	10	중	6	저
32	까마귀 고기를 먹었나	4	7	2	13	고	6	저
33	까마귀 날자 배 떨어진다	5	6	2	13	고	16	중
34	꼬리가 길면 밟힌다	4	3	2	9	중	8	저
35	꿀 먹은 벙어리	4	5	1	10	중	32	고
36	꿈보다 해몽이 좋다	4	7	3	14	고	6	저
37	꿩 대신 닭	3	6	3	12	중	10	저
38	꿩 먹고 알 먹는다	5	3	3	11	중	19	중
39	나는 새도 떨어뜨린다	4	6	2	12	중	8	저
40	남의 손의 떡은 커 보인다	4	6	1	11	중	8	저
41	낫 놓고 기역 자도 모른다	5	2	1	8	중	12	중
42	낮말은 새가 듣고 밤말은 쥐가 듣는다	4	6	1	11	중	16	중
43	누워서 떡 먹기	2	3	1	6	초	26	고
44	누워서 침 뱉기	3	6	2	11	중	10	저
45	누이 좋고 매부 좋다	4	3	1	8	중	15	중
46	눈 가리고 아웅	4	6	2	12	중	11	중
47	눈에는 눈 이에는 이	2	2	2	6	초	14	중
48	늦게 배운 도둑이 날 새는 줄 모른다	4	7	2	13	고	8	저
49	다람쥐 쳇바퀴 돌 듯	5	3	2	10	중	16	중
50	단맛 쓴맛 다 보았다	5	2	1	8	중	8	저
51	달걀로 바위치기	3	4	1	8	중	9	저
52	닭 소 보듯, 소 닭 보듯	3	7	2	12	중	11	중
53	닭 쫓던 개 지붕 쳐다보듯	4	7	2	13	고	7	저
54	더도 말고 덜도 말고 늘 가윗날만 같아라	5	7	2	14	고	7	저
55	도둑이 제 발 저리다	4	2	2	8	중	7	저

순번	속담	난이도 어휘·문법	난이도 형태·의미	난이도 문화요소	난이도 계	등급	빈도수 수치	빈도수 단계
56	도토리 키 재기	4	6	2	12	중	15	중
57	돌다리도 두들겨 보고 건너라	5	6	2	13	고	21	고
58	되로 주고 말로 받는다	5	7	2	14	고	7	저
59	될성부른 나무는 떡잎부터 알아본다	5	6	2	13	고	7	저
60	등잔 밑이 어둡다	4	8	2	14	고	25	고
61	따 놓은 당상	5	3	3	11	중	15	중
62	땅 짚고 헤엄치기	4	6	2	12	중	16	중
63	떡 본 김에 제사 지낸다	4	6	1	11	중	8	저
64	떡 줄 사람은 꿈도 안 꾸는데 김칫국부터 마신다	5	6	1	12	중	14	중
65	마른하늘에 날벼락	4	1	2	7	중	7	저
66	말 한마디에 천 냥 빚도 갚는다	5	8	1	14	고	26	고
67	말이 씨가 된다	4	5	1	10	중	11	중
68	모난 돌이 정 맞는다	5	6	2	13	고	11	중
69	모로 가도 서울만 가면 된다	5	6	1	12	중	6	저
70	모르면 약이요 아는 게 병	4	6	1	11	중	9	저
71	목마른 사람이 우물 판다	4	7	2	13	고	6	저
72	목구멍이 포도청	4	7	3	14	고	16	중
73	못된 송아지 엉덩이에 뿔이 난다	5	7	2	14	고	6	저
74	무소식이 희소식	4	1	3	8	중	8	저
75	물에 빠지면 지푸라기라도 잡는다	5	5	2	12	중	26	고
76	미운 아이 떡 하나 더 준다	4	7	1	12	중	6	저
77	민심은 천심	4	2	3	9	중	9	저
78	믿는 도끼에 발등 찍힌다	5	7	2	14	고	9	저
79	밑 빠진 독에 물 붓기	4	3	2	9	중	22	고
80	밑져야 본전	5	7	3	15	고	7	저
81	바늘 가는 데 실 간다	4	2	2	8	중	8	저
82	발 없는 말이 천 리 간다	5	6	1	12	중	19	중

순번	속담	난이도 어휘·문법	난이도 형태·의미	난이도 문화요소	난이도 계	등급	빈도수 수치	빈도수 단계
83	배가 남산만 하다	3	8	1	12	중	12	중
84	배보다 배꼽이 더 크다	3	6	2	11	중	13	중
85	백문이 불여일견	4	1	3	8	중	11	중
86	백지장도 맞들면 낫다	4	6	2	12	중	15	중
87	뱁새가 황새를 따라가면 다리가 찢어진다	5	5	2	12	중	6	저
88	번갯불에 콩 볶아 먹겠다	5	8	1	14	고	8	저
89	벼 이삭은 익을수록 고개를 숙인다	5	2	2	9	중	10	저
90	벼룩의 간을 내어 먹는다	5	3	2	10	중	6	저
91	병 주고 약 준다	3	3	1	7	중	8	저
92	보기 좋은 떡이 먹기도 좋다	2	7	1	10	중	7	저
93	불난 집에 부채질한다	4	2	2	8	중	10	저
94	비 온 뒤에 땅이 굳어진다	5	7	2	14	고	9	저
95	빈대 잡으려고 초가삼간 태운다	5	2	1	8	중	7	저
96	빛 좋은 개살구	4	3	2	9	중	14	중
97	사공이 많으면 배가 산으로 간다	5	2	2	9	중	9	저
98	사돈 남 나무란다	5	7	2	14	고	6	저
99	사촌이 땅을 사면 배가 아프다	3	3	1	7	중	9	저
100	산 넘어 산이다	2	8	1	11	중	12	중
101	산 입에 거미줄 치랴	6	5	2	13	고	9	저
102	새 발의 피	3	6	2	11	중	15	중
103	서당 개 삼 년에 풍월 읊는다	5	3	3	11	중	13	중
104	선무당이 사람 잡는다	5	7	3	15	고	9	저
105	세 살 적 버릇이 여든까지 간다	4	5	3	12	중	24	고
106	세월이 약	3	2	1	6	초	16	중
107	소 잃고 외양간 고친다	5	3	2	10	중	19	중
108	속 빈 강정	4	5	1	10	중	12	중
109	쇠귀에 경 읽기	4	2	3	9	중	22	고
110	쇠뿔도 단김에 빼라	5	6	2	13	고	14	중

순번	속담	난이도 어휘·문법	난이도 형태·의미	난이도 문화요소	난이도 계	등급	빈도수 수치	빈도수 단계
111	수박 겉 핥기	4	8	1	13	고	23	고
112	시작이 반이다	2	5	3	10	중	22	고
113	식은 죽 먹기	3	6	1	10	중	35	고
114	십 년이면 강산도 변한다	5	5	2	12	중	7	저
115	십년공부 도로 아미타불	5	2	3	10	중	14	중
116	싼 것이 비지떡	4	2	3	9	중	15	중
117	아 해 다르고 어 해 다르다	4	5	1	10	중	12	중
118	아니 땐 굴뚝에 연기 날까	4	3	1	8	중	14	중
119	아닌 밤중에 홍두깨	4	7	2	13	고	13	중
120	약방에 감초	4	2	1	7	중	10	저
121	어느 장단에 춤추랴	6	6	2	14	고	7	저
122	엎어지면 코 닿을 데	4	6	2	12	중	7	저
123	엎질러진 물	4	1	2	7	중	16	중
124	열 길 물속은 알아도 한 길 사람의 속은 모른다	5	2	3	10	중	7	저
125	열 번 찍어 아니 넘어가는 나무 없다	5	2	2	9	중	9	저
126	열 손가락 깨물어 안 아픈 손가락이 없다	6	1	2	9	중	6	저
127	옥에도 티가 있다	4	5	2	11	중	30	고
128	옷이 날개라	5	2	1	8	중	8	저
129	우물 안 개구리	5	5	2	12	중	40	고
130	우물에 가 숭늉 찾는다	6	3	1	10	중	8	저
131	우물을 파도 한 우물을 파라	4	3	2	9	중	8	저
132	울며 겨자 먹기	5	5	1	11	중	39	고
133	웃는 낯에 침 못 뱉는다	5	2	2	9	중	9	저
134	원숭이도 나무에서 떨어진다	4	3	2	9	중	11	중
135	윗물이 맑아야 아랫물이 맑다	5	3	2	10	중	16	중
136	입에 쓴 약이 병에는 좋다	2	1	1	4	초	12	중
137	자라 보고 놀란 가슴 솥뚜껑 보고 놀란다	5	3	1	9	중	7	저
138	작은 고추가 더 맵다	2	6	1	9	중	8	저

순번	속담	난이도 어휘·문법	난이도 형태·의미	난이도 문화요소	계	등급	빈도수 수치	빈도수 단계
139	장님 코끼리 만지는 격	4	4	2	10	중	9	저
140	재수가 옴 붙었다	5	7	3	15	고	11	중
141	재주는 곰이 넘고 돈은 주인이 받는다	4	7	2	13	고	10	저
142	적을 잘 알고 자신을 잘 아는 자는 백 번 싸워 백 번 이긴다	6	1	2	9	중	6	저
143	제 꾀에 넘어간다	5	5	3	13	고	12	중
144	제 살 깎아 먹기	5	3	2	10	중	9	저
145	제 코가 석자	4	3	2	9	중	10	저
146	종로에서 뺨 맞고 한강에서 눈 흘긴다	5	7	1	13	고	9	저
147	쥐구멍에도 볕 들 날 있다	4	6	2	12	중	10	저
148	지렁이도 밟으면 꿈틀한다	5	6	2	13	고	9	저
149	지성이면 감천	4	1	3	8	중	8	저
150	천 리 길도 한 걸음부터	4	5	2	11	중	14	중
151	첫술에 배부르랴	6	8	1	15	고	13	중
152	친구 따라 강남 간다	6	7	1	14	고	8	저
153	콩 심은 데 콩 나고 팥 심은 데 팥 난다	5	2	2	9	중	17	중
154	티끌 모아 태산	6	2	3	11	중	15	중
155	팔이 안으로 굽지 밖으로 굽나	5	2	2	9	중	11	중
156	피는 물보다 진하다	3	1	2	6	초	6	저
157	핑계 없는 무덤이 없다	4	7	2	13	고	9	저
158	하나를 보고 열을 안다	3	5	3	11	중	6	저
159	하늘은 스스로 돕는 자를 돕는다	5	1	3	9	중	8	저
160	하늘의 별 따기	3	2	2	7	중	32	고
161	하늘이 무너져도 솟아날 구멍이 있다	5	2	2	9	중	16	중
162	하룻강아지 범 무서운 줄 모른다	5	5	2	12	중	6	저
163	호랑이도 제 말하면 온다	5	6	2	13	고	11	중
164	호랑이에게 물려가도 정신만 차리면 산다	4	7	2	13	고	11	중

〈표 27〉에 따르면 난이도 등급마다 저빈도, 중빈도, 고빈도로 나온 속담이 다 있다.

난이도 등급이 초급인 속담은 총 5개가 있다.

이 중에 고빈도로 나온 속담에는 '누워서 떡 먹기' 한 개가 있고 중빈도로 나온 속담에는 '입에 쓴 약이 병에는 좋다', '눈에는 눈 이에는 이', '세월이 약' 세 개의 속담이 있고 저빈도로 나온 속담에는 '피는 물보다 진하다'가 있다.

초급 단계의 속담 교육 목표는 '맛보기 식으로 제시되는 속담을 이해한다. 한국생활의 적응 단계로 기본적인 의사소통 능력을 기른다'는 데에 있다. 이 목표에 따라 초급 단계에 속담을 학습자의 흥미나 관심을 유발할 수 있도록 한국어 교육 내용에 맞게 제시하는 것이 좋다. 초급 학습자의 한국어 기초 지식이 제한되어 있으므로 빈도수가 높더라도 난이도 등급이 높은 속담이면 초급 단계에 교육하기가 적절하지 않다. 초급 단계의 교육용 속담을 선정할 때 빈도수보다 난이도를 우선시해야 하며 난이도 등급이 초급인 속담은 저빈도인지, 고빈도인지를 막론하고 초급 단계에 제시하는 것이 적절하다.

난이도 등급이 중급인 속담은 총 111개가 있다. 이 중에 고빈도로 나타난 속담은 총 12개가 있고 중빈도로 나타난 속담은 44개가 있고 저빈도로 나타난 속담은 55개가 있다. 빈도가 높을수록 학습자에게 먼저 제시해 주는 것이 바람직하나 난이도가 학습 단계와 잘 안 맞으면 학습자에게 부담이 될 수 있으며 좋은 학습 효과를 얻지 못 할 가능성이 있다. 고빈도로 나타난 12개의 속담 중에 난이도 수치가 7인 '하늘의 별 따기'가 있고, 난이도 수치가 9인 '밑 빠진 독에 물 붓기', '쇠귀에 경 읽기'가 있으며 난이도 수치가 10~12인 속담이 9개가 있다. 난이도 수치 7과 9는 하위 영역과 중간 영역의 중간 수치이며 〈표 26〉에서는 이런 속담의 난이도 등급을 중급 단계로 설정하였다. 난이도 하위 영역 수치 6에다 1만 더하면 난이도 수치가 7이 되기 때문에 빈도수를 고려하여 '하늘의 별 따기'를 초급 단계에 제시해도 학습자에게 크게 부담이 안 된다. 이외에 난이도 수치가 8~12인 속담은 중급에 제시하는 것이 더 적절하다. 난이도가 중급이면서 중빈도로 나온 44개의 속담은 중급 단계에 제시하는 것이 좋다. 저빈도로 나온 55개의 속담 중에 난이도 수치가 7~9인 속담은 총 30개가 있으며 10~12인 속담은 총 25개가 있다. 속담의 빈도가 낮을수록 덜 중요하고 보다 나중에 제시하는 것이 나으나 난이도 수치가 7~9인 경우에 하위 영역과 중간 영역의 중간 수치이므로 고급 학습자에게 너무 쉬운 표현이 될 수 있어 관심을 갖지 않거나 학습의 흥미를 잃게 할 우려가 있으므로 난이도 수치가 7~9인 30개의 속담을 중급 단계에 제시하는 것이 좋다. 난이도 수치가 10~12인 25개의 속담은 중급 영역에 해당되나 저빈도수를 감안하여 이를 고급 학습 단계에 제시하는 것이 좋다.

난이도가 고급 단계인 속담은 총 48개가 있다. 이 중에 고빈도로 나타난 속담은 6개가 있으며 중빈도로 나타난 속담은 15개가 있고 저빈도로 나타난 속담은 27개가 있다. 고빈도로 나타난 6개의 속담 중에 난이도 수치가 13인 '돌다리도 두들겨 보고 건너라', '긁어 부스럼', '수박 겉 핥기' 등 3개의 속담이 있으며 난이도 수치가 14인 '등잔 밑이 어둡다', '말 한마디에 천 냥 빚도 갚는다'가 있고 난이도 수치가 15인 '갈수록 태산'이 있다. 중빈도로 나온 15개의 속담 중에 난이도 수치가 13인 '모난 돌이 정 맞는다', '호랑이도 제 말 하면 온다', '호랑이에게 물려가도 정신만 차리면 산다', '제 꾀에 넘어간다', '아니 밤중에 홍두깨', '쇠뿔도 단 김에 빼라', '까마귀 날자 배 떨어진다' 등 7개의 속담이 있으며 난이도 수치가 14와 15인 속담이 각 4개가 있다. 빈도수가 높을수록 빨리 교육해야 한다는 점을 감안하여 난이도 수치가 중간 영역의 최고 수치인 12보다 1 높은 13인 고빈도 속담(3개)과 중빈도 속담(7개)을 중급 단계에 제시해도 학습자에게 큰 부담이 되지 않는다. 난이도 등급이 고급이고 저빈도로 나온 27개의 속담은 고급 단계에 제시하는 것이 적절하다.

이와 같이 난이도 등급과 빈도수 단계를 바탕으로 속담의 교육 단계를 선정한 것을 다음 〈표 28〉과 같이 제시할 수 있다.

〈표 28〉 속담 교육 단계의 선정-난이도 등급·빈도수 단계

난이도 등급	빈도 단계	교육 단계	비고
초급	고빈도	초급	×
초급	중빈도	초급	×
초급	저빈도	초급	×
중급	고빈도	초급	난이도 수치 7(초급 영역 6+1)
중급	고빈도	중급	난이도 수치 8~12
중급	중빈도	중급	×
중급	저빈도	중급	난이도 수치 7~9
중급	저빈도	고급	난이도 수치 10~12
고급	고빈도	중급	난이도 수치 13(중급 영역 12+1)
고급	고빈도	고급	난이도 수치 14~17
고급	중빈도	중급	난이도 수치 13(중급 영역 12+1)
고급	중빈도	고급	난이도 수치 14~17
고급	저빈도	고급	×

〈표 28〉의 비고란에 ×로 표시한 것이 난이도 등급과 빈도 단계가 일치하므로 해당 교육 단계에 제시하면 된다는 뜻이고 조건이 제시되어 있는 경우에 난이도 등급과 빈도수 단계를 종합해서 고려하여 적절한 교육 단계를 선정한다는 것이다. 난이도 등급과 빈도수 단계를 종합적으로 분석한 결과와 앞에서 제시한 표현용 속담, 표현·이해용 속담, 이해용 속담의 분류를 참고하여 중국어권 학습자를 위한 교육용 속담 목록을 초급, 중급, 고급 단계별로 제시하면 다음과 같다.

A. 초급 단계(6개)

(61) a. 표현용 속담(2개)

- 누워서 떡 먹기

- 하늘의 별 따기

    b. 표현·이해용 속담(3개)

- 눈에는 눈 이에는 이

- 세월이 약

- 입에 쓴 약이 병에는 좋다

    c. 이해용 속담(1개)

- 피는 물보다 진하다

이와 같이 표현용 속담 두 개, 표현·이해용 속담 세 개, 이해용 속담 한 개, 총 여섯 개의 속담을 초급 단계에서 제시한다. 초급 단계의 속담 교육 목표가 맛보기 식으로 제시되는 속담을 이해하고 한국생활의 적응 단계로 기본적인 의사소통 능력을 기르는 데에 있다. 따라서 초급 단계에 제시된 속담은 학습자가 이해만 하면 되는 것이며 학습 내용과 학습자의 능력에 따라 표현용 속담, 표현·이해용 속담을 표현하는 능력까지 요구할 수도 있다. 또한 초급 단계에 이 속담을 이해까지만 할 수 있도록 교육하고 중급 단계에 올라가서 표현용 속담, 표현·이해용 속담을 표현하는 능력을 기를 수도 있다.

B. 중급 단계(95개)

(62) a. 표현용 속담(14개)
- 가는 말이 고와야 오는 말이 곱다
- 긁어 부스럼
- 꿀 먹은 벙어리
- 돌다리도 두들겨 보고 건너라
- 물에 빠지면 지푸라기라도 잡는다
- 밑 빠진 독에 물 붓기
- 세 살 적 버릇이 여든까지 간다
- 쇠귀에 경 읽기
- 수박 겉 핥기
- 시작이 반이다
- 식은 죽 먹기
- 옥에도 티가 있다
- 우물 안 개구리
- 울며 겨자 먹기

b. 표현·이해용 속담(51개)

- 가는 토끼 잡으려다 잡은 토끼 놓친다
- 가뭄에 콩 나듯
- 개구리 올챙이 적 생각 못한다
- 겉 다르고 속 다르다
- 고래 싸움에 새우 등 터진다
- 고생을 사서 한다
- 구더기 무서워 장 못 담글까
- 귀신이 곡할 노릇
- 금강산도 식후경
- 까마귀 날자 배 떨어진다
- 꿩 먹고 알 먹는다
- 낫 놓고 기역 자도 모른다
- 낮말은 새가 듣고 밤말은 쥐가 듣는다
- 누이 좋고 매부 좋다
- 눈 가리고 아웅
- 다람쥐 쳇바퀴 돌듯
- 닭 소 보듯, 소 닭 보듯
- 도토리 키 재기
- 따 놓은 당상
- 땅 짚고 헤엄치기

- 떡 줄 사람은 꿈도 안 꾸는데 김칫국부터 마신다

- 말이 씨가 된다

- 모난 돌이 정 맞는다

- 발 없는 말이 천 리 간다

- 배가 남산만 하다

- 배보다 배꼽이 더 크다

- 백문이 불여일견

- 백지장도 맞들면 낫다

- 빛 좋은 개살구

- 산 넘어 산이다

- 새 발의 피

- 서당 개 삼 년에 풍월 읊는다

- 소 잃고 외양간 고친다

- 속 빈 강정

- 쇠뿔도 단김에 빼라

- 십년공부 도로 아미타불

- 싼 것이 비지떡

- 아 해 다르고 어 해 다르다

- 아니 땐 굴뚝에 연기 날까

- 아닌 밤중에 홍두깨

- 엎질러진 물

- 원숭이도 나무에서 떨어진다
- 윗물이 맑아야 아랫물이 맑다
- 제 꾀에 넘어간다
- 천 리 길도 한 걸음부터
- 콩 심은 데 콩 나고 팥 심은 데 팥 난다
- 티끌 모아 태산
- 팔이 안으로 굽지 밖으로 굽나
- 하늘이 무너져도 솟아날 구멍이 있다
- 호랑이도 제 말 하면 온다
- 호랑이에게 물려 가도 정신만 차리면 산다

c. 이해용 속담(30개)

- 가재는 게 편
- 고생 끝에 낙이 온다
- 고양이 목에 방울 달기
- 고양이 앞에 쥐
- 꼬리가 길면 밟힌다
- 단맛 쓴맛 다 보았다
- 달걀로 바위치기
- 도둑이 제 발 저리다
- 마른하늘에 날벼락

- 무소식이 희소식
- 민심은 천심
- 바늘 가는 데 실 간다
- 벼 이삭은 익을수록 고개를 숙인다
- 병 주고 약 준다
- 불난 집에 부채질한다
- 빈대 잡으려고 초가삼간 태운다
- 사공이 많으면 배가 산으로 간다
- 사촌이 땅을 사면 배가 아프다
- 약방에 감초
- 열 번 찍어 아니 넘어가는 나무 없다
- 열 손가락 깨물어 안 아픈 손가락이 없다
- 옷이 날개라
- 우물을 파도 한 우물을 파라
- 웃는 낯에 침 못 뱉는다
- 자라 보고 놀란 가슴 솥뚜껑 보고 놀란다
- 작은 고추가 더 맵다
- 적을 잘 알고 자신을 잘 아는 자는 백 번 싸워 백 번 이긴다
- 제 코가 석자
- 지성이면 감천
- 하늘은 스스로 돕는 자를 돕는다

이와 같이 표현용 속담 14개, 표현·이해용 속담 51개, 이해용 속담 30개, 총 95개의 속담을 중급 단계에서 제시한다. 중급 단계의 속담 교육 목표가 한국인의 사고방식과 가치관 등을 포함하는 추상적인 한국 사회 문화가 담겨 있는 속담을 이해하여 활용하고 활용융합 단계로 일반적인 의사소통 능력을 기르는 데에 있으며 속담의 사용 능력을 강조하고 있다. 여기서 표현용 속담으로 14개만 제시하고 있으나 교육기관의 한국어 교육 내용에 따라 표현·이해용으로 선정한 51개의 속담을 표현용 속담으로 교육할 수도 있고 이해용 속담으로 가르칠 수도 있다. 이해용으로 제시된 30개의 속담은 빈도수가 비교적으로 낮기 때문에 학습자가 이해까지만 해도 된다.

C. 고급 단계(63개)

(63) a. 표현용 속담(3개)

- 갈수록 태산
- 등잔 밑이 어둡다
- 말 한마디에 천 냥 빚도 갚는다

b. 표현·이해용 속담(8개)

- 가는 날이 장날

- 같은 값이면 다홍치마
- 걱정도 팔자다
- 구슬이 서 말이라도 꿰어야 보배
- 굿이나 보고 떡이나 먹지
- 목구멍이 포도청
- 재수가 옴 붙었다
- 첫술에 배부르랴

c. 이해용 속담(52개)

- 가지 많은 나무에 바람 잘 날이 없다
- 개 발에 편자
- 개같이 벌어서 정승같이 산다
- 개천에서 용 난다
- 고양이한테 생선을 맡기다
- 공든 탑이 무너지랴
- 구렁이 담 넘어가듯
- 귀머거리 삼 년이요 벙어리 삼 년
- 귀에 걸면 귀걸이 코에 걸면 코걸이
- 길고 짧은 것은 대어 보아야 안다
- 까마귀 고기를 먹었나
- 꿈보다 해몽이 좋다

- 꿩 대신 닭

- 나는 새도 떨어뜨린다

- 남의 손의 떡은 커 보인다

- 누워서 침 뱉기

- 늦게 배운 도둑이 날 새는 줄 모른다

- 닭 쫓던 개 지붕 쳐다보듯

- 더도 말고 덜도 말고 늘 가윗날만 같아라

- 되로 주고 말로 받는다

- 될성부른 나무는 떡잎부터 알아본다

- 떡 본 김에 제사 지낸다

- 모로 가도 서울만 가면 된다

- 모르면 약이요 아는 게 병

- 목마른 사람이 우물 판다

- 못된 송아지 엉덩이에 뿔이 난다

- 미운 아이 떡 하나 더 준다

- 믿는 도끼에 발등 찍힌다

- 밑져야 본전

- 뱁새가 황새를 따라가면 다리가 찢어진다

- 번갯불에 콩 볶아 먹겠다

- 벼룩의 간을 내어 먹는다

- 보기 좋은 떡이 먹기도 좋다

- 비 온 뒤에 땅이 굳어진다

- 사돈 남 나무란다

- 산 입에 거미줄 치랴

- 선무당이 사람 잡는다

- 십 년이면 강산도 변한다

- 어느 장단에 춤추랴

- 엎어지면 코 닿을 데

- 열 길 물속은 알아도 한 길 사람의 속은 모른다

- 우물에 가 숭늉 찾는다

- 장님 코끼리 만지는 격

- 재주는 곰이 넘고 돈은 주인이 받는다

- 제 살 깎아 먹기

- 종로에서 뺨 맞고 한강에서 눈 흘긴다

- 쥐구멍에도 볕 들 날 있다

- 지렁이도 밟으면 꿈틀한다

- 친구 따라 강남 간다

- 핑계 없는 무덤이 없다

- 하나를 보고 열을 안다

- 하룻강아지 범 무서운 줄 모른다

이와 같이 표현용 속담 3개, 표현·이해용 속담 8개, 이해용 속담 52개, 총 63개의 속담을 고급 단계에서 제시한다. 고급 단계에 이해용 속담은 많은 비중을 차지하고 있다. 중급 단계와 같이 고급 단계 학습자에게는 한국어 교육 내용에 따라서 표현·이해용 속담을 표현용 속담으로도 교육할 수 있다. 고급 단계의 속담 교육 목표가 사고력과 사회문화적 특성을 인식하는 능력을 신장할 수 있도록 제시된 속담을 비교문화론의 관점으로 이해하여 활용하고 발전심화 단계로 전문적인 의사소통 능력을 기르는 데에 있다. 학습자가 속담을 표현하고 활용하는 능력은 주로 중급 단계에서 다루고 고급 단계에서는 다양한 이해용 속담을 통해서 학습자가 한국 사회 문화를 중급보다 한층 더 깊이 이해하는 능력과 한국 문화를 모국 문화와 비교할 수 있는 능력을 향상시킨다.

전체적으로 보면 6개의 초급 단계 속담(표현용 2개, 표현·이해용 3개, 이해용 1개), 95개의 중급 단계 속담(표현용 14개, 표현·이해용 51개, 이해용 30개), 63개의 고급 단계 속담(표현용 3개, 표현·이해용 8개, 이해용 52개)이 선정되었다. 이 분석 결과가 각 학습 단계의 한국어 교육 내용 난이도와 일치하고 앞에서 제시한 한국어 속담 교육 목표에 부합한다. 여기서 제시한 속담 교육 항목을 학습자에게 전반적으로 교육하는 것도 좋으나 교육기관의 한국어 교육 내용과 학습자의 수학 능력에 따라서 선정된 속담 항목을 실제 교학 현장에 맞게 조절해서 사용해도 좋다.

지금까지 한국어 교육용 속담의 목록을 선정하고 등급을 설정하여 중국어권 학습자를 대상으로 교육용 속담 목록을 단계별로 작성하였다. 이 장에서는 먼저 3장의 분석 결과를 바탕으로 하여 한국어 속담 교육 자료와 한국어 모국어 화자의 실생활 속담 사용 자료를 종합적으로 참고해서 빈도수 기준에 따라 교육용 속담을 1차적으로 선정하고 교육하기에 적절하지 않은 속담을 제외시켜 2차적으로 164개의 교육용 속담 목록을 추출하였다. 한국어 모국어 화자의 속담 사용 빈도를 파악하기 위해 한국어 교육 자료와 국어교과서에 제시된 속담을 바탕으로 SJ-RIKS Corpus에 제시된 속담의 사용 빈도를 분석했다.

중국어권 학습자의 모국어 언어문화 배경을 고려하여 속담 항목의 난이도 등급을 설정하였다. 교육용 속담의 난이도를 어휘·문법, 형태·의미, 문화 요소 세 가지 측면을 통해서 분석하였다. 어휘·문법 측면의 난이도를 분석할 때 속담의 어휘적인 난이도와 문법적인 난이도를 각 3단계로 나누어 분석하였다. 형태·의미 측면의 난이도를 한국어 속담을 중국어 숙어와 대조하여 8단계로 나누어 분석하였다. 한국어 속담과 관련지을 수 있는 문화 요소의 난이도를 3단계로 나누어 분석하였다.

속담 난이도 분석 결과를 빈도수 분석 결과와 결합시켜 중국어권 학습자를 대상으로 한국어 교육용 속담 목록을 초급(6개), 중급(95개), 고급(63개) 단계별로 작성하였다. 각 교육기관이 한국어 교육 내용과 학습자의 수학 능력에 따라 표현용 속담과 이해용 속담의 수와 항목을 조정할 수 있게 속담의 사용 빈도를 바탕으로 표현용 속담, 표현·이해용 속담, 이해용 속담으로 나누어 속담 목록을 구축하였다.

참고문헌

강수경(2007), 「속담 지도 방안에 대한 연구」, 부산교육대학교 석사논문.

강재철(1980), 『한국 속담의 근원설화』, 백록출판사.

건국대학교 언어교육원(2005~2010), 『한국어』 1~6, 건국대학교 출판부.

경희대학교 국제교육원(2001~2005), 『한국어』 초급 I~고급 II, 경희대
학교 출판부.

고대민족문화연구원 중국어대사전편찬실(2004), 『중한사전』, 고려대
학교 민족문화연구원.

고려대학교·한국교원대학교 국정도서국어편찬위원회(2004), 『중학
교 생활국어』 1-1·1-2·2-1·2-2·3-1·3-2, 대한교과서.

고려대학교 한국어문화교육센터(2008~2010), 『재미있는 한국어』 1~5,
교보문고.

고려대학교·한국교원대학교 국정도서국어편찬위원회(2004), 『중학교
국어』 1-1·1-2·2-1·2-2·3-1·3-2, 대한교과서.

고영근·구본관(2008), 『우리말 문법론』, 집문당.

고영원(2007), 「한국어 학습자를 위한 속담 교육연구: 교사와 학습자의
    속담 교육 인식을 중심으로」, 연세대학교 석사논문.

교학사 한국어사전 편찬실(2004), 『교학 한국어 사전』, 교학사.

국립국어원(2005가), 『외국인을 위한 한국어문법』 1, 커뮤니케이션북스.

국립국어원(2005나), 『외국인을 위한 한국어문법』 2, 커뮤니케이션북스.

국어국문학회(2001), 『새로 만든 국어대사전』, 민중서관.

국어대사전 편찬협회(1999), 『국어대사전』, 민중서원.

국제한국어교육학회 편(2005), 『한국어교육론』 1, 한국문화사.

국제교육진흥원(2002), 『한국어 속담 100 관용어 100』, 국제교육진흥원.

권세영(2008), 「한국어 학습자를 위한 속담 지도 연구: 고급 수준의
    속담 학습자를 대상으로」 아주대학교 석사논문.

김나영(2008), 「영어권 학습자를 위한 한국어 속담 교육 연구: 교훈적
    속담 교육을 중심으로」, 숙명여자대학교 석사논문.

김도환(1995), 『한국 속담 활용 사전』, 한울아카데미.

김문창(1974), 「국어 관용구의 연구」, 『국어연구』 30, 서울대학교.

김미선(2005), 「속담을 이용한 중국어 교수법 연구」, 수원대학교 석사
    논문.

김미애(2009), 「한국과 중국의 동물속담 비교: 십이지신 동물을 중심으
    로」, 한양대학교 석사논문.

김민수 외(1992), 『금성판 국어대사전』, 금성출판사.

김봉자(2005), 「≪말≫과 ≪소≫와 관련된 중국어와 우리 말 성구속담

의 대비분석」, 『중국조선어문』 136, 길림성민족사무위원회.

김선정·김성수·이소현·정재영(2008), 『살아있는 한국어 속담』, 랭기지
플러스.

김선정·김성수(2006), 「한국어 속담 교재 개발을 위한 기초연구 및 모
형 제시」, 『외국어교육』 13-2, 한국외국어교육학회.

김선풍·김금자(1992), 『한국민간문학개설』, 국학자료원.

김영자(2002), 「중국인 한국어 학습자를 위한 속담 교육 연구」, 경희대
학교 석사논문.

김용철(1997), 『두 언어로 본 속담과 격언』, 한림출판사.

김은화(2008), 「중국인에 대한 한국어 속담과 관용어 교육에 대하여」,
『중국조선어문』 155, 길림성민족사무위원회.

김의숙·이창식(2003), 『민속학이란 무엇인가』, 북스힐.

김정아(2002), 「한국어 교육에서의 속담 활용 방안 연구」, 한국외국어
대학교 석사논문.

김정화·최은규(2002), 『속담 100 관용어 100』, 국제교육진흥원.

김중섭 외(2010), 『한국어능력시험 중급 어휘 목록 개발 연구』, 한국교
육과정평가원.

김지혜(2006), 「외국인을 위한 한국어 교재의 관용표현 연구」, 대진대
학교 석사논문.

김현정(2002), 「속담을 통한 한국어 문화 교육 연구」, 서울대학교 석사
논문.

김화정(2007), 「한·중 속담에 나타난 여성관」, 충남대학교 석사논문.

남영신(2004), 『국어사전』, 성안당.

노은희(1997), 「속담에서의 '女性' 표현에 나타난 발상 연구: 韓·英·日 비교 분석」, 『이중언어학』 14, 이중언어학회.

동우비(2003), 「한중 속담의 문화언어학적 비교 고찰」, 전남대학교 석사논문.

두산 출판 BG(1998), 『연세 한국어사전』, 두산.

두산동아 사서편집국(2004), 『동아 새국어사전』, 두산동아.

류빙천(2009), 「한·중 호랑이에 관한 속담 비교 연구」, 전남대학교 석사논문.

류설비(2008), 「한·중 '소 (牛)'에 관한 속담 비교 연구」, 전남대학교 석사논문.

문금현(1996), 「국어의 관용표현 연구」, 서울대학교 박사논문.

문금현(1998), 「외국어로서의 한국어 관용표현의 교육」, 『이중언어학』 15, 이중언어학회.

문금현(1999), 「관용표현에 대한 국어교육학적 고찰」, 『선청어문』 27.

민중서림편집국(2001), 『엣센스 국어사전』, 민중서림.

민현식(2003), 「국어교육과 한국어교육에서의 문화교육」, 『Foreign Languages Education』 10-2, 한국외국어교육학회.

박광서(2004), 「속담의 국어교육적 활용 실태 및 분류: 중학교 교과서 수록 속담을 중심으로」, 동국대학교 석사논문.

박영순(1985), 「관용어에 대하여」, 『국어교육』 53, 한국어교육학회(구-
　　한국국어교육연구학회).

박영순(2003), 「한국어교육으로서의 문화 교육에 대하여」, 『이중언어
　　학』 23, 이중언어학회.

박정안(2001), 「속담의 국어 교육적 의의와 지도방법」, 경기대학교 석
　　사논문.

박진경(2004), 「속담을 이용한 한국어 문화 교육에 대한 연구」, 홍익대
　　학교 석사논문.

박해숙(2009), 「속담의 문화적 배경을 활용한 한국어교육 방안」, 인하
　　대학교 석사논문.

배재홍(2001), 「韓·中 俗談 比較硏究」, 경기대학교 석사논문.

백순근(2004), 『학위논문 작성을 위한 교육연구 및 통계분석』, 교육과
　　학사.

서강대학교 한국어교육원(2006~2008), 『서강한국어』 4A~5B, 서강대
　　학교 국제문화교육원 출판부.

서강대학교 한국어교육원(2006~2008), 『서강한국어 뉴시리즈』 2A~3B,
　　서강대학교 국제문화교육원 출판부.

서강대학교 한국어교육원(2008), 『서강한국어 뉴시리즈』 1A~1B, 하우.

서울대학교 국어교육연구소·교육인적자원부(2002), 『고등학교 국어』
　　(상)·(하), 두산.

선문대학교 한국어교육원(2007), 『초급 한국어』 1~『최고급 한국어』 2,

선문대학교 출판부.

성균어학원(2006), 『배우기 쉬운 한국어』 1~6, 성균관대학교 출판부.

성기철(1998), 「한국어 교육의 목표와 내용」, 『이중언어학』 15, 이중언어학회.

숭문사(1990), 『최신국어대사전』, 숭문사.

신기철·신용철(1975), 『새 우리말 큰 사전』, 삼성출판사.

신라대학교 한국어교육센터(2006), 『(유학생을 위한) 톡톡 튀는 한국어』 1~6, 박이정.

신현숙(1997), 「A Cognitive Model of Semantic Extensions on Korean Animal-Pair Proverbs」, 『인문과학연구』 6, The Institute of Liberal Arts Sangmyung University.

신현숙(2001), 『한국어 현상과 의미 분석』, 경진문화사.

심재기(1982), 「속담의 종합적 검토를 위하여」, 『관악어문연구』 7, 서울대학교.

안경화(2001), 「속담을 통한 한국 문화의 교육 방안」, 『한국어교육』 12(1), 국제한국어교육학회.

안혜숙(2007), 「한국 중등 국어 교육상 속담 연구」, 인하대학교 석사논문.

양민정(2009), 「속담을 활용한 다문화가정의 한국어/문화교육 방안 연구: 한·중·일 속담의 비교를 중심으로」, 『세계문학비교연구』 29, 세계문학비교학회.

양정(2009), 「중국인 한국어 학습자를 위한 속담 교육 방안 연구: 중국

내 학습자를 중심으로」, 한국외국어대학교 석사논문.

양지선(2006), 「동남아시아 한국어학습자를 위한 속담 교육 방안: 한국
　　　어교재에 나타난 속담 비교 중심」, 『高凰論集』 38, 경희대학교
　　　대학원 원우회.

연세대학교 한국어학당(2007~2009), 『연세한국어』 1~6, 연세대학교
　　　출판부.

오지혜(2006), 「언어 관련 속담을 통한 한국어 교육 연구」, 서울대학교
　　　석사논문.

왕국영(2010), 「한·중 여성 관련 속담에 나타난 은유 양상 비교 연구」,
　　　경희대학교 석사논문.

왕몽각(2007), 「한·중 속담 비교연구」, 부산외국어대학교 석사논문.

왕수기(2008), 「음식 관련 속담을 활용한 한국어 문화 교육 연구: 중국
　　　인 학습자를 대상으로」, 부산외국어대학교 석사논문.

운평어문연구소(1992), 『그랜드 국어사전』, 금성출판사.

원수은(2003), 「베트남인 한국어 학습자를 위한 속담 교육 연구」, 경희
　　　대학교 석사논문.

유덕자(1997), 「외국어로서의 한국어 관용어 교육」, 이화여자대학교 석
　　　사논문.

유효단(2011), 「속담을 통한 언어문화 교육 방안 연구: 한국과 중국의
　　　의식주 속담을 중심으로」, 중앙대학교 석사논문.

육혼(1997), 「韓·中 兩國의 俗談 比較 研究: 중국 「歇后語」와의 比較 研究

를 中心으로」, 명지대학교 석사논문.

육흔(2003), 「韓·中·日 三國 俗談의 比較 硏究」, 명지대학교 박사논문.

이극(2008), 「한국과 중국의 動物에 관한 俗談의 比較硏究: 상징의미 중심으로」, 경희대학교 석사논문.

이기문(1962), 『속담사전』, 민중서관.

이동규(2005), 「중·고급학습자를 위한 한국어 문화어휘 교육: 속담 관용어 교육을 중심으로」, 고려대학교 석사논문.

이두현 외(2004), 『한국 민속학 개설』, 일조각.

이미숙(2004), 「속담 지도방안 연구」, 국민대학교 석사논문.

이삼형 외·교육인적자원부(2002), 『고등학교 국어 생활』, 중앙교육진흥연구소.

이성영(1991), 「속담 어법의 국어교육적 의미」, 『국어교육』 73, 한국국어교육연구회.

이유선(2007), 「한국 문화 교육으로서의 속담 지도에 관한 연구: 중국인 학습자를 대상으로」, 관동대학교 석사논문.

이종철(1995), 「속담의 형태적 양상을 바탕으로 한 속담의 지도 방법」, 『국어교육학연구』 5, 국어교육학회.

이진선(2006), 「한·중 속담 비교연구」, 강릉대학교 석사논문.

이화여자대학교 언어교육원(1998~2006), 『말이 트이는 한국어』 I~V, 이화여자대학교 출판부.

이효정(2007), 「속담을 활용한 한국어 문화 교육 방안」, 한국외국어대학교 석사논문.

이희승(2004), 『국어대사전』, 민중서림.

임은하(2009), 「한국어 학습자의 속담 오류유형 분석: 한국어학습자의 쓰기 평가지에 나타난 속담오류를 중심으로」, 『외국어로서의 한국어교육』 34, 연세대학교 한국어학당, 2009.

임정화(1999), 「한국어 속담에 나타난 은유 연구」, 동아대학교 석사논문.

임혜진(2007), 「학습자 수준별 관용표현 교수항목에 대한 연구: 의미 투명도와 사용빈도를 바탕으로」, 한국외국어대학교 석사논문.

장덕순 외(2006), 『구비문학개설』, 일조각.

장지정(2008), 「한국어 학습자를 위한 속담 교육 방안: 중국인 학습자를 중심으로」, 상명대학교 석사논문.

장춘매(2005), 「한·중 동물속담 비교를 통한 한국어 문화 교육 연구」, 서울대학교 석사논문.

전홍화(2010), 「중국인 한국어 학습자를 위한 한·중 속담 비교 연구: 한국어 속담 활용 교육을 중심으로」, 경희대학교 석사논문.

정경아(2008), 「ACTFL을 통한 일본어 교육에 대한 연구」, 중앙대학교 석사논문.

정달영(2007), 「한국어와 중국어의 말에 관한 속담 비교 연구」, 『한민족문화연구』 20, 한민족문화학회.

조남호(2003), 『한국어 학습용 어휘 선정 결과 보고서』, 국립국어연구원.

조영량(2010), 「한·중 속담의 대비 및 교육방법 연구」, 충남대학교 석사논문.

조재윤(1989), 「한국속담의 구조분석연구」, 고려대학교 박사논문.

조항록 외(2007), 「한국어 (한국문화) 독본 교재 개발」, 『한국어세계화 재단 2006년도 연구 용역 최종보고서』, 국립국어원 한국어세계 화재단.

조현용(2007), 「한국어 속담 교육 연구」, 『한국어 교육』 18(2), 국제한국 어교육학회.

주뢰(2008), 「한·중 속담의 비교 연구: 욕심, 인색 類 속담을 중심으로」, 숭실대학교 석사논문.

주수정(2010), 「속담을 활용한 한국어 교육 연구」, 대구가톨릭대학교 대학원 석사논문.

주옥파(2004), 「한·중 속담에 나타난 여성 이미지에 대한 비교 연구」, 『선청어문』 32, 서울대학교 국어교육과.

진경지(2002), 「한·중 속담 비교 연구: 변용과 와전을 중심으로」, 한양 대학교 석사논문.

최권진(2006~2007), 『속담으로 배우는 한국어』 1~2, 한국문화사.

최권진(2008), 「속담을 활용한 한국어교재 개발의 실제」, 『국어교육연 구』 21, 서울대학교 국어교육연구소.

최운식 외(1998), 『한국 민속학 개론』, 민속원.

최창렬(1999), 『우리 속담 연구』, 일지사.

풍효(2005), 「한·중 여성 속담의 비교를 통한 한국 문화 교육」, 부산대학교 석사논문.

한국교원대학교 국정도서국어편찬위원회(2009가), 『초등학교 국어 듣기·말하기』 1-1·1-2·2-1·2-2, 미래엔컬처그룹.

한국교원대학교 국정도서국어편찬위원회(2009나), 『초등학교 국어 쓰기』 1-1·1-2·2-1·2-2, 미래엔컬처그룹.

한국교원대학교 국정도서국어편찬위원회(2009다), 『초등학교 국어 읽기』 1-1·1-2·2-1·2-2, 미래엔컬처그룹.

한국교원대학교·서울교육대학교 국정도서국어편찬위원회(2010가), 『초등학교 국어 듣기·말하기·쓰기』 3-1·3-2·4-1·4-2, 미래엔컬처그룹.

한국교원대학교·서울교육대학교 국정도서국어편찬위원회(2010나), 『초등학교 국어 읽기』 3-1·3-2·4-1·4-2, 미래엔컬처그룹.

한국교육과정평가원(2002가), 『초등학교 국어 말하기·듣기·쓰기』 5-1·5-2·6-1·6-2, 미래엔컬처그룹.

한국교육과정평가원(2002나), 『초등학교 국어 읽기』 5-1·5-2·6-1·6-2, 미래엔컬처그룹.

한국교육과정평가원(2004), 『한국어능력시험 문제』 1~6급, 사단법인 교육진흥연구회.

한국도서출판중앙회(1999), 『새국어대사전』, 한국도서출판중앙회.

한국어 세계화 재단(2002), 『한국어 교육 총서 2 한국어 교수법 개발 최종 보고서』, 한국어 세계화 재단.

한상미(2005), 「문화 교육 방법론」, 『한국어교육론』 2, 한국문화사.

홍사만 외(2009), 『한국어와 외국어 대조분석론』, 역락.

황정아(2008), 「한중 관용어의 표현 양상과 내포 문화 비교」, 상명대학교 박사논문.

Hema(2010), 「한국어문화교육을 위한 속담 교육 연구: 인도인 한국어 학습자를 중심으로」, 고려대학교 석사논문.

Jean-Claude Beacco(2010), 「언어교수/학습의 문화적 차원: 지식과 능력의 관계 속에서」, 서강대학교 개교 50주년 한국어교육원 개원 20주년 기념 국제학술대회 발표자료집.

Shao Juan(2010), 「중국인 학습자를 위한 한국어 속담 교육 방안 연구」, 경희대학교 석사논문.

方學哲(2001), 『諺語成語外來語韓中小辭典』, 延邊敎育出版社.

高麗語言硏究院(2005), 『朝鮮語成語諺語詞典』, 黑龍江朝鮮民族出版社.

何世達(1986), 『現代漢語』, 北京大學出版社.

黃伯榮(1991), 『現代漢語敎程』, 靑島出版社.

姜德昊(2005), 「中韓諺語比較硏究」, 山東大學碩士學位論文.

姜茂友(2009), 『鹽城方言大詞典』, 江蘇人民出版社.

姜信道(2005), 『韓中諺語慣用語詞典』, 黑龍江朝鮮民族出版社.

金玉蘭(2007), 『韓漢諺語慣用語成語小詞典』, 商務印書館.

劉乃琴·劉麗麗(2008), 『歇後語諺語辭典』, 商務印書館國際有限公司.

劉銀鐘(2007), 『中韓諺語辭典』, 延邊大學出版社.

馬佳(2006), 「中韓成語俗語中動物象徵意義的對比」, 對外經濟貿易大學碩
　　士學位論文.

孟守介等(1990), 『漢語諺語詞典』, 北京大學出版社.

權娥麟(2010), 「中韓語言中"馬"的象徵意味與文化背景初探: 以中國成語與
　　韓國俗語為中心」, 『理論界』2.

商務印書館辭書研究中心(2001), 『新華詞典』, 商務印書館.

史錫堯·楊慶蕙(1991), 『現代漢語』, 北京師範大學出版社.

蘇向麗(2008), 「試論中韓俗語中傳統女性的從屬地位」, 『雲南師範大學學報』
　　6-5.

蘇妍(2003), 「中韓動物諺語的比較分析」, 山東大學碩士學位論文.

孫洪德(2005), 『漢語俗語詞典』, 商務印書館國際有限公司.

王樹山等(1989), 『古今俗語集成』, 山西教育出版社.

溫端政等(2004), 『中國慣用語大全』, 上海辭書出版社.

徐宗才·應俊玲(2004), 『俗語詞典(修訂本)』, 商務印書館.

中國社會科學院語言研究所詞典編輯室(2002), 『現代漢語詞典』, 商務印書館.

周薦(1994), 『詞語的意義和結構』, 天津古籍出版社.

Michael Canale & Merrill Swain(1980), "Theoretical bases of communicative
　　approaches to second language teaching and testing", *Applied Linguistics*
　　1(1), Oxford University Press.

Jack C. Richards & Theodore S. Rodgers(2001), *Approaches and Methods in Language Teaching* (second edition), Cambridge University Press.

William Littlewood(2006), *Communicative Language Teaching*, Cambridge University Press.

고려대학교 민족문화연구원(https://riks.korea.ac.kr).

교육과학기술부(http://mest.go.kr).

국립국어원(http://www.korean.go.kr).

네이버사전(http://dic.naver.com).

한국어능력시험(http://www.topik.go.kr).

北京大學中國語言學研究中心(http://ccl.pku.edu.cn).

翰文大典(http://www.caca8.net).

지은이 왕청청(王倩倩)

중국해양대학교 외국어대학에서 한국어과를 졸업하고 같은 대학교 대학원에서 문학석사학위를 받았으며 한국 상명대학교 한국학과 박사학위를 취득했다. 현재 중국 사천외국어대학교 한국어학과에 부교수로 재직하고 있다. 주요 연구로는 『외국어로서의 한국어교육연구』(공저), 「한국어 보다와 중국어(看)의 대조분석: 의미 복합어 구성을 중심으로」, 「한국어 '-었-'과 중국어 '了'의 대응 양상 연구」 등이 있다.

중국어권 학습자를 위한 속담 교육 연구
: 목록 선정과 등급 설정을 중심으로

© 왕청청, 2015

1판 1쇄 인쇄_2015년 11월 10일
1판 1쇄 발행_2015년 11월 20일

지은이_왕청청
펴낸이_양정섭
펴낸곳_도서출판 경진
　　　　등록_제2010-000004호
　　　　블로그_http://kyungjinmunhwa.tistory.com
　　　　이메일_mykorea01@naver.com

공급처_(주)글로벌콘텐츠출판그룹
　　　　대표_홍정표
　　　　편집_송은주 **디자인**_김미미 **기획·마케팅**_노경민 **경영지원**_안선영
　　　　주소_서울특별시 강동구 천중로 196 정일빌딩 401호
　　　　전화_02) 488-3280 **팩스**_02) 488-3281
　　　　홈페이지_http://www.gcbook.co.kr

값 18,000원
ISBN 978-89-5996-486-4 93370